法学教室
LIBRARY

Rethinking Constitutional Law through Cases
Matsumoto Kazuhiko

事例問題から考える
憲法

松本和彦

有斐閣

はしがき

本書の特色

本書は，憲法の事例問題と主体的に取り組むことで，憲法が実社会で有している意義を理解し，それを法律論でもって具体的に表現する術を学ぶための演習書です。そのねらいは，比較的簡潔かつ抽象的に定められた日本国憲法を事例問題から考えてみることで，憲法のリアリティを実感し，さらに筋の通った法律論を組み立てることで，実社会で憲法を活かす方法を体得してもらうところにあります。

世の中には憲法問題が溢れています。少し注意して観察してみると，世間で話題になっている事件の多くが重要な憲法問題を含んでいることに気づきます。話題になるくらいですから，違憲の疑いがあるのでしょう。しかし軽々に違憲であると言い切ってよいのか分からない事件もたくさんありますし，違憲ではないかと疑われる事件であっても，どのような理屈によって違憲と主張できるのか，理由づけが難しいものがほとんどだと思います。本書は，社会で実際に問題になっている憲法上の争点に対して，どのように考え，どのように論じたらよいのか，その技法を具体的に説くものです。

もちろん，本書で扱われる事例問題は仮設問題（架空の話）であって，現実の事件そのものではありません。しかし，全部で30問ある「**設問**」の約半分は裁判所で実際に争われた最近の事例を参考に作成しています。裁判とは直接関係のない「**設問**」も，現実の事件や現行の法令を参照しながら，実際にありそうな事例として創作しました。リアリティとともにアクチュアリティも追求しています。さらに実社会で憲法を活かすための方法として，できるだけ最高裁判例に準拠した論証になるよう「**解説**」を工夫しました。

このようなコンセプトの演習書は確かに少なくありませんが，本書が類書と異なるのは，「**解説**」において当事者目線を導入したことです。本書の「**解説**」は，中立でもなければ客観的でもありません。それは特定の立場から構成されています。本書の「**設問**」はすべて，特定の当事者からの依頼に適合した憲法論を提示するよう要求しています。それに合わせて「**解説**」も，その特定当事者のためになるような憲法論を提示するものになっています。もしかすると，偏った憲法論を展開しているように見えるかもしれません。しかしこれは筆者の見解を全面に出すためではなくて（実際に私見とは異なる主張もあります），憲法論の論証に重点をおくための便法に過ぎません。

憲法論の論証とは，憲法上の主張と理由づけから成り立つものですが，その構成をクリアに見せるため，あえて特定の立場にある当事者の身になり，その主張を貫徹するために条文や判例を自らの側に引き寄せて有利に解釈し，かつ，対立する側の主張や論拠に反論するというスタイルをとりました。その意味で「**解説**」は，類書でしばしば見られる第三者的な解説にはなっていません。しかし，実践的な憲法論を提示しようと思えば，このようなスタイルをとる方が適していると確信しています。

本書の成り立ち

本書の元ネタは法学教室2012年4月号（379号）から2014年3月号（402号）まで24回に渡って連載された「演習憲法」にあります。その24問を流用し，新たなトピックを6つ加えて切りよく30問にし，全体のバランスを整えました。また連載当時，かなり無理をして字数を切り詰めたこともあり，単行本化に際し，分量に少しゆとりを持たせました。当事者目線の憲法論というコンセプトは連載のときのままです。連載時にはなかった「**参考文献**」と「**ちょっとコメント**」を加えたことを除き，全体像は全くといってよいほど変わっていません。

にもかかわらず，本書は連載終了から4年経過してようやく日の目を見ました。これはひとえに筆者の怠惰が原因と思われても仕方ありません。当初は6つの新問の作成に6か月は必要だから（連載時も1問につき1か月要したのだから），本書の公刊は連載終了後1年ほど経った時期だろうと勝手に推測していました。ところが，アクチュアリティの追求が裏目に出て，過去の原稿の「**設問**」と「**解説**」は瞬く間に古びてしまいました。たとえば，「**設問**」作成の際に参照した下級審の判決や法令が上級審や国会・内閣によって大きく見直された結果，場合によっては全く使いものにならなくなり，原稿の全面書き換えを余儀なくされました。モデルの事案が上級審に係属中だったり，検討対象に据えた法令が改正中だったりすると，結論が出るまで執筆を中断せざるを得なくなり，いきおい筆が鈍りました。

「**設問**」や「**解説**」を支える事実状況が変わる度に書き直しを強いられたものの，最後は「時間は止められない」と開き直って何とか区切りをつけました。旧稿の多くはなお原形をとどめていますが，もはや痕跡しか残っていないものもあり，これからも時間の経過とともに書き直しへの欲求が増大するだろうと覚悟しています。しかし事実が少々色あせたとしても，本書で展開される憲法論まで古びてしまうことはありません。原発再稼働や大阪市長への言及が目につくかもしれませんが，これは連載当時の世間（筆者？）の関心を反映したものに過ぎません。それもこれも含めて，30問の事例問題から憲法を考え，憲法論を組み立てる術を本書で学んでいただければ，筆者として，これに勝る喜びはありません。

本書が成るに当たり多くの方々から助力を得ました。大阪大学の法科大学院と法学部の学生たちからは，原稿段階の本書の一部を用いた授業を通して，様々な意見が寄せられました。特に筆者の学部ゼミ出身の木村洋介君，中村公大君，松岡真嗣君（3人とも今はもう立派な法曹として社会で活躍されています）は，忙しい最中でも原稿をチェックして有益な助言をしてくれました。深く感謝しています。

本書の単行本化を勧めて下さった有斐閣の五島圭司さんと大原正樹さんにも心から感謝申し上げます。五島さんは法学教室編集長の立場からアドバイスいただいただけでなく，法学教室誌を離れた後も笑顔で叱咤激励してくれました（最後は目が笑ってませんでしたが）。大原さんは直接の担当者として，数々のアイディアを出して下さり，ジュリスト誌に移られた後も，本書の刊行のため，辛抱強く助けてくれました。本当にありがとうございました。

2018年3月

松　本　和　彦

本書の使い方

本書は「**設問**」「**ポイント**」「**参考文献**」「**解説**」「**ちょっとコメント**」の5つのパートから構成されています。「**設問**」はすべて，特定当事者からの依頼に応える憲法論を提示するよう求めています。憲法の勉強がかなり進んでいる方であれば，いきなり「**設問**」に解答してみてもよいでしょう。解答後，「**解説**」を読み，「**解説**」よりも説得力のある憲法論を提示できたと思えば合格（?）です。ぜひその憲法論を教えて下さい。

いきなり「**設問**」を解くのは難しいと思う方は，「**ポイント**」と「**参考文献**」に目を通して知識を蓄えてからチャレンジしてもよいでしょう。あるいは，「**解説**」の冒頭におかれている「問題の所在」まで読み，その「**設問**」が何を問題にしており，何に答えなければならないのか，十分理解した上で，解答を試みるということでもよいと思います。「問題の所在」まで読めば，何をどこまで解答すればよいのか分かる仕掛けになっているからです。もちろん「**設問**」と「**ポイント**」を見て，すぐに「**解説**」を読んでいただいても一向に差し支えありません。その場合は，「**解説**」で提示されている憲法論の論証に注意し，憲法上の主張を支える理由づけの具体的な内容を確認して欲しいと思います。理由こそが主張に説得力を与える原動力です。そこを十分に理解するよう努めて下さい。

「はしがき」で述べたように，「**解説**」は特定当事者の立場から書かれているため，反対当事者の立場から見れば，必ずしも納得のいくものではないかもしれません。そこで本書のもう1つの使い方として勧めたいのが，反対当事者の目線で「**解説**」の見解に反論することです。筆者は，原稿段階の本書の一部を用い，法科大学院や法学部の演習の場で，学生にそのような立論をやってもらっています。スタンスを定め，自らの立場を自覚して真剣に模索すれば，反論の糸口は（案外容易に？）見つかるものです。筆者自身も，自分で考えた理由に自分で突っ込みを入れ，元の主張を揺るがすようなこともやりました。その一端は「**解説**」の中でも披露しています。ただし，説得力のある反論にはすぐさまそれを跳ね返すような再反論をぶつけることもできます。主張＋理由づけ→反論→再反論という議論の応酬を繰り広げることこそが，法律論の組み立て能力を涵養する一番の方法であり，ひいては実社会で憲法を活かす能力の涵養につながるのです。

「**解説**」は特定当事者の主張を擁護するものなので，私見とは必ずしも一致しませんが，最後の「**ちょっとコメント**」のところで，筆者自身の見解を開示しています。場合によっては，主張＋理由づけ→反論→再反論の構図からちょっと離れ，ヨコからコメントするようなこともやっています。文字通りの「**ちょっとコメント**」に過ぎないものの，筆者としてはここでスパイスを効かせたつもりです。

憲法を幅広く学んでいただくため，本書にはできるだけ多様なトピックを盛り込みました。裁判になることの多い人権の問題が全体の3分の2を占めていますが，裁判になることの少ない統治機構の問題もできるだけ用意しました。あくまでも事例問題を考えることに重点をおきたいと思ったため，「**設問**」はいわゆる体系順ではなく，タイトル名を五十音順で並べてみました。だから「**設問**」の順番に意味はありません。どの「**設問**」から取りかかっていただいてもよいということです。最初のページから始めていただいても構いませんし，気になったタイトルの「**設問**」から手をつけてもらってもOKです。ただ，特定の憲法論を知りたいと思われた方のため「体系順の設問一覧」も設けています。必要に応じてお使い下さい。

目次

な

は

ま

ら

体系順の設問一覧

人権総論

人権各論

統治機構論

主な参考文献の略記

1　書　籍

芦部・憲法　芦部信喜（高橋和之補訂）『憲法〔第6版〕』（岩波書店，2015年）

大石・憲法講義Ⅰ／同Ⅱ
大石眞『憲法講義Ⅰ〔第3版〕』（有斐閣，2014年）／『同Ⅱ〔第2版〕』（有斐閣，2012年）

佐藤・日本国憲法論　佐藤幸治『日本国憲法論』（成文堂，2011年）

憲法の争点　大石眞＝石川健治編『憲法の争点』（有斐閣，2008年）

論点探究憲法　小山剛＝駒村圭吾編『論点探求憲法〔第2版〕』（弘文堂，2013年）

2　判例集・判例評釈書誌

民集／刑集　最高裁判所民事判例集／最高裁判所刑事判例集

判時　判例時報

判タ　判例タイムズ

憲法百選Ⅰ／同Ⅱ　長谷部恭男＝石川健治＝宍戸常寿編『憲法判例百選Ⅰ〔第6版〕』／『同Ⅱ〔第6版〕』（いずれも有斐閣，2013年）

最判解　最高裁判所判例解説

重判解　重要判例解説

セレクト（法教□号）　判例セレクト（法学教室□号別冊付録）

判評（判時□号）　判例評論（判例時報□号添付）

3　雑　誌

ジュリ　ジュリスト

法教　法学教室

法時　法律時報

法セ　法学セミナー

写真提供［設問 21］／(株)京都動物検査センター

設問 01

インターネット選挙運動の規制

公職選挙法（以下，「公選法」という）は政治活動と選挙運動を区別し，後者に対して厳しい規制を加えている。公職の候補者，政党その他の政治団体，その他の第三者には事前の選挙運動が禁じられ（公選法129条），かつ法定外の文書図画の頒布及び掲示が禁じられ（公選法142条・143条），さらに禁止を免れる行為をすることも禁じられている（公選法146条1項・201条の13第1項2号）。同じ行為はインターネット（以下，「ネット」という）を用いて行う場合も禁じられる。しかし，ネット上の選挙運動まで一律に禁止することが問題視された結果，平成25年4月に公選法が改正され，ネット選挙運動の解禁に至った。改正公選法は，ウェブサイト等を利用した選挙運動用文書図画の頒布について，条件つきながら解禁した（公選法142条の3第1項）。ところが，電子メールを利用する選挙運動用文書図画の頒布は公職の候補者と政党等にしか許されず（公選法142条の4第1項），一般有権者には禁止のままとされた（公選法142条）。なぜなら，電子メールの送信は密室性が高く，誹謗中傷やなりすましに悪用されやすい上，複雑な送信先規制が課されているため，一般有権者が処罰・公民権停止の憂き目に遭うおそれが高いからであるという。

Xは一般有権者として，参議院議員通常選挙の候補者Aの選挙運動用電子メールを受信していたが，メールの内容に感銘を受けたため，他の人にも知らせたいと思い，複数の知人にそのメールを転送した。ところが，この転送が公選法違反に問われ，違法な選挙運動用文書図画の頒布の罪（公選法243条1項3号）で起訴された。しかし，フェイスブック等のSNSを利用して候補者の情報を拡散することは，ウェブサイト等を利用した選挙運動用文書図画の頒布として一般有権者にも許されるのに，選挙運動用電子メールの送信だけが候補者と政党等に限られていることにXは納得できない。自らの刑事裁判で公選法の違憲性を争いたいと考えるXから憲法論についてアドバイスを求められたら，どのように助言すればよいだろうか。

①選挙運動の権利
②間接的付随的規制
③選挙運動ルール論
④権利の論理と制度の論理

参考文献

□松井茂記「インターネット上の選挙運動の解禁と表現の自由」法時85巻7号（2013年）76頁
□曽我部真裕「インターネット選挙運動の解禁」法セ708号（2014年）8頁
□小倉一志「選挙運動におけるインターネットの利用」憲法問題25号（2014年）42頁
□湯淺墾道「インターネット選挙運動の解禁と公職選挙法」情報ネットワーク・ローレビュー13巻2号（2014年）57頁
□湯淺墾道「インターネット選挙運動と公職選挙法」選挙研究30巻2号（2014年）75頁

解説

1　問題の所在

選挙運動は，候補者情報を有権者に提供し，有権者が選挙に際して必要な判断資料を入手するのに不可欠とされるが，放任されると買収や誹謗中傷に拍車がかかり，選挙過程が歪んでしまう危惧もある。そこで憲法47条を受けた公選法が「選挙が選挙人の自由に表明せる意思によって公明且つ適正に行われることを確保」（1条）するため，選挙運動を広範かつ詳細に規制している。しかしこの規制は行き過ぎとの批判が強い。公選法は事前運動や戸別訪問を全面的に禁止している（公選法129条・138条1項）ほか，文書図画の頒布すら，極めて細かく規制している（公選法142条）。しかも，この文書図画にはネット上のホームページや電子メールも含まれるとの解釈が確立しており，従来はそれらを選挙運動のために用いることは許されないと解されてきた（三輪和宏「我が国のインターネット選挙運動」調査と情報517号〔2006年〕1頁）。しかし，それは過剰規制であるとの声が年々強くなり，結果，平成25年の改正公選法によってネット選挙運動が一部解禁されたのである。

この法改正は「旧来の法制度にネット利用をいわば接ぎ木する形」（三好規正「公職選挙法改正」法教394号〔2013年〕51頁）で行われたため，ネット利用の場合も含め，選挙運動用文書図画の頒布は，法律で解禁されない限り，すべて禁止のままとされた。その上で，平成25年の改正公選法は「インターネット等を利用する方法」を「電子メールを利用する方法」と電子メール利用を除いた「ウェブサイト等を利用する方法」に二分し，「電子メールを利用する方法」を候補者・政党等に対してのみ許し，一般有権者への解禁を見送った。だから，候補者等から適法に送信された電子メールを受信した一般有権者が，当該メールを知人に転送することも許されなかった（芳賀健人「選挙運動用電子メール」自治実務セミナー2016年2月号32頁）。他方，SNSユーザー間でやりとりされるメッセージ類は，電子メールの送受信と機能的に変わらないのに，「ウェブサイト等を利用する方法」に分類され，それは送信主体規制を受けないため，一般有権者にも解禁されることになった。このようなちぐはぐとした選挙運動規制は憲法上問題ないのだろうか。選挙運動の自由と平等が憲法上どのように保障されるのか，という観点を踏まえて検討することが求められる。

2　選挙運動の自由と平等

まず選挙運動は，憲法上，何らかの権利の行使とみなされるのかが問われる。伝統的にそれは表現の自由（憲21条1項）の行使とみなされてきた。選挙運動は，有権者を主たるターゲットとしつつも，広く一般に政治的メッセージを伝えようとする行為であり，表現活動の1つと捉えられるからである（渋谷秀樹『憲法〔第3版〕』〔有斐閣，2017年〕382頁）。最高裁も選挙運動規制の合憲性が問題となった事案で，憲法21条1項違反の主張をそのまま受け止めてきた。たとえば，文書図画の頒布・掲示禁止の合憲性が問われた事件（最大判昭和30・4・6刑集9巻4号819頁）において，「文書図画の無制限の頒布，掲示を認めるときは，選挙運動に不当の競争を招き，これが為，却って選挙の自由公正を害し，その公明を保持し難い結果を来たすおそれがあると認めて，かかる弊害を防止する為，選挙運動期間中を限り，文書図画の頒布，掲示につき一定の規制をしたのであって，この程度の規制は，公共の福祉のため，憲法上許された必要且つ合理的の制限と解することができる」とした。このとき最高裁は，明言こそしていないものの，選挙運動を行うことは表現の自由の行使とみなしていたといってよい。

しかしながら，現在の最高裁は選挙運動を表現の自由の行使と見ていない可能性がある。たとえば，衆議院議員選挙の小選挙区制の合憲性が問題となった事案（最大判平成11・11・10民集53巻8号1704頁）において，最高裁は「選挙運動をいかなる者にいかなる態様で認めるかは，選挙制度の仕組みの一部を成すものとして，国会がその裁量により決定することができる」と判示し，選挙運動規制を選挙制度の仕組みの一部と解した。選挙運動は表現の自由の行使の一場面というより，選挙制度を構成する要素の1つと理解したのである。それゆえ最高裁は，自由規制の合理性ではなく，政策本位，政党本位の選挙制度の趣旨に照らして，制度自体の合理性を審査するという方法をとった（駒村圭吾「選挙権と選挙制度」『憲法訴訟の現代的転回』〔日本評論社，2013年〕201頁）。そこでは「各候補者が選挙運動の上で平等に取り扱われるべき」とする平等原則

（憲14条1項）が，制度の合理性を判断するための基準に据えられている。この事案の争点は，候補者届出政党に所属する候補者とこれに所属しない候補者の間に，選挙運動の上で不合理な差異が設けられているといえるかにあった（後者には政見放送が認められない等の状況があった）。しかし候補者ではなく，一般有権者による選挙運動の場合も同様に解されるのかは明確でない。候補者，政党，一般有権者のいずれが選挙運動を行う場合でも，それらがすべて選挙制度の構成要素とみなされる以上，選挙運動規制の合理性は選挙制度の合理性に還元されるのだろうか。この点については，なお検討の余地がある。

3　間接的付随的規制論

仮に，一般有権者による選挙運動は表現の自由の行使であると解した場合，設問の事案のような選挙運動規制はどのように評価されるのだろうか。すなわち，選挙運動用電子メールの送信を候補者・政党等に限定して解禁し，一般有権者には禁止のままとする改正公選法の規定は，表現の自由に対する不合理な規制として違憲と解すべきだろうか。この点，選挙運動用電子メールの送信が選挙運動用文書図画の頒布とみなされざるを得ない以上，たとえそれが表現の自由の行使に当たるとみなされても，上記昭和30年判決に素直に従えば，合憲であると解されることになるのだろう。しかしインターネットの特性を全く考慮していない（というか，全く知らない），理由づけの不十分な古い判例が今なお妥当するのかどうかは疑わしい上，一般有権者からの電子メールの送信だけを禁止する措置が，表現の自由規制を正当化する際に求められる厳格な基準を満たしているといえるのか，疑問が拭えない。

そこで当該規制は，意見表明そのものの制約を目的とするものではなく，意見表明の手段方法のもたらす弊害を防止するため，単に手段方法の禁止に伴う限度での間接的付随的規制に過ぎないと解し，ここは規制の合理性を厳格に審査する場面ではないと考えてみたらどうだろうか。たとえば，戸別訪問禁止を正当化した最高裁判決（最判昭和56・6・15刑集35巻4号205頁）が，そのような論証をしている。しかし，選挙運動用電子メールの送信を規制することは政治的表現の内容規制に該当するのであり，厳格な基準の適用を免れると考えることにはそもそも無理がある。しかも，仮に当該規制を間接的付随的規制と捉えたとしても，そこから直ちに規制の合理性が導かれるわけではない。

だとすると，一般有権者からの選挙運動用電子メールの送信禁止を正当化する特別な理由が見出せない限り，規制は違憲と判断せざるを得ない。正当な規制理由としては，ネット上での誹謗中傷やなりすましの横行を最小化し，かつ，複雑な送信先規制に起因する一般有権者の混乱を回避し，彼らが制裁を受けるリスクを最小限度にとどめるという2つの理由が挙げられている。このうち前者の理由に対しては，発信者情報の表示義務が定められていて，かつ，誹謗中傷やなりすましに刑罰や公民権停止の制裁が科せられることを思うと，当該規制は必ずしも正当な目的を達成するための必要最小限度の規制だとはいいがたい。後者の理由に対しては，一般有権者のリスクを慮っての規制はパターナリスティックな規制であり，本人保護のための過剰な介入であるとの批判が妥当しよう。そうであれば，一般有権者による選挙運動を表現の自由の行使だと見る限り，選挙運動用電子メールの送信禁止を合憲と解することは困難といえよう（松井・参考文献82頁）。

4　選挙運動ルール論

以上は，一般有権者による選挙運動を表現の自由の行使と見た場合の話である。しかし，先に見たように，一般有権者の選挙運動の規制も含めて，選挙運動規制のすべてが選挙制度の仕組みを構成するルールの一部であると解する見解もある。上記平成11年判決の趣旨は，選挙運動規制全般に当てはまると解する見解である。この見解はかつて伊藤正己裁判官が最高裁判決の補足意見の中で展開した選挙運動ルール論（最判昭和56・7・21刑集35巻5号568頁）と同趣旨である。

伊藤補足意見は選挙運動を表現の自由の行使と見ていない。選挙運動は「あらゆる言論が必要最小限度の制約のもとに自由に競いあう場」ではない。「各候補者は選挙の公正を確保するために定められたルールに従って運動するものと考えるべき」であり，「法の定めたルールを各候補者が守ることによって公正な選挙が行われるのであり，そこでは合理的なルールの設けられることが予定されている」という。憲法47条には「選挙運動のルールについて国会の立法の裁量の余地の広いという趣旨」が含まれると解釈され，それゆえ「国会は，選挙区の定め方，投票の方法，わが国における選挙の実態など諸般の事情を考慮して選挙運動のルールを定めうるのであり，これが合理的とは考えられないような特段の事情のない限り，国会の定めるルールは各候補者の守るべきものとして尊重されなければならない」とされる。これは「文書図画による選挙運動の規制の場合も」同様とされる（最判昭和57・3・23刑集36巻3号339頁）。伊藤補足意見が直接言及しているのは候補者の選挙運動に過ぎないが，その趣旨からすると，運動の主体が誰であれ，選挙運動とはそもそも自由な言論活動でなく，法律に定められた合理的なルール上のゲームとみなされている。したがって，当該ルールが「合理的とは考えられないような特段の事情のない限り」，違憲とされることはない。

逆にいえば，選挙のルールに「合理的とは考えられないような特段の事情」があれば，憲法47条違反と解されよう。憲法47条に規定される「法律」は「不合理ではない法律」を指すと解されるからである。この点，選挙運動用電子メールの送信主体を候補者・政党等に限定し，一般有権者を除外する規制は，合理性を欠いた不平等取扱いに当たると疑う余地がある。ただし送信主体の限定は，「候補者届出政党にのみ政見放送を認め候補者を含むそれ以外の者には政見放送を認めないものとした」公選法の規定を「単なる程度の違いを超える差異を設ける結果となる」と評価しつつも，なお「国会の合理的裁量の限界を超えているということはできない」とした上記平成11年判決と比較すると，これだけでは不合理な区別とまではいいがたい。しかし，電子メールの送受信と機能的に変わらないSNSの利用は解禁されたにもかかわらず，電子メールの利用だけは禁止されたままというのは，首尾一貫しないちぐはぐな対応である。このような整合性を欠いた対応は禁止理由の合理性を疑問視するに十分である。選挙制度の構築に対する立法裁量を前提にしても，「合理的とは考えられないような特段の事情」が確認できれば，当該ルールは違憲であるといわざるを得ない。

選挙運動の規制は，権利の制限（表現の自由の制限）を意味するのか，それとも制度の形成（選挙制度の構築）の一部に過ぎないのか。前者であれば，表現の自由の制限を正当化できるだけの極めて重要な対抗利益の保護が規制理由になっていなければならず，かつ，その目的を達成するための必要最小限度の手段が設定されていなければならない。後者であれば，選挙制度形成のために立法者に与えられた裁量の範囲内で，不合理でない選挙運動ルールが設定されていなければならない。裁判所は，前者であれば，厳格な基準に照らして権利制限の正当性を審査しなければならず，後者であれば，立法裁量を前提に制度自体の合理性を審査しなければならない。前者には「権利の論理」，後者には「制度の論理」が妥当するのである（小山剛『「憲法上の権利」の作法〔第３版〕』〔尚学社，2016 年〕161 頁）。後者には合理性の推定が働くと考えられるが，常に合理的と評価されるわけではない。

選挙運動については，「規制のない自由な活動という憲法が想定するベースラインが存在する」（長谷部恭男『憲法〔第７版〕』〔新世社，2018 年〕347 頁）ことを理由に，「権利の論理」を貫徹させるよう説く見解が学説では有力である。選挙運動の規制を権利の制限と見るとき，制限される権利の内容と制限の程度，対抗利益の重要性と保護の必要性などが，審査に際しての考慮事項になる。これに対し，選挙運動の規制を制度の形成と見たときは，何に準拠して制度の不合理性を評価すればよいのか，迷うかもしれない。１つの基準は平等原則であり，最高裁もこれを用いているが，比較の対象が適切に設定されなければ評価の指標にならない。もう１つは首尾一貫性審査である。これは立法者が自ら設定した基本決定からの逸脱を不合理と推定し，そのような逸脱が許されるか否かについて，特別の正当理由を求めるものである。ちぐはぐな規制があれば，それは不合理と推定されるだろう。

設問 02

インターネットによる医薬品販売の規制

薬事法は，医師の処方せんに基づき調剤される医療用医薬品と，処方せんなしで薬局等において購入できる一般用医薬品を区別し，さらに一般用医薬品の販売に関して，リスクが高い順に第一類，第二類，第三類の3つに区分して規制していた。かつて医薬品は，薬事法施行規則により，医療用医薬品のみならず，第三類を除く一般用医薬品も，薬剤師等から直接対面で販売するよう義務づけられ，インターネット販売は許されていなかった。対面販売が義務づけられた理由は，薬剤師等が購入者の状態を直接把握し，使用法等について適切な説明を行って，医薬品の副作用による被害を防止することにあった。しかし，薬事法施行規則による対面販売の義務づけが，薬事法の「委任の範囲を逸脱した違法なものとして無効」であるとされたため（最判平成25・1・11民集67巻1号1頁），事実上，インターネット販売が解禁される結果になった。

このような事態に対処するため，薬事法本体が見直され，平成25年12月13日に改正薬事法が公布された（現行の医薬品，医療機器等の品質，有効性及び安全性の確保等に関する法律）。これにより医療用医薬品は対面販売の義務づけが継続されたものの，一般用医薬品は一定のルール下でインターネット販売が認められることになった。ただし，一般用医薬品のうち，医療用医薬品から転用後間もないもの（スイッチ直後品目）だけは，劇物指定品目とともに要指導医薬品という新しい範疇に振り分けられた。要指導医薬品は他の一般用医薬品と異なり，薬剤師による対面販売しか許されなかった。特にスイッチ直後品目は，厳格な管理から外れた直後のため，リスクが十分確定していないとの理由で，一定期間（原則3年）の安全確認後でないと，要指導医薬品から一般用医薬品に移行させることはできないとされた。

医薬品の販売業者である株式会社Xは，ようやくインターネット販売解禁の日が来たと思ったのも束の間，医療用医薬品が解禁されなかった上に，要指導医薬品なる新たな範疇が設けられたことに憤慨した。Xは，①対面販売でなくても，メールやテレビ電話等により薬剤師から購入者に必要な情報は提供できる，②販売サイトに詳しい説明文があり，かつ，それをチェックしなければ購入できない仕組みがある，③インターネット販売の禁止は消費者の利便性を著しく損なう，④日本のみならず外国でもインターネット販売に起因する副作用被害はほとんど報告されていないと主張し，自分には医薬品をインターネット販売する地位があることを確認してもらいたいと思っている。確認の訴えに際して，Xから営業の自由侵害についてアドバイスを求められたら，どのように助言すればよいだろうか。

①営業の自由の意義
②薬事法判決の射程
③営業活動の自由の規制
④営業規制におけるリスク判断のあり方

□松本哲治「逢ってみないとわからない」宍戸常寿編著『憲法演習ノート』（弘文堂，2015年）264頁
□小山剛「経済的自由の限界」論点探求憲法 214頁
□石川健治「営業の自由とその規制」憲法の争点 148頁
□長谷部恭男『比較不能な価値の迷路〔増補新装版〕』（東京大学出版会，2018年）99頁

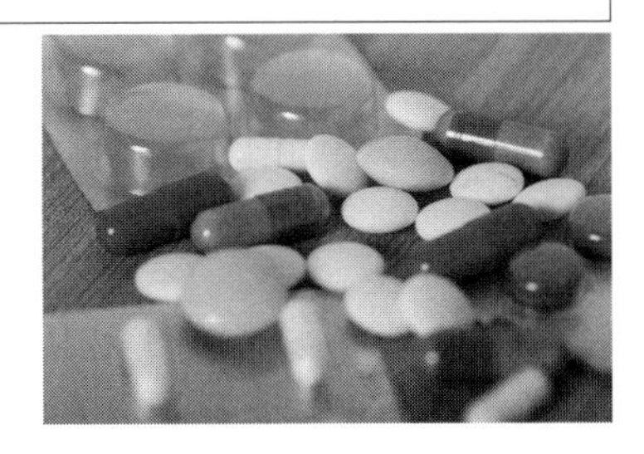

解説

1　問題の所在

一般用医薬品のリスク別販売制度は，リスクの程度に応じて専門家を関与させ，適切な情報提供等を義務づけることで，購入者に対して一般用医薬品の適切な選択と使用を促すものであった。ところが，旧薬事法に一般用医薬品のインターネット販売について規定がなかったことから，厚生労働省が対面販売を原則とする趣旨と解し，平成21年6月，薬事法施行規則（省令）でもって，第一類（一部の胃薬や毛髪薬）及び第二類（主な風邪薬や漢方薬）医薬品の対面販売を義務づけ，インターネット販売を禁止した。そのため，それまで同医薬品をインターネット経由で販売してきた事業者から，営業の自由が侵害されたと反発される事態を招いた（伊藤暁子「医薬品のインターネット販売をめぐる動向」調査と情報727号〔2011年〕1頁）。

薬事法施行規則による第一類及び第二類医薬品の対面販売の義務づけは，平成25年1月11日の最高裁判決により「違法なものとして無効」と判示されたが，その理由は，薬事法施行規則が営業の自由を侵害したことにではなく，法律の委任の範囲を逸脱したことに求められた。最高裁は医薬品のインターネット販売禁止が事業者の営業の自由を侵害したのかという実体問題には立ち入らず，省令の規律が法律の委任の範囲内に収まっていたのかという形式問題に焦点を絞り，その問題に対してだけ回答した。実体問題の検討は司法から国会に委ねられ，薬事法改正の結果，一般用医薬品は，第一類及び第二類も含め，一般にインターネット経由で販売してもよいことになった（松土拓也「医薬品の販売制度の見直し」時の法令1954号〔2014年〕41頁）。

しかしスイッチ直後品目（20品目程度）については，医療用医薬品から切り替わったばかりで副作用に未知の部分があり，リスクが確定していないとの理由で，要指導医薬品という位置づけが与えられ，引き続き対面販売が義務づけられた。スイッチ直後品目は安全確認後，3年程度で一般用医薬品に移行し，インターネット販売も可能になるというが，もちろん保証の限りではない。要指導医薬品とされている限り，同医薬品はインターネットで販売することは許されない。また，医療用医薬品はインターネット販売が禁止されたままである。このような規制はXのようなインターネット販売業者の営業の自由を不必要に侵害するものではないのか。それとも，この程度の制限は公共の福祉に適う許容された規制なのだろうか。

2　営業の自由

自己が主体的に営利事業を営む自由は営業の自由と呼ばれる。憲法には営業の自由を保障する明文規定はない。しかし，最高裁は小売市場事件判決（最大判昭和47・11・22刑集26巻9号586頁）で，憲法22条1項の職業選択の自由は「いわゆる営業の自由を保障する趣旨を包含しているものと解すべき」であるとした。ところがその後，最高裁は薬事法事件判決（最大判昭和50・4・30民集29巻4号572頁）で，営業の自由に言及しなかった。他方で，「職業は，ひとりその選択，すなわち職業の開始，継続，廃止において自由であるばかりでなく，選択した職業の遂行自体，すなわちその職業活動の内容，態様においても，原則として自由であることが要請されるのであり」，憲法22条1項は「狭義における職業選択の自由のみならず，職業活動の自由の保障をも包含しているものと解すべきである」と判示した。ここには営業の自由という言葉こそないが，それを否定する趣旨ではなく，むしろその内容を明確にしたものと解される。「『営業』は『職業』の一形態というべきであるが，職業『遂行』の自由が問題となるのは主として営業活動に関連してであって，職業『遂行』の自由は実質的には『営業の自由』と重なり合う」（佐藤・日本国憲法論300頁）からである。

職業選択それ自体に対する規制だけでなく，職業活動（遂行）に対する規制もまた，ときとして営利事業の成否に決定的な影響を及ぼす。それゆえ，狭義の職業選択の自由と区別し，職業活動（遂行）の自由を括り出したことには大きな意義がある。同時に，「職業」の一形態としての「営業」にも，営利事業の選択と活動（遂行），の両面があって，その両面の自由を併せて営業の自由が観念できることが分かる（赤坂正浩「職業遂行の自由と営業の自由の概念」立教法学91号〔2015年〕1頁）。

3　薬事法事件判決との関連性

設問の事案において，Xが引き合いに出すべき先例はやはり薬事法事件判決であろう。同判決は，薬局等の適正配置規制の「主たる目的」を「不良医薬品の供給の危険が生じるのを防止すること」，すなわち「国民の生命及び健康に対する危険の防止という消極的，警察的目的」と捉えた上で，当該規制を「不良医薬品の供給の防止等の目的のために必要かつ合理的な規制を定めたものということができないから，憲法22条1項に違反し，無効である」と判示している。設問の事案も，規制目的は医薬品の副作用による健康被害を防止することにあるとされており，「消極的，警察的目的」からする規制であるという点で共通する。学説上，営業の自由の消極目的規制には「規制の必要性・合理性および『同じ目的を達成できる，よりゆるやかな規制手段』の有無を立法事実に基づいて審査する『厳格な合理性』の基準」が用いられるべき（芦部・憲法226頁）とされていることもXに有利に働く。

ただ，Xはそもそも医薬品販売業の許可を得ているはずで，もっというと，店舗販売業の許可を得ている（さもなければ配置販売業か卸売販売業の許可を得ている）はずだから，店頭等での販売方法による医薬品販売ができないわけではない。設問の事案は薬事法判決の事案と異なり，単なる営業活動の態様が規制されたに過ぎず，狭義の営業選択の自由を制約するほどの強力な規制がなされたわけではないとの反論がなされよう。確かに，当該規制は医療用医薬品と要指導医薬品のインターネット販売という営業活動の一態様を禁止しただけで，医薬品の販売業そのものを不許可にするわけではない。それゆえ，薬局等の適正配置規制とは健康被害の防止という規制目的を同じくするだけで，規制態様の点ではむしろ緩やかな制限であるとの評価も十分に可能である。

しかし，規制態様の強度を評価するにあたっては，規制の実態を的確に把握しなければならない。仮にXが専ら医薬品のインターネット販売を業とした場合，医薬品のインターネット販売が禁止されてしまえば，Xの営業活動の主たる部分が禁じられたも同然となる。このような規制は狭義の営業選択の自由に対する制約に劣らないほど強力な規制であるといってよい。薬事法事件判決の事案においても，適正配置規制は薬局等の設置場所の制限にとどまり，開業そのものが許されないわけではないとの異論があった。この異論に対して最高裁は「特定場所における開業の不能は開業そのものの断念にもつながりうるものであるから」,「開業場所の地域的制限は，実質的には職業選択の自由に対する大きな制約的効果を有する」と反論した。つまり，営業活動の一態様を規制したに過ぎないように見える事案であっても，実質上，営業選択の自由に対する大きな制約的効果が認められる場合は，狭義の営業選択の自由を制限したに等しいと主張できよう。

4　営業活動の自由の規制

設問の事案の場合，一般用医薬品のインターネット販売自体は許容されている。対面販売が義務づけられたのは，医療用医薬品及び 20 品目程度の要指導医薬品である。いずれも従来から対面販売が義務づけられてきたもので，医薬品のインターネット販売業を選択する自由に制約が課されたとみなすべき場面であるとも，医薬品販売業の活動の自由に態様規制が施されたとみなすべき場面であるともいえそうである。

仮に設問の事案は，医薬品販売業の活動の自由に態様規制が施されたものと解すればどうなるだろうか。狭義の営業選択の自由に対する規制と比較すると，営業活動の自由に対する規制は容易に許容されるのか。当該規制は，医薬品の副作用の顕在化を回避し，健康被害の発生を未然に防止するため（消極目的），医療用医薬品と要指導医薬品に限り，医薬品販売業者に対して，薬剤師による対面での販売（情報提供と指導を伴う）を義務づけるものであるが，合憲性審査に当たっては，立法裁量を広く認め，規制の合理性を推定し，明らかに不合理な制約に限って違憲無効とするべきなのだろうか。

まず，当該規制が消極目的規制であることに着目し，厳格な合理性の基準によって審査すべきといわれるかもしれない。この発想の前提には，通常，一定の害悪発生の危険は裁判所によって客観的に認定できるという認識がある。しかし，医薬品のリスク評価は高度に専門的な技術を用いざるを得ないため，裁判所に実体評価は困難であり，せいぜい評価の過程に看過しがたい過誤がなかったか否かの審査しかできない。医薬品は医師の処方せんを必要とする医療用医薬品だけでなく，それを必要としない一般用医薬品でさえも常に副作用の危険がある。スモン事件やサリドマイド事件も一般用医薬品がもたらした薬害であったことを思い起こすと，「安全な」医薬品など存在しないというべきである。だとすれば，副作用被害の防止という目的自体の正当性・重要性は否定しがたいであろう。

むしろ正当かつ重要な規制目的を達成するために設定された，対面販売の義務づけという手段の合理性が問われるべきである。日本のみならず外国でもインターネット販売に起因する副作用被害はほとんど報告されていないという事実から，対面販売に比してインターネット販売は危険との評価が否定的に解されよう。にもかかわらず対面販売が義務づけられたのは，業界への新規参入を妨げ，既得権益を擁護しようとする政治圧力が強かったからかもしれない。そのような疑いを解消するためにも，規制手段の選択の合理性は慎重に審査されなければならない。すなわち，リスク回避のために対面販売が本当に有益だったのか，インターネット販売では本当に代替できないのか，不必要な負担が課されただけではないのか，細かく問われなければならないのである。

〔追記〕

設問で取り上げた要指導医薬品の対面販売規制について，東京地裁・東京高裁は，当該規制が職業活動の内容及び能様に対する規制に過ぎず，規制対象も僅かで，限定された期間の規制にとどまることを考え併せると，保健衛生上の危害発生防止のための必要かつ合理的な規制であると判決している（東京地判平成 29・7・18 裁判所ウェブサイト，東京高判平成 31・2・6 裁判所ウェブサイト）。議論の焦点が要指導医薬品に絞られたことから，この事件では医療用医薬品の対面販売規制の合憲性が争点にならなかった。それゆえ，後者の問題は未だ司法の回答を見ていない。

薬事法事件判決では「薬局等の偏在－競争激化－一部薬局等の経営の不安定－不良医薬品の供給の危険又は医薬品乱用の助長の弊害という事由」が「単なる観念上の想定にすぎず，確実な根拠に基づく合理的な判断とは認めがたい」と判示された。つまり，裁判所自らが害悪発生の立法事実に乏しいと判断したことが違憲判決に直結したと思われる。消極目的規制の場合，害悪発生の危険は客観的に認定できるとみなされることから，害悪の規模とその発生確率は裁判所によっても認定可能と思われている節がある。しかし医薬品のリスク評価は，裁判所よりも，むしろ高度に専門技術的な評価のできる主体にふさわしい任務である。そうだとすると，かつて厚生労働省が専門家を集めて専門技術的な観点から省令を用いて規制を行ったことにも一理あったというべきだろう。

　しかし問題は専門家の判断が医薬品のリスク評価に限定されていたかにある。透明性に欠けた行政過程では，医薬品の副作用被害の防止という正当理由を口実にして，既得権者が自らに有利なルールを設定できる環境が醸成されやすい。さらに多様な権益がぶつかり合う政治過程においては，政治力学の影響を受けることがどうしても避けられない。医薬品のインターネット販売の是非のように，セルフメディケーションにも配慮した医薬品の安全性，消費者の利便性，ビジネスチャンスの創出，既得権益の偏重排除など，両立困難な調整を強いられる場合は，医薬品の副作用被害の防止という誰もが認める正当理由が，ご都合主義的に利用される危険が大きい。それゆえ裁判所は，行政過程・政治過程の外部から，正確なリスク評価を行う仕組みが正常に機能しているのかどうかチェックするため，立法裁量を過度に尊重することなく，規制手段の選択の場面でリスク評価の過程に問題がなかったかどうか審査しなければならない。規制目的の消極性・積極性の区分が直接問題というわけではないのである。

設問 03

核開発疑惑国出身者の大学入学拒否

I国の国籍を有するXは，7年前に上陸許可を受けて入国し，2年前には法務大臣から難民の認定を受け，日本に定住している。「発癌の原理」に関する研究を行うべく，Xは国立大学法人Y大学の原子炉工学研究所に研究生として入学するための手続をとったところ，Xの入学には安全保障上の懸念があるとの理由により，Y大学から入学不許可決定がなされ，その旨通知された。

Y大学によると，Xの入学を不許可としたのは，①I国には核開発疑惑があり，国際政治上の問題になっていること，②国連安保理決議が加盟国に対してI国への核技術移転防止を義務づけており，かつ，文部科学省が大学等に対し，安保理決議を履行するため「I国人研究者及び学生との交流に際して，I国の核活動に寄与するであろう分野の専門教育又は訓練が行われることのないようお願いする」旨の依頼をしていること，③原子炉工学研究所の研究生は核技術にかかわる機材や情報にアクセスする可能性があること，④Xの履歴書には空白の部分がいくつかあって，経歴に不明な点があること，などを総合考慮したためであるという。しかしXは，I国から政治的に迫害され，法務大臣の難民認定を受けて日本で生活している身であるにもかかわらず，核開発疑惑国の国籍保有者であるというだけの理由で入学が認められないのは国籍差別に当たるといわざるを得ないから，入学不許可決定は違法であると考えている。

Y大学に対する提訴にあたって，もしXから，憲法上の争点についてアドバイスを求められた場合，どのように助言すればよいだろうか。ただし，私人間効力の問題は無視してよい。

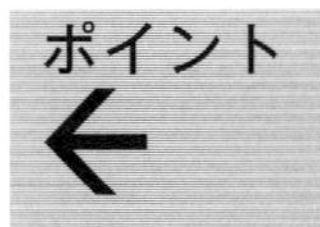

①個人の尊厳
②合理的区別
③疑わしい範疇
④基本的な権利利益

参考文献

□横田明美「判批」自治研究 90 巻 2 号（2014 年）98 頁
□齊藤芳浩「判批」セレクト 2012［Ⅰ］（法教 389 号）4 頁
□熊谷卓「判批」季刊教育法 177 号（2013 年）100 頁
□青木節子「判批」平成 24 年度重判解（2013 年）285 頁

解説

1　問題の所在

本問における憲法上の争点は，安全保障上の理由でⅠ国籍の外国人を原子炉工学研究所に入学させないことが，憲法14条1項の平等原則に反するかである。といっても，平等原則違反の焦点は外国人差別にあるわけではない。ここで問われているのは，外国人と日本人が区別して扱われていることではなく，Ⅰ国人がⅠ国以外の国籍保有者と区別して扱われていることの是非である。

設問は東京地判平成23・12・19判タ1380号93頁を参考に作成している。同判決に対しては，被告側から控訴がなされたものの，東京高裁において，条件付き（研究内容を限定し，大学の機密情報にはアクセスさせない等）で原告の入学を認める方向で審査し直すとの内容の和解が成立した（平成24年3月2日）。

2　個人の尊厳の問題

まず，Xの立場からすると，Y大学の入学不許可決定によって，同大学の研究生の地位が与えられなかったこともさりながら，Ⅰ国のスパイであるかのように扱われたことがショックであったと思われる。それはXを尊厳ある個人とみなさず，蔑視・嫌悪の対象としたと理解できるからである。Ⅰ国人を個人として見るのではなく，核開発疑惑国の人間という類型で捉えて，その類型に該当する人をすべて否定的に評価するのは，まさに差別の姿勢そのものである（木村草太『平等なき平等条項論』〔東京大学出版会，2008年〕184頁以下）。

しかしY大学側からは，Ⅰ国人をカテゴリカルに安全保障上の脅威と見たわけではないと主張されるだろう。実際，Y大学はXの履歴書に不明の点があることも考慮して入学不許可を決定している。大学の審査能力にも限界がある以上，安全保障上の懸念が払拭できないという程度の疑惑であっても，入学拒否の理由としては十分だといわれるだろう。逆にX側からは，履歴書の不明な点を考慮しただけでは不十分であり，カテゴリカルな取扱いがなされたと推定されても仕方がないと反論されよう。

3　合理的区別論

人と人が異なって取り扱われていても平等原則違反ではない，との主張を正当化する理屈には事欠かない。たとえば最高裁は，以前から憲法 14 条 1 項は「差別すべき合理的な理由なくして差別することを禁止している趣旨と解すべきであるから，事柄の性質に即応して合理的と認められる差別的取扱をすること」は何ら否定されないと判示していた（最大判昭和 39・5・27 民集 18 巻 4 号 676 頁）。この判示は学説上も承認されており，異なった取扱いも合理的区別であれば許されるという。Y 大学の立場からすれば，I 国人の特別扱いは合理的区別を行った結果に過ぎないと主張されるだろう。

合理的区別なら平等原則違反ではないとしても，「合理的」という概念の伸縮自在性もあり，「合理的」の意味するところは自明ではない。そのため，何が合理的なのかをめぐって，しばしば議論が応酬されることになる。

1 つの考え方は，社会的偏見が存在するがゆえに，合理的か否かを判別する目が最初から曇っていると疑われる事情がある場合は，裁判所が区別の合理性を厳格に審査すべきものとし，区別の不合理性をあらかじめ推定して，合理性を主張する側に論証責任を負わせることである。有力説は，社会的偏見によって影響を受けやすい「疑わしい範疇」として，憲法 14 条 1 項後段列挙事由をあげる（佐藤・日本国憲法論 201 頁）。ここに列挙された事由に関して区別がなされていれば，区別の合理性はそもそも疑わしいとみなされる。

そうすると，I 国人であることに着目した区別は，人種による区別か，あるいは社会的身分による区別と考えられようか。しかし，人種とは人の身体的遺伝的特徴に基づく指標である。外国人一般はもちろん，I 国人への着目も必ずしも人種を理由にしたとはいいがたい。また，社会的身分については，その地位の意味するところになおコンセンサスはないものの，生まれながらの社会的地位であるとか，本人の意思ではどうしようも動かせない社会的地位だとされる。X が I 国人であることは，おそらく生まれながらのものであろうが，国籍は，容易ではないとはいえ，本人の意思で変更可能であり，他の社会的身分（たとえば，非嫡出子の地位）と同じように理解できるのか，なお異論の余地があろう。

もう１つの考え方は，基本的な権利利益に関わる区別の合理性については，「疑わしい範疇」の場合と同様に，やはり裁判所の厳格な審査が要請され，合理性の主張者に論証責任が課されるとするものである。この場合，基本的な権利利益の侵害は直ちに当該実体的権利の侵害と構成できるのだから，あえて法の下の平等を論じる必要はないという見解もある。しかし，国籍法事件判決（最大判平成20・6・4民集62巻6号1367頁）が指摘していたように，実体的な権利侵害にまで至らないとしても，「基本的人権の保障……を受ける上で意味を持つ重要な法的地位」が関わっているのであれば，合理性の有無も慎重に検討されなければならないといえよう。

設問の事案についていえば，Ｙ大学の入学不許可決定はＸの学問の自由（憲23条）を侵害するものでなくても，それと密接に関わっていると主張できる。このような入学不許可決定がまかり通るようであれば，Ｉ国人は理科系の大学に入学することが極めて難しくなってしまう。これに対してＹ大学側からは，Ｘにはもともと Ｙ大学に入学する権利があったわけではないし，Ｙ大学に入学できなかったからといって，Ｘの学問の自由の行使が妨害されたことになるわけではないと反論されよう。Ｘに許されなかったのはＹ大学への入学にすぎず，「発癌の原理」の研究そのものではないからである。しかしＸが志す研究領域は，専門性の高い研究機関でなければ事実上，研究成果をあげることができないため，研究遂行への不利益的効果は看過できないと再反論することもできる。

4　区別の目的の正当性

Ｙ大学は，Ｉ国人を蔑視しているわけでもなければ，ましてＸ個人を危険視しているわけでもないと主張するだろう。なぜなら，Ｙ大学がＸの入学を許可しなかったことには正当な目的があり，その目的のためにはやむを得ない措置だったと解されているからである。最高裁の確立した判例においても，区別の目的に合理的根拠が認められなければ，合理的理由のない差別的取扱いになるとされる。区別の目的が正当とされることは，区別が合理的とみなされるための必要条件なのである。

Ｙ大学のいう正当な目的とは，最も広い視野で見ると，日本及び世界の安全保障であるといえようが，もう少し視野を狭めると，それは国連安保理決議の実効性確保ということになる。さらに具体的に考えると，X のようなⅠ国人が入学してＹ大学原子炉工学研究所の研究環境におかれた場合，安全保障上問題のある核技術がⅠ国に流出するおそれがある上，万一流出した場合は取り返しがつかなくなることを思うと，何としても未然に防止されなければならないと理由づけられる。

実際，とりわけ理系の研究機関には軍事転用可能な技術情報が少なくないと推測される。だからこそ，国連安保理決議を受けて，日本の各省庁が大学等の研究機関に対して，当該情報の管理の徹底を依頼したのであろう。万一のことがあれば，疑惑国の核開発に手を貸したとの批判を浴びかねないだけに，こうした技術情報の厳格な管理は，各研究機関にとって相当神経を使いながら遂行せざるを得ない業務なのであり，Ｙ大学にとっても安全保障上の懸念と取り組むことは難事を背負い込むことだったと思われる。

とはいえ，Ⅰ国人が当該情報にアクセスする可能性があるというだけで，Ⅰ国への核技術流出のおそれがあると結論づけられるのは，X のようなⅠ国人にとって，自分の力ではどうしようもない理屈が押しつけられていると感じるだろう。Ⅰ国人が原子炉工学研究所に入学すれば，Ⅰ国に核技術が流出する高度の蓋然性があるといえるのか，証明して欲しいと思うだろう。しかし，そのような証明をＹ大学に課すことは，現実にはできないことを無理強いすることにつながり，結局のところ，Ｙ大学には安全保障上の理由を盾に入学を拒むことは許されないというのと等しい結果になってしまう。大学に対してそこまでの負担を背負わせられるかについては否定的に解さざるを得ないのではないか。

5　区別の目的と区別の合理的関連性

Ⅰ国に対する核技術流出の未然防止という目的に正当性があって，かつ，Ⅰ国人がＹ大学の原子炉工学研究所に入学すると，Ⅰ国に核技術が流出するおそれが否定できないとの仮定をあえて受け入れたとしても，そのことが X に対する入学拒否と合理的に関連するのかについては，別途検討しなければならない。たとえⅠ国が核開発疑惑国であり，かつ，X がⅠ国人であるとしても，そこから論理必然的に，X が核技術をⅠ国に流出させるものと決めつけるわけにはいかない。もしそういう推論をすれば，I国人をカテゴリカルにI国のスパイとみなしたも同然になるからである。

区別の目的と具体的な区別の間に合理的関連性が認められなければ，当該区別が合理的な理由のない差別として憲法14条1項違反になるという論理は，上述の国籍法違憲判決が展開していた。それに従うと，Y大学側としては，Xの入学を拒否することが，I国への核技術の流出防止と合理的に関連するという理屈を，XはI国人であるという事実以外に別途根拠づけなければならないことになる。言い換えると，XがI国人であるというだけの理由では，区別の目的と具体的な区別の間に合理的関連性は認められない。

この点，Y大学はXの経歴には履歴書上，不明な点があるとし，X個人に何らかの疑惑があると見ていた。しかしそれで先の合理的関連性が肯定できるだろうか。逆にX側は法務大臣から難民の認定を受けていることを主張できる。つまり，国籍国から政治的迫害を受け，保護を求めて入国した者だから，安全保障上の懸念には当たらないと主張できる（難民約1条，入管61条の2）。が，Y大学側は，Xの難民認定の事実は自らの知り得ない事実であるし，仮に知り得たとしても，難民認定を受けているからXは安全保障上問題のない人物であると即断することなどできないと反論するだろう。

Xの難民認定の事実をどのように評価すればよいのかは1つの問題である。平成29年における難民認定の申請者数は1万9628人であり，実際に難民認定された人の数は20人であるという（ちなみに，平成28年は1万901人の申請に対して28人の認定，平成27年は7586人の申請に対して27人の認定だった）。この数字をどのように受け取るかであるが，相当厳格な姿勢で認定されていると見ることができるのではないか。もしそうだとすると，X側はI国と結びついていないことを他ならぬ法務大臣を通じて証明していると主張できよう。

Xが難民であることを考慮してもなお安全保障上の具体的な懸念が裏づけられるかどうかは，Y大学の側で調査を尽くすべきである。Y大学側が，大学の調査能力を過大評価されても困ると主張し，入学選考においてそのような調査義務は課せられるべきでないと主張したとしても，X側からは，履歴書上の書面審査だけでXを安全保障上の脅威とみなすのは，目的と区別の合理的関連性を論証し得ていないと反論可能である。

Xにとって我慢ならないのは，核開発疑惑国の出身であるという事実から同国のスパイであるかのように推論され，尊厳ある個人として扱われなかったことであろう。自らの力ではいかんともしがたい事由に基づいてカテゴリカルに「不審者」とみなされた点に，差別的取扱いの根源があると感じられたのである。たとえ履歴書上の空白という事実が指摘されていても，それ自体は特段珍しいことではない。やはり核開発疑惑国出身という出自が決定的だったのであろう。個人としての評価よりも出自に対する蔑視・嫌悪（「I国出身者は危ない」）が入学の可否を決めたと思われたがゆえに，Xには許しがたかったのである。

他方，Y大学にとっての関心事は，入学を認めた学生による核技術流出を何としても未然に防止することである。その際，入試の時点で志願者の危険度を評価することは，大学の調査能力に限界があることを前提にすると，出自を重要な指標にしなければ，およそ不可能であると思われたのだろう。入学を認めた後に当該学生を監視することにも限界があり，また監視という行為自体に平等やプライバシー侵害の問題があることを思うと，核技術流出のリスクを回避するためには入学拒否しかなかったのである。

Y大学の言い分にも道理はあるが，個人の尊厳と法の下の平等を定めた憲法の下では，Xの権利を侵害しないやり方でしか入学拒否は認められない。したがって，最初に争点として設定されるべきは，入学拒否がXの尊厳を害し，差別に当たると評価できるかどうかである。いわゆる「疑わしい範疇」論や「基本的な権利利益」論に言及する場合も，Y大学がXを尊厳ある個人として扱っていないとみなしうる客観的事情があるか否かに留意して検討すべきであろう。このような検討を省略し，区別の合理性を単純に区別の目的合理性（目的と区別の合理的関連性）に還元させてしまうと，皮相な議論に堕する危険がある。

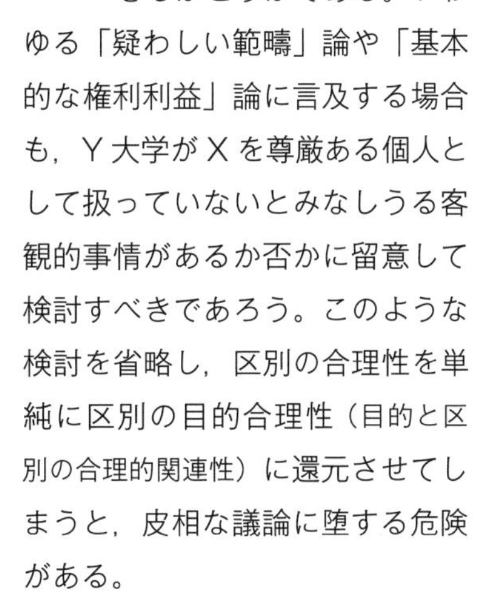

設問 04

環境団体訴訟の創設

自然保護訴訟の現状は絶望的であるといわれる。大規模な開発行為によって自然が破壊されたり，生物多様性が損なわれたりすることがあっても，それによって誰か特定の人の法的利益が害されることがない限り，裁判所は司法権を行使しない。たとえば民事訴訟において，開発行為の差止めが求められたとしても，当該事業は人の生命・身体・財産を損なうほどのものではないとされると，それがいかに自然を破壊するものであっても，そのような民事訴訟は認められない。自然保護関連法に違反する開発行為に対しては，行政が不許可処分にしたり，措置命令を下したりすることもできないわけではないが，行政が法律に従った行政処分をしなかった場合に，第三者がその違法を咎め，取消訴訟や義務づけ訴訟等の抗告訴訟を提起しようとしても，原告適格なしと判断されて却下されるだけである。

そこで政府は，抗告訴訟としての環境団体訴訟を法制度化し，自然保護訴訟の活性化を図ろうと計画した。具体的には，自然公園法等いくつかの自然保護関連法を改正し，適格認定された自然保護団体に対して特別の資格を付与し，自己の法的利益とは関係がなくても，行政が自然公園法などの自然保護関連法に従った行政処分をしなかった場合に，当該団体が行政処分の取消しや義務づけを求めて抗告訴訟を提起できるようにしたいと思っている。しかし，そのような一種の民衆訴訟（行訴5条）を法律で新たに創設することについては，憲法上の限界と要請に適合しているのか，政府内部においてもなお異論があった。ここでもし政府から環境団体訴訟の憲法上の限界と要請に関してアドバイスを求められたとしたら，どのように助言すればよいだろうか。

①司法権概念の外枠
②代表民主制との整合性
③制度に対する憲法上の要請

参考文献

□松本和彦「環境団体訴訟の憲法学的位置づけ」環境法政策学会編『公害・環境紛争処理の変容』（商事法務，2012年）148頁
□島村健「環境団体訴訟の正統性について」阿部泰隆先生古稀記念『行政法学の未来に向けて』（有斐閣，2012年）503頁
□「〈特集〉団体訴訟の制度設計」論ジュリ12号（2015年）113頁
□野坂泰司「憲法と司法権」法教246号（2001年）42頁
□毛利透「客観訴訟と司法権」曽我部真裕ほか編『憲法論点教室』（日本評論社，2012年）164頁

解説

1　問題の所在

特定の人の法的利益が侵害されたわけではなく，自然破壊が問題になるだけの自然保護訴訟においては，自然それ自体に権利の主体性が認められない限り（「自然の権利」は認められていない），誰も自己の権利利益の侵害を主張することができない。環境権を問題にすることができるという主張もあるが，裁判実務において環境権論が受け容れられたことは一度もない。法的利益の内容や範囲を緩やかに解して，環境利益を私人の個別的利益に還元することも場合によっては不可能とはいえないものの，環境利益の実体が公益である以上，私人の個別的利益と見ることには限界がある。自然保護訴訟の現状が絶望的とされるのは，こういったところに原因の一端がある。

せめて行政が，自然を保護するための行政処分の権限を適切に行使して，大規模な開発行為を抑制し，自然破壊を未然に防止してくれたらよいのであるが，もし行政が開発許可を与えてしまったり，あるいは原状回復命令等を出さなかったりすると，たとえ行政の作為・不作為が違法であっても，裁判の場でその違法な行政処分を争うすべはないとされる。従来の発想では，地権者や漁業権者のような利害関係者がいた場合に限って，その主観的権利を保護するために，いわば付随的に裁判で環境利益の保護を図ることができるに過ぎなかった。しかし，利害関係者でなければ，行政処分の違法性を争う「法律上の利益」（たとえば行訴９条１項）がないと判断され，訴え却下になるだけである。そこで政府が特定の自然保護団体に原告適格を付与し，その団体による訴訟提起を通じて，行政処分の適法性を裁判の場で争うことができるよう計画している，というのが設問の事案である。環境団体訴訟の法制度化は，日弁連その他によっても提案されているが，今のところ，政府に具体的な創設計画はない。その意味で架空の話である。

設問のような環境団体訴訟を法制度化しようとする場合，個人の権利利益の保護を目的とする主観訴訟が原則で，民衆訴訟のような客観訴訟が例外とみなされる主流の憲法論においては，例外の範囲をどのように捉えるのかが問題になる。特に憲法76条1項の定める司法権概念による枠づけや，憲法前文及び43条1項の定める代表民主制との整合性が問われることになる。

2　司法権概念によって課された外枠

設問のような環境団体訴訟の法制度化は，裁判所に司法権ならざる権限を与え，憲法上許されない権限行使を裁判所に認めることにならないのか。この問いに答えるためには，憲法上の司法権概念を明らかにする必要がある。

通説によれば，司法権とは具体的な争訟に対して法を解釈適用し，当該争訟を裁定する国家作用をいう（芦部・憲法336頁）。司法権の守備範囲は具体的な争訟（事件争訟性あるいは事件性）によって画される。また，具体的な争訟は裁判所法3条1項にいう「法律上の争訟」と同一視されている。「法律上の争訟」とは「当事者間の具体的な権利義務ないし法律関係の存否に関する紛争であって，且つそれが法律の適用によって終局的に解決し得べきものである」（教育勅語事件・最判昭和28・11・17行集4巻11号2760頁）という。この説示を当てはめると，環境団体訴訟は環境団体自らの権利義務や法律関係の存否に関して争われるものではないので，「法律上の争訟」ではあり得ず，したがって具体的な争訟ともみなせないから，裁判所がそれを裁定したとしても，司法権を発動するものではないと結論づけられる。

通説のように考えると，環境団体訴訟は裁判所に司法権ならざる権限の行使を許していることになる。そのことが違憲の評価に直結するかというと，必ずしもそうではない。裁判所は「当事者間の具体的な権利義務ないし法律関係の存否に関する紛争」（主観訴訟）以外，一切扱ってはならないという決まりがあるわけではないからである。「法律上の争訟」の裁定が司法権の核であるとしても，その周囲に法律によって裁判所に付与されてもよい権限があるといわれる。司法権には，法律によっても奪えない核の権限と法律によっても裁判所に付与してはならないタブーの権限（たとえば抽象的審査権）があり，さらに両者の中間領域に法律で付与しても許される立法政策的な権限があるという（中川丈久「行政事件訴訟法の改正」公法研究63号〔2001年〕124頁）。選挙訴訟にせよ，住民訴訟にせよ，客観訴訟として法制度化されているものは，そのような中間領域の具体化といってよいだろう。

もしそうだとすると，法律によって裁判所に付与されてもよいとされる権限の限界（司法権の外延）がどこに設定されているのか，画定しなければならないだろう。1つの考えは，司法権を「適法な提訴を待って，法律の解釈・適用に関する争いを，適切な手続の下に，終局的に裁定する作用」と再定義し，司法権概念から具体的な争訟の要件を消し去り，司法権の外延を大幅に拡大することである（高橋和之『立憲主義と日本国憲法〔第4版〕』〔有斐閣，2017年〕411頁）。これは従来の司法権概念を大胆に修正するものである。

しかし司法権概念をそこまで組み替えなくても，通説が当然視していた「法律上の争訟」＝具体的な争訟という等号関係を切断し，「法律上の争訟」は具体的争訟の一部であっても，その全部を意味するものではないと解することができるのではないか。裁判所法上の概念に過ぎない「法律上の争訟」は憲法上の概念である具体的な争訟と必ずしも同一でないと解するのである。その上で，「法律上の争訟」は確かに司法権の核を成すものの，司法権の外延を画すのは具体的な争訟の概念であると理解すればよい（野坂・参考文献47頁）。以上のように解すれば，環境団体訴訟の法制度化も，司法権概念の外枠を破るものではなくなる。

3　環境団体訴訟と代表民主制の関係

環境団体訴訟の法制度化が代表民主制の枠組みと整合するのかどうかも検討しなければならない。というのも，私人の個別的利益に還元できない純粋の公益は，本来，人々の様々な価値評価を集約する民主的な政治過程で取り扱われるべきであるというのが，代表民主制の基本枠組みだからである。環境利益も公益とみなされる以上，環境団体訴訟の構想はそうした公益の価値評価をめぐる議論と向き合わざるを得ない。公益の価値評価をめぐる議論が民主的政治過程と区別される司法の場に持ち込まれることには，憲法上の限界があるというべきだろう。

この点，環境団体訴訟は確かに公益としての環境利益を扱うものの，それは代表民主制の補完とみなすことが可能である。公益の中でも環境利益は民主的政治過程に反映されにくい性質を持っている。地域的な環境利益は中央の政治過程に乗りにくいし，将来世代の環境利益はそもそも政治過程への直接的な反映を望むことができない。環境利益をすべて民主的政治過程に委ねてしまうと，実際にはその過程からこぼれ落ちてしまい，行き場を失ってしまいかねない。行き場を失った環境利益をすくい上げ，司法という別の場において適切に取り扱うことが，環境団体訴訟をあえて創設しようとする趣旨目的なのであって，これにより環境団体訴訟は代表民主制の補完として正当化できるのである。

ただし，環境団体訴訟が司法の場にふさわしい法制度となるためには，そこが公益そのものの追求の場にならないように仕組まれる必要がある。環境の良し悪しにかかわる環境の質に対する価値評価は，必ずしも裁判所にとってふさわしい任務とはいえない。裁判所は法的判断をする機関であって，ある開発行為が環境に良いとか悪いといった価値評価をすることに適性があるとはいいがたい。環境の良し悪しの判断は，人々の様々な価値評価を集約する民主的な政治過程に委ねられるべきだろう。

設問の環境団体訴訟は行政訴訟（抗告訴訟）として構想されている。だとすれば，ここでの環境団体訴訟は，行政の適法性の統制を目的とするものであって，公益としての環境利益そのものの追求を直接の課題とするものになっているわけではない。裁判所の役割はあくまでも行政処分の適法性判断に限定される。行政処分が適法になされたかどうかの判断だけが裁判所に委ねられている限り，それは司法の場にふさわしいといえるし，代表民主制の枠組みとも整合性を保つことができるだろう。

4　環境団体訴訟に対する憲法上の要請

環境団体訴訟の法制度化が憲法上許されるとしても，そこに最低限の法的保障として，憲法上要請されるものはないのだろうか。たとえば，適格認定された自然保護団体が訴訟を提起した際，憲法32条の裁判を受ける権利によって，審問・審尋の機会が十分に保障されなければならないのだろうか。あるいは，憲法82条1項の裁判公開の原則は当該訴訟にも問題なく妥当するのだろうか。設問の環境団体訴訟は「法律上の争訟」ではないので，「法律上の争訟」であれば当然に保障されたことが，もはや憲法上の要請ではないとされることはないのだろうか。

たとえば，「性質上純然たる訴訟事件」と「性質上非訟事件」を区別し，憲法32条と82条の要請を前者に固有の要請とみなした強制調停事件最高裁決定（最大決昭和35・7・6民集14巻9号1657頁）によれば，「性質上非訟事件」であれば，憲法32条と82条の保障が直ちに妥当するものではないとされている（ただしこのような解釈には学説上批判が多い）。とはいえ，設問の環境団体訴訟は「性質上非訟事件」ではないし，ここであえて憲法32条と82条の保障を否定しなければならない理由も見あたらない。環境団体訴訟も司法権の行使として追行されるのであって，司法権の行使に標準装備された審問・審尋の保障と裁判公開の原則をこの場面に限って無関係であるとみなすことは不自然である。それが「法律上の争訟」であろうとなかろうと，裁判手続には憲法32条及び82条の保障が及ぶのが原則と考えるべきであり，例外扱いすべき理由なく安易にその保障を否定することは憲法上許されないだろう。

客観訴訟としての環境団体訴訟でも，裁判所は憲法81条の違憲審査権を行使できるのかという問題もありうるが，最高裁はこれまで客観訴訟においても躊躇なく違憲審査権を発動し，場合によっては違憲判決を下してきた（一票の較差訴訟や政教分離訴訟）。上述のように，司法権概念を「法律上の争訟」と直結させて理解することをやめ，「法律上の争訟」と具体的な争訟を同一視せず，司法権概念はあくまでも具体的な争訟との関わりで捉えるのであれば，環境団体訴訟も依然として司法権の範囲内にあると理解することができる。そのようにみなすことができるのなら，環境団体訴訟における違憲審査も司法権の行使に付随してなされているのだから，通常の付随的違憲審査と別段異なるものではないということができ，特に問題はないと答えられよう。

ちょっとコメント

行政訴訟ではなく，民事訴訟として環境団体訴訟を法制度化する場合，たとえば，団体目的を直接妨げるおそれのある事実行為（自然破壊など）に対して差止め・原状回復・損害賠償を求める権利を自然保護団体に付与する法制度を創設しても，その合憲性に問題は生じないか。

行政訴訟（抗告訴訟）であれば，本文で述べたように，環境団体訴訟が行政の適法性を統制することになる。たとえば，自然公園法の特別保護地区（21条）内において，環境大臣の許可なく「動物を捕獲」すれば違法行為であり（同条3項9号），その違法行為に対して行政が中止命令等の処分を行うことになるが（同34条1項），仮に違法行為が確認されたにもかかわらず，行政が中止命令等の処分を行わない場合，環境団体訴訟が創設されていれば，適格認定のされた自然保護団体が中止命令等の義務づけ訴訟を提起することになる。裁判所は行政が法律に定められた中止命令等の処分権限を適法に行使しているのか否かを審査しなければならない。裁判所の役割はあくまでも行政処分の適法性判断に限定される。

しかし，民事訴訟としての環境団体訴訟の場合は，公益としての環境利益そのものの追求の場になる可能性がある。上述の例だと，被告の自然破壊行為によって環境利益が侵害されたこと自体に焦点が合わされ，自然破壊の差止めや自然の原状回復（場合によっては損害賠償）が求められる。裁判所は被告による自然への介入の是非を直接的に価値評価しなければならなくなるかもしれない。このような事態は非民主的な裁判所に対して，自然の価値を評価するよう強いることにつながりかねず，代表民主制の枠組みと不整合を来すおそれがある。行政訴訟と比較して，民事訴訟の場合は，裁判所の役割を限定することが難しい。原告固有の法的利益の保護を目的としない民事の環境団体訴訟では，裁判所が環境利益（＝公益）の価値評価への取組みを正面から迫られることになるだろう。

設問 05

原子炉の運転期間制限

深刻な原発事故を教訓にして，平成 24 年，国会が原子炉等規制法を改正し，発電用原子炉の運転期間に限界を設けた。すなわち，原子炉の運転期間は設置後 40 年であると定められ，期間満了後は原則として廃炉とされることになった。ただし事業者（発電用原子炉設置者）が申請すれば，原子力規制委員会の認可を受けて 1 回に限り 20 年以内の期間延長が許される。事業者は原子炉の運転期間中も定期的に最新の知見を反映した安全性審査を受ける必要があるが，期間延長を認可してもらうには，さらに厳格な安全性審査を受けなければならない。従来は原子炉の運転期間に限界はなく，事業者が一定の期間ごとに高経年化技術評価を行い必要な対策を施し，行政により安全性確保の確認がなされた後，運転再開が認められていた。しかし，老朽化した原子炉の事故発生リスクの高さに鑑み，万一の場合の放射線被害から人の健康及び環境を守るため，原子炉に一律 40 年という限界が設けられ，20 年以内の延長認可の可能性は残されているものの，その期間満了後は例外なく廃炉とされることになったのである。

これに対し，特に事業計画の変更を余儀なくされる電気事業者から，長期運転によって得られたはずの利益を断念せざるを得ない上に，今後も安定供給の義務を履行しながら，代替電源の開発コストまで負担しなければならなくなったと強い不満が寄せられている。電気事業者からすれば，改正法は必ずしも科学的な根拠に基づくものではなく，世間の感情に流された政治的規制に過ぎない。改正法による原子炉の「寿命」設定は電気事業者の財産権を侵害すると受け止められている。ここでもし政府から，電気事業者の財産権侵害の主張に反論したいといわれ，アドバイスを求められたら，どのように助言すればよいのだろうか。

①財産権と既得権
②財産権の事後的不利益変更の許容性
③財産の使用収益の禁止と公用収用の関係

参考文献

□松本和彦「原発事故と憲法上の権利」斎藤浩編『原発の安全と行政・司法・学界の責任』(法律文化社, 2013 年) 121 頁
□駒村圭吾「財産権」『憲法訴訟の現代的転回』(日本評論社, 2013 年) 203 頁
□小島慎司「経済的自由権」南野森編『憲法学の世界』(日本評論社, 2013 年) 232 頁
□石川健治「財産権①」「財産権②」論点探求憲法 224 頁, 241 頁
□安念潤司「憲法が財産権を保護することの意味」長谷部恭男編著『リーディングズ現代の憲法』(日本評論社, 1995 年) 137 頁
□戸波江二「財産権の保障とその制限」法セ 466 号 (1993 年) 74 頁

解説

1　問題の所在

設問は，平成24年に第180回国会で成立した原子炉等規制法の改正を含む原子力規制組織及び規制制度の改革法を素材に作成した。それまで原子炉の運転期間には限界など設けられていなかったのに，安全性を重視した高経年化対策の強化を図るため，法律で一律に40年という限界が設けられ，20年以内の延長可能性はあるものの，その期間満了後は例外なく廃炉にされるという規制は，電気事業者の財産権を侵害しないのだろうか。原子炉という財産の使用収益は，これまで安全基準適合性が確認された後であれば「自由」だったにもかかわらず，最新の原子炉も含め原則40年，最長60年で廃炉にするというのだから，この規制は電気事業者の財産の使用収益に「後出し」で時間的限界を設定し，それ以降は安全か否かに関わりなく，財産の使用収益を禁じるものになっている。既に稼働40年を超える原子炉の場合は，直ちに廃炉にするか，特別の認可を得て短期間の運転で我慢するしかない。このような規制は違憲ではないのか，少なくとも正当な補償がないと財産権の侵害として許されないのではないかと疑う余地がある。

2　財産権の内容と制限の意義

最高裁の森林法事件判決（最大判昭和62・4・22民集41巻3号408頁）によると，憲法29条は「私有財産制度を保障しているのみでなく，社会的経済的活動の基礎をなす国民の個々の財産権」を保障しているという。「国民の個々の財産権」とは，通説によると，「個人の現に有する具体的な財産上の権利」（芦部・憲法233頁），すなわち財産上の既得権だとされる。ある財産的利益が既得権とみなされるためには，それが法律によって内容形成されている必要がある。

ここで法律によって内容が定まった財産権を法律改正によって財産権者に不利益に変更した場合，改正前の既得権が改正法律によって制限されたと捉えることができるが，改正後の新たな既得権が改正法律によって新たに内容形成されたと捉えることもできる。改正前から見れば財産権の制限に当たる法律の規定が，改正後から見れば財産権の新たな内容形成に当たっている。憲法 29 条 2 項の文言は，まさにこのような事態を表現している。最高裁の国有農地売払い事件判決（最大判昭和 53・7・12 民集 32 巻 5 号 946 頁）が「法律でいったん定められた財産権の内容を事後の法律で変更しても，それが公共の福祉に適合するようにされたものである限り，これをもって違憲の立法ということができない」とするのも，法律改正による従前の財産権の不利益変更は，新規の財産権の内容形成であると同時に従前の財産権の制限にも当たるため，公共の福祉に適合していれば財産権の新たな内容形成を図ったものと評価される反面，それが財産権の制限とみなされる以上，公共の福祉によってその制限が正当化できなければ，財産権を侵害するものと評価され，違憲無効の憂き目を見ることもあると理解できる。

もっとも，制限される前の財産権の内容については，どこまでが既得の権利といってよいのか，既得のレベルがしばしば問題になる。「法律でいったん定められた財産権の内容を事後の法律で変更」すれば，それが財産権の制限とみなされるのだが，何が「法律でいったん定められた財産権の内容」なのかは必ずしも自明でないため，既得の財産権の範囲を広く捉えると，それに応じて財産権制限の場面も拡大するし，逆に狭く絞ると財産権制限の場面も縮小し，法律改正があっても，それだけではまだ既得権を奪ったといえなくなる。最高裁の国有農地売払い事件判決では，まさにこの論点をめぐって，多数意見と少数意見（高辻正己，環昌一，藤崎萬里）に分裂した。多数意見は既得の財産の範囲を広く捉えたので，事後法による不利益変更はそのまま財産権制限に当たると解され，その不利益変更が「公共の福祉に適合するようにされたものであるかどうか」直ちに問われることになったが，少数意見がいうように，もし従前の財産権の内容自体がもっと絞られたものであったなら，当該不利益変更も財産権の制限には当たらないと解されたかもしれない。

3　財産権の事後的な不利益変更

以上の点に留意して，設問の改正法の合憲性を検討する。国有農地売払い事件判決によると，「いったん定められた法律に基づく財産権の性質，その内容を変更する程度，及びこれを変更することによって保護される公益の性質などを総合的に勘案し，その変更が当該財産権に対する合理的な制約として容認されるべきものであるかどうかによって」合憲性が判断されるという。この判断枠組みにひとまず従うと，何より既得の財産権の性質，内容変更の程度，保護公益の性質の３点の検討が求められるだろう。

まず既得の財産権の性質についてである。電気事業者は原子炉の自由な使用収益を前提にしているが，もともと原子炉は極めて厳格な安全管理がなければ使用収益できない特殊な財産であり，その性質上，最初から使用収益に社会的制約が内在していると解されるため，事業者もその前提で対応すべきであるし，また対応してきたはずであるといえる。

次に内容変更の程度であるが，既存の原子炉については，運転開始後に時間的限界が設けられたという事情があるにせよ，高経年化した原子炉はいずれ廃炉にしなければならないことに変わりはなく，これまでは期限を明示的に設定していなかったに過ぎないと主張することができる。もちろんこれに対しては，明確な線引きには合理性がないし（40年あるいは60年という期間の前後で原子炉の安全性に決定的な変化が生じるとは考えられない），事後的な期限の設定によるコスト増の不利益も無視できないとの反論がありうる。少なくとも既存の原子炉については適用除外扱いも考慮されて然るべきといわれるかもしれない。が，原則40年，最長60年という運転期間の設定は，廃炉の時期設定として不自然ではないし，事業者の当初予測の範囲内にもあるといえよう。

最後に保護公益の性質だが，規制目的は人の健康及び環境の保護にあるとされている。いわゆる消極目的であって，規制目的二分論からすると，「厳格な合理性の基準」の適用が唱えられるところであるが，先の森林法事件判決は規制目的の消極性・積極性の区別を重視していないし，近年の最高裁は規制目的二分論をもはやほとんど考慮していない（芦部・憲法236頁）。ここで「厳格な合理性の基準」にこだわる必要はないということもできるだろう。とはいえ，そもそも人の健康及び環境の保護は極めて重要な法益である。それが高経年化した原子炉の運転によって危険にさらされているのである。もちろん，高経年化した原子炉が危険な存在だというのなら，最長で60年もの運転期間を認めるのは逆に長すぎるのではないかと批判され，安全性が確保できるからこそ原子炉の運転も許されたのではないかと反論されかねない。しかし，最新の科学技術による安全性の確保を前提にしても，原子炉の高経年化が原発事故のリスクを高めること自体は否定できないので，リスクからの保護を重視することにはなお十分な理由があるといえよう。

以上を総合的に勘案する。原子炉の安全性については，安全技術の開発向上によるリスク低減が見込まれることから，リスクからの保護は決定的な理由にはならないかもしれないが，原発事故のリスクがゼロにならない以上，事故が発生したときの深刻さを考慮すると，万一の原発事故の回避は依然重視されるべき考慮要素である。安全技術の進歩により原子炉の運転期間はさらなる延長が期待できるので，原則40年，最長60年に期間を限定するのは行き過ぎた規制と批判されるかもしれないが，保護公益の重みを斟酌し，内容変更の程度に鑑みると，もともと特殊な財産である原子炉の規制としては，なお「財産権に対する合理的な制約として容認されるべき」だといってよいだろう。

4　公用収用該当性の有無

仮に原子炉の運転期間を事後的に限定し，原則40年，最長60年で廃炉にするよう義務づける規制が，憲法29条2項によって許された財産権の制限に該当するといってよいとしても，このような規制は憲法29条3項の公用収用に該当し，それゆえ正当な補償を要するものであるといえないだろうか。

この点，公用収用に言及した最高裁の河川附近地制限令事件判決（最大判昭和43・11・27刑集22巻12号1402頁）によると，「公共の福祉のためにする一般的な制限」は「原則的には，何人もこれを受忍すべきものである」という。設問の改正法は発電用原子炉設置者を対象にして規制を行うものであるが，許可さえあれば誰でも発電用原子炉設置者になれるのだし，特定の発電用原子炉設置者が狙い撃ちにされているのでもないのだから，改正法による原子炉の運転期間の限定は，一般的な財産権制限であることが肯定されるだけで，公用収用に当たると解すべき場面ではないだろう。

もっとも，先の判決は「一般的に当然に受忍すべきものとされる制限の範囲をこえ，特別の犠牲を課したものとみる余地」がある場合は，損失補償をすべき理由があると認めている。学説上も，財産権の本質的内容を侵すほど強度の規制であれば，正当な補償をすべきだとされている（芦部・憲法238頁)。そうだとすると，設問の事案でも，電気事業者側に財産権の本質的内容を侵すほど強い，受忍の範囲を超える特別の犠牲を課したとみなされるべき事情があるのかどうか，検討しておく必要があろう。

電気事業者側の事情としては，原子炉設置の許可を受けた段階では，運転期間に原則 40 年，最長 60 年といった時間的限界は設けられていなかったのに，法改正により，期限が来たら否応なく使用収益の権利が剝奪されるという不利益が認められる。しかし問題は，これが財産権の本質的内容を侵すほど強い規制に当たるものなのかである。原子炉の危険性を考慮すると，高経年化した原子炉を一定期間後に廃炉にするよう義務づけること自体は，性質上許されて然るべきだし，それは原子炉という特殊な財産に内在する社会的制約の表れというべきだろう。電気事業者も当然この義務を甘受しなければならないのではないか。改正法も運転期間として最長 60 年という十分余裕をもった期間設定を行っている。だとすれば，電気事業者が投入した資本に見合うだけの回収ができたかどうかは別として，規制が受忍の範囲を超えた，財産権の本質的内容を侵すほど強いものであったと評価することは困難であろう。

もし原子炉の運転期間を最長40年に限定し，その延長は認めないとする法改正を行った場合，あるいは原子炉の運転にそもそも期間を設けず，即時廃炉とする法改正を行った場合（脱原発決定），そのような法改正は財産権侵害といわざるを得ないのか，あるいは正当な補償を要する公用収用に当たるというべきなのか。前者は高経年化した原子炉のリスクをどの程度のものと見積もるかによって結論が分かれる問題であり，後者は今ある原子炉のリスク評価の内容に依存する問題である。

原子炉の運転期間を最長40年に限定し延長は認めない場合，40年という年月が原子炉の「寿命」とみなされたことになる。しかし，運転開始後40年の前後に原子炉の「生」と「死」の境目があるとみなすことは，原子炉工学上，無理があるといわれる。40年後は運転開始時よりも安全技術が進歩しているのが通常であることを思うと，40年で一律に廃炉にするのは不当かもしれない。ただ，原子炉の高経年化がリスクを増大させることもまた否定できない。だとすれば，リスク顕在化の重大性に鑑みて，40年もの運転を許した後のリスクは許容しないと決定しても，なお立法裁量の範囲内にあるというべきだろう。

他方，今ある原子炉を即時に廃炉とする場合は，一部の古い原発を除いて，高経年化のリスクへの対処という理屈は持ち出せない。

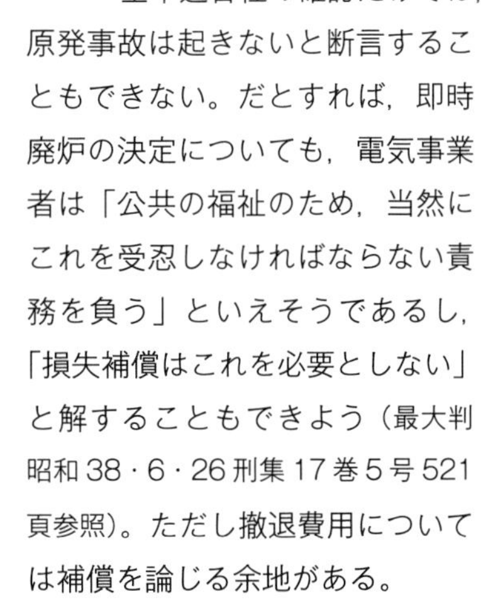

しかし原子炉にはそもそも深刻なリスクが内在している。自然災害だけでなく人為的攻撃に起因する被害発生の可能性も否定できない以上，既存の安全基準適合性の確認だけでは，原発事故は起きないと断言することもできない。だとすれば，即時廃炉の決定についても，電気事業者は「公共の福祉のため，当然にこれを受忍しなければならない責務を負う」といえそうであるし，「損失補償はこれを必要としない」と解することもできよう（最大判昭和38・6・26刑集17巻5号521頁参照）。ただし撤退費用については補償を論じる余地がある。

設問 06

高校生の政治活動

Ｘは Y 県立高等学校の 3 年生（18 歳）である。Ｘは，両親が原発再稼働に対する反対運動をしていることに影響され，自らも運動に積極的に関わろうと決心した。そこで自らが通う高等学校の校内で，原発再稼働反対のビラを配付し，かつ，運動への賛同を求めて同校の他の生徒から署名を集め始めた。しかし，Ｘの運動に批判的な他の生徒の保護者たちから，学校当局に苦情が寄せられるようになり，さらに生徒たちの中からもＸを非難する声が上がるにつれ，Ｘとの間で小競り合いも生じるようになった。学校当局は，当初，事態を静観していたが，だんだん騒ぎが大きくなっていくのを黙認することはできないと考え，Ｘを呼び出し，「生徒は校内において積極的な政治活動をしてはならない」と定めた生徒心得を示しつつ，校内で原発再稼働反対運動を行うことは控えるよう指導した。これに対してＸは，学校側の姿勢を原発再稼働反対運動に敵対するものと受けとめ，ビラに学校非難の激しい言葉を載せるようになったため，学校当局も，これ以上Ｘの活動を放置することはできないと判断し，「学校の秩序を乱し，その他生徒としての本分に反する者」には懲戒処分をすることができると定めた Y 県立高等学校学則に則り，2 学期が始まってすぐ，Ｘを無期停学処分に付した。

この処分により，高校 3 年生の最後の日々を学校で過ごすことができなくなったＸは，原発再稼働反対運動をしただけで，他に何の非もないのに，自分を無期停学処分に付したと Y 県立高等学校を責めるとともに，当該処分の取消しを求める訴訟提起の準備を始めた。ここでもしＸから憲法上の争点についてアドバイスを求められたら，どのように助言すればよいだろうか。

①未成年者の人権
②政治活動の自由
③学校に特有の生徒の自由制約根拠

参考文献

□米沢広一「未成年者と人権」憲法の争点 76 頁
□米沢広一『憲法と教育 15 講〔第 4 版〕』（北樹出版，2016 年）78 頁
□中村睦男「判批」判評 363 号（判時 1303 号）（1989 年）186 頁
□横田守弘「判批」西南学院大学法学論集 22 巻 4 号（1990 年）247 頁

解説

1　問題の所在

生徒の政治活動が校則等によって制限されている例は珍しくない。校則に違反して政治活動をしたことにより，停学や退学といった懲戒処分が課せられることもある。しかし，生徒にも政治活動の自由があると考えるのなら，このような懲戒処分は生徒の政治活動の自由を侵害するものとして，違憲とみなされるべきではないか。それとも，生徒は未成年者であり，かつ，学校内で普通教育を受ける身であって，一般社会の成人のような自由を享受し得ない存在であることから，懲戒処分も単純に自由侵害とみなすことはできないというべきなのか。あるいは，生徒にも学校の内部で政治活動を行う自由が保障されているが，学校という特殊な社会では，それ特有の自由の制限を認めざるを得ないということなのか。設問の事案では，生徒が未成年者であるということ，学校という場での自由が問題とされていることが，事案の解決にとって，どのような意義を有するのかが問われている。

平成 27 年 6 月の公職選挙法改正により，選挙権年齢が 18 歳以上に引き下げられたことに伴い，生徒であっても 18 歳以上の者なら有権者の資格が与えられた。有権者である以上，選挙権の行使が認められるというだけでなく，有権者にふさわしい政治的知識と能力が備わっていることが期待される。しかしそのような知識と能力は一朝一夕に身につくものでない。とすれば，学校においてもいわゆる「主権者教育」が求められよう。その際，学校は政治的中立性の名の下で生徒自身の政治活動を規律しなければならないのか，それともむしろその自由を尊重しなければならないのか。生徒を育む場としての学校の存在意義が再考を迫られている。

2　未成年者の人権

憲法は，未成年者の権利について，成人にはない保障を認める規定（憲法 26 条 2 項の義務教育の無償や同 27 条 3 項の児童の酷使禁止）と成人にしかない保障を認める規定（憲法 15 条 3 項の成年者による普通選挙の保障）を置いている。しかし，憲法が特に明示していなくても，未成年者に対しては成人と異なる保障にならざるを得ない権利と，逆に未成年者であっても成人と同等の保障を認めなければならない権利がある。前者の典型例が信教の自由（憲20条1項）や表現の自由（憲21条1項）のような選択の自由を内実とする権利である。また，後者の典型例が奴隷的拘束からの自由（憲18条）や拷問の禁止（憲36条）のような人身の自由である。

選択の自由を内実とする権利の保障についてだけ，未成年者と成人の区別が設けられるのは，当該権利が自律的な判断能力の保有を権利行使の前提にしているからである。自律的な判断能力があるということであれば，人は誤って何かを選択した場合でも，それが自由な選択である限り，結果に対して自己責任を負わなければならないといえる。しかし，未成年者には選択の自由の前提である自律的な判断能力が十分に備わっていない。それゆえ，未成年者が自らの誤った選択によって結果的に大きな害悪を被りかねない場合は，本人を保護するために選択の自由を制限しなければならない（その限りにおいて，パターナリスティックな制約を認めなければならない）といわれるのである（佐藤・日本国憲法論137頁）。ただし，原則としてパターナリズムが妥当することを承認するとしても，未成年者が成長の過程にあることを思うと，失敗から学ぶという経験を積ませる必要もあり，一方的に保護を強調して不自由を強いるのは単純に過ぎる。パターナリスティックな制約が許されるとしても，それは限定的でなければならないだろう。

3　生徒の政治活動の自由

政治ビラを配付し，周囲から署名を集める行為は，公に政治的メッセージを発信しようとする行為であるので，憲法21条1項の保障する表現の自由の行使に当たるといってよい。それゆえ，Xが行った政治活動は，一般社会において成人が行ったのであれば，表現の自由として当然に保障される。もちろん，一般社会において成人が表現の自由を行使する場合も，公共の福祉のための制限は受け入れざるを得ないが，それが政治活動であるというだけの理由で，その自由が制限されることはあり得ない。たとえそれが世の中に物議を醸す過激な思想の表現だったとしても，そのような表現を法的に制限することは，内容に基づく許されない規制とみなされるに違いない。それゆえ原発再稼働反対運動の規制の場合も，それが内容中立規制としてなされるならともかく，内容規制は考えられない（ただし，公務員の政治活動については別に考えなければならないとされる〔堀越事件・最判平成24・12・7刑集66巻12号1337頁〕）。

しかし，同じ内容の政治活動が生徒によるものだった場合は，パターナリスティックな内容規制が許される場合がある。なぜならば，生徒は通常，未成年者であって，成熟した判断能力があることを前提にし得ないため，生徒が政治活動にのめり込み，普通教育を受ける機会を自ら放棄するに至ったとみなさざるを得ない場合は，たとえその意思に反するとしても，政治活動から当該生徒を引き離し，普通教育を受けさせるべく，パターナリスティックに干渉しなければならないこともあるといわざるを得ないからである。ただし「生徒も現実の社会の中で生きており，生徒の思想は実際に政治活動を行うことを通じて形成されていく面を有しているので，生徒にも政治活動の自由の保障が及ぶとの前提から出発する必要がある。更に，親の指導又は容認の下で生徒が政治活動を行っている場合には，親の政治教育の自由の尊重という要請も生じる」（米沢・参考文献『憲法と教育15講』83頁）。したがって，生徒もまた政治活動の自由の享有主体であるということを承認した上で，本人が学習機会を自ら閉ざしてしまうことを防ぐため，親の政治教育の自由を尊重しつつ，限定的なパターナリスティックな制約を認めなければならない場合もあるとするのである。

4　校内での生徒の政治活動の自由

生徒の政治活動が学校の中で行われる場合は，さらに別の考慮が必要になる。というのも，学校は他の生徒にとっても教育を受ける場なのであり，本人の保護のためのみならず，他の生徒の保護のためにも，当該生徒の政治活動が制限されなければならない場合があるからである。公立学校内の人権問題は，従来，特別権力関係における人権の問題として，特別の人権制限事由が認められてしかるべき場合とされてきた。しかし，実際はそのような特殊な議論を持ち出さなくても，十分に説明可能である。すなわち，一般社会においては，ある政治的表現が物議を醸す不穏当なものであっても，思想の自由市場での相互批判を通じて不都合の修正を図るべきであって，よほどの事情がなければ内容規制は許されないと考えるべきであるが，生徒の教育の場としての学校においては，発展途上の批判能力しか有しない生徒が，相互に批判し合う状況を常態として想定するわけにはいかないため，弊害の発生はモア・スピーチによって除去すればよいといって済ますことができず，ときには学校当局による教育的配慮という形の規律が求められると説明されるのである。ただし，その場合も，親による教育的配慮の意義が軽視されてはならない（西原博史『子どもは好きに育てていい』〔日本放送出版協会，2008 年〕107 頁）。他の生徒を保護するためにはやむを得ないという理由で，当該生徒の政治活動の自由を制限するときも，学校当局による規律は親（本人の親だけでなく，他の生徒の親）の教育的配慮にも留意したものである必要があろう。

校内での生徒の政治活動の自由が問題になった判例の多くは，生徒の暴力的行為に焦点を当てることが多かったこともあり，政治活動の自由を原則として承認するものであっても，学校当局の処分自体は合法としている。また，傾向として，生徒の本分を学業に専念することと理解し，生徒の政治活動を学校の秩序を乱す要因とみなす判例が多い（福岡地判昭和 50・1・24 判時 775 号 129 頁，東京高判昭和 52・3・8 判時 856 号 26 頁等）。この点は，最高裁も同様であって，中学生が学校当局の許可を受けないでビラ等の文書を配付することの禁止が問題になった麹町中学内申書事件判決（最判昭和 63・7・15 判時 1287 号 65 頁）では，「かかるビラ等の文書の配付及び落書を自由とすることは，中学校における教育環境に悪影響を及ぼし，学習効果の減殺等学習効果をあげる上において放置できない弊害を発生させる相当の蓋然性があるものということができる」と判示している。これはむしろ生徒の政治活動に対する最高裁の無理解を示すものといえるかもしれない。もっともこの判示は，中学生が中学校内において，学外者とともに「ヘルメットをかぶり，覆面をして裏側通用門を乗り越え校内に立ち入って，校舎屋上からビラをまき……校舎壁面や教室窓枠，ロッカー等に落書をした」という事実関係を踏まえてなされたものであり，設問の事案とはそもそも文脈を異にしていることに注意が必要である。

5　自由制約の正当化

設問の事案の場合，X は高校 3 年生（18 歳）であり，未成年者といっても，年齢的に自律的な判断能力をかなりの程度において期待してよい年頃であった。しかも法令上は今や選挙権年齢に達している。そうだとすると，X本人の判断能力の未熟を理由にしたパターナリスティックな介入は，少なくとも設問の事案に限っていえば，多分に疑わしいといわなければならない。もちろん，Xが原発再稼働反対運動にのめり込むあまり，授業を受けることに意欲を失い，出席日数不足や著しい成績不良に陥った場合は，パターナリスティックな介入も必要になるかもしれない。しかし設問の事案にはそこまでの事情は見あたらない。そこまでの事態に陥る前にXの生活態度を改めさせる必要があると判断して，学校当局はXの政治活動を止めに入ったのかもしれないが，親による教育的配慮の意義を重視する立場からすると，Xの両親の教育方針と摺り合わせた上でのことでないと，学校当局による規制は勇み足と評価されよう。

そうすると，Xの政治活動の自由を制限しうる理由として他に考えられるのは，他の生徒の保護ということになる。確かに，15歳から18歳くらいまでの高校生の批判能力は十全であるとはいいがたい。生徒間に見解の相違が生じた場合は，毎回，生徒同士の相互批判を通じて意見調整を図るよう望むことには確かに無理もある。しかし，Xが行ったビラ配付や署名集め程度のことであれば，互いに相応の応答ができるであろう。仮に生徒たちの中にXの政治活動に対して不快感を覚えた者がいたとしても，彼らの学習を実質的に妨げるほどの干渉に至らない限り，Xの自由の範囲内といってよいと思われる。他の生徒に対するXの干渉が暴力にまで発展すれば，それは禁止されて当然であるが，今回，小競り合いが生じたことの責任を政治活動をしたXにのみ帰するのは，短絡的で不公平であろう。また，Xによる学校非難のビラ配付も批判の自由（表現の自由）の行使と見るべきであり，校内の秩序紊乱と直結させて理解すべきものではない。

設問の事案は，校内での生徒の政治活動の制限が問われるものであったが，同じような積極的政治活動を X が校外において展開していた場合は，校内における場合と異なって扱われなければならないのだろうか。校外での政治活動であるから，校内の秩序紊乱といった事態を直接もたらすものではないし，他の生徒の保護を特に考慮する必要性も少ない。しかし，本人の判断能力の未熟を理由にしたパターナリスティックな介入の必要性はここでも否定しがたい。一般的抽象的には，生徒本人の心身を保護し学業への支障が生じるのを防止するため，校外での政治活動について，学校が一定の規制を設けたとしても一概に違憲であるとはいえないと答えられるかもしれない。

この点，文部科学省は，従来教育上望ましくないとの理由で規制を推奨してきた校外での生徒の政治活動を，選挙権年齢の引下げに合わせて容認する姿勢に転じた（「高等学校等における政治的教養の教育と高等学校等の生徒による政治的活動等について（平成 27 年 10 月 29 日通知）」）。他方で同省は，校外での政治活動に参加する生徒に対し学校への届出を義務化する校則改定（政治活動届出制）に関して，教育委員会や各学校の判断に委ねるとする見解を公表した（平成 28 年 1 月 4 日）。しかし，生徒が校外で政治活動（たとえばデモ行進への参加）をする際，必ず学校に届け出ておかなければならないとすると，生徒に余計な負担を課すだけで，当の生徒の保護にはつながらないのではないかとの危惧が拭えない。また，無届けの政治活動をすべて懲戒の対象にすると定めてしまうと，それは行き過ぎた規制になるのではないか。思うに，生徒の主体的な政治活動を保障することこそが「主権者教育」の充実に資するのであって，過度のパターナリスティックな介入はかえって生徒の主体性を損ない，その政治的知識と能力の涵養を妨げる危険が大きいというべきではなかろうか。現状にはまだ過剰な介入がある。

国民健康保険税納税通知書
お知らせです。必ず確認してくだ

設問 07

国民健康保険料の強制徴収

平成27年5月27日改正前の国民健康保険法（以下，単に「法」という）は，市町村等を保険者とし（法3条1項），市町村等の区域内に住所を有する者を被保険者として（法5条），国民健康保険事業を運営するものとしていた。法76条1項は，保険者が「地方税法の規定により国民健康保険税を課するとき」を除いて，世帯主等から保険料を徴収しなければならないと定めるが，法81条によれば「賦課額，料率，納期，減額賦課その他保険料の賦課及び徴収等に関する事項は，政令で定める基準に従って条例」で規定しなければならないとしている。これに従い，Y市はY市国民健康保険条例（以下，「Y市条例」という）を制定し，Y市条例により，一般被保険者の保険料率の決定をY市長の告示に委任するものとした。ただしY市条例によれば，保険料率の決定に当たり，Y市長は保険事業の運営に必要な費用の合算額の見込額から保険料を除いた収入の合算額の見込額を控除した差額を基礎とし，一定の滞納を見込んで調整した額（賦課総額という）を用いて算定するよう定められている。保険料を除いた収入とは国庫負担金やY市一般会計からの繰入金等の公的資金を意味し，全収入の3分の2を占めていた（逆にいえば，保険料収入は全収入の3分の1に過ぎない）。

Y市国民健康保険の一般被保険者であるXは，Y市に対して保険料の減免申請をしたが，減免非該当処分を受けたため，当該処分を取り消すよう訴えている。Xによれば，Y市条例が定める保険料の賦課総額の算定基準は不明確で，かつY市条例において保険料率を定めず，これを市長の告示に委任することは憲法84条に違反するという。ここでもしY市から，憲法84条違反の主張に反論したいと相談され，アドバイスを求められたとしたら，どのように助言すればよいだろうか。

①租税法律主義
②租税と社会保険料
③憲法 84 条の趣旨
④租税条例主義

参考文献

□斎藤一久「判批」憲法百選Ⅱ 432 頁
□藤谷武史「判批」『租税判例百選〔第 6 版〕』（有斐閣，2016 年）8 頁
□原田大樹「判批」『行政判例百選Ⅰ〔第 7 版〕』（有斐閣，2017 年）48 頁
□倉田聡「判批」判評 574 号（判時 1944 号）（2006 年）180 頁
□碓井光明「財政法学の視点よりみた国民健康保険料」法教 309 号（2006 年）19 頁
□藤谷武史「国家作用と租税による費用負担」法時 88 巻 2 号（2016 年）4 頁

解説

1　問題の所在

設問の事案は旭川市国民健康保険料事件最高裁判決（最大判平成18・3・1民集60巻2号587頁）を参考に作成した。この事件で問題になったのは，「あらたに租税を課し，又は現行の租税を変更するには，法律又は法律の定める条件によることを必要とする」と定めた憲法84条の租税法律主義の原則が，社会保険料である国民健康保険料の賦課徴収の場面でも適用されるのか，仮に適用されると解した場合，どのように適用されるのかであった。これに対して，一審の旭川地裁は，国民健康保険が①強制加入制であり，かつ②保険料も強制徴収され，③収入の3分の2が公的資金であって，保険料と保険給付の対価性が希薄であるから，国民健康保険料は租税と同一視でき，租税法律（条例）主義の適用があると解すべきと判示したが（旭川地判平成10・4・21判時1641号29頁），二審の札幌高裁は，租税と社会保険料を厳格に区別し，社会保険料には憲法84条の趣旨が及ぶとしても，租税法律（条例）主義が直接に適用されるものではないとした（札幌高判平成11・12・21判時1723号37頁）。最高裁も高裁判決と同様の考え方を示したが，独自の見解も唱えている。以下では，最高裁判決の見解に従い，Y市国民健康保険の保険料の賦課徴収の仕方が，憲法84条に違反しないとされる理由を検討する。

2　租税法律主義の意義

租税法律主義とは，「租税は国民に対して，直接負担を求めるものであるから，必ず国民の同意を得なければならないという原則」であり，「『代表なければ課税なし』という政治原理に由来する」といわれる（芦部・憲法361頁）。これは，憲法の財政国会中心主義（憲83条）と密接に関連し，民主主義原理の表れであると解することができる。最高裁も，サラリーマン税金訴訟判決（最大判昭和60・3・27民集39巻2号247頁）において，「およそ民主主義国家にあっては，国家の維持及び活動に必要な経費は，主権者たる国民が共同の費用として代表者を通じて定めるところにより自ら負担すべきもの」であると述べている。

しかし租税法律主義は，租税について，国民代表に決めさせることさえできれば，それでよいとする原則ではない。旭川市国民健康保険料事件の最高裁判決によれば，「憲法 84 条は，課税要件及び租税の賦課徴収の手続が法律で明確に定められるべきことを規定するもの」であるという。すなわち，租税法律主義は，課税要件法定主義（課税要件及び租税の賦課徴収の手続は，法律によって規定されなければならない）と課税要件明確主義（課税要件及び租税の賦課徴収の手続の定めは，なるべく一義的で明確でなければならない）の２つから構成される。それゆえ，課税要件及び租税の賦課徴収の手続が「国会の議決」（憲 83 条）によって定められたというだけでは不十分で，明確な法律の形式によって定められていることが憲法上要求される。

このような要請は租税の性質と関係する。国家が賦課徴収する金銭の中でも，たとえば公民館の使用料のようなものであれば，使用料の金額は公民館のサービス価値の範囲内に収まるだろうから，明確な法律の形式によらなくても，行政による恣意的な金銭徴収を心配する必要はそれほど大きくない。しかし租税の場合は，国家のサービスとの間に給付・反対給付の関係がないため，徴収された金額が妥当なものかどうかを客観的に判定することができない。徴収された金銭が一般財政目的で使用され，租税を徴収された人のためだけに使用されるわけではない以上，明確な法律の形式によらなければ，賦課徴収に歯止めがなくなるかもしれないとの危惧も払拭できない（原田大樹『行政法学と主要参照領域』〔東京大学出版会，2015 年〕38 頁）。その意味で，租税法律主義は財政国会中心主義にさらなる要請を上乗せした憲法原則であるといえよう。

3　租税と社会保険料の関係

旭川市国民健康保険料事件の最高裁判決によれば，「国又は地方公共団体が，課税権に基づき，その経費に充てるための資金を調達する目的をもって，特別の給付に対する反対給付としてでなく，一定の要件に該当するすべての者に対して課する金銭給付は，その形式のいかんにかかわらず，憲法 84 条に規定する租税に当たるというべきである」という。①課税権の存在，②資金調達目的，③反対給付性の欠如，④強制徴収の要素をすべて備えた金銭給付が，「憲法 84

条に規定する租税」であると定義されている。「形式のいかん」を問わないというのだから，それが社会保険料という形式であっても，上記の要素をすべて備えているのであれば，租税として扱われ，租税法律主義が適用される。

しかし「市町村が行う国民健康保険の保険料は，これと異なり，被保険者において保険給付を受け得ることに対する反対給付として徴収されるものである」。このことは，事業経費の3分の2が公的資金によって賄われているという事情があっても，否定されるものではない。保険料収入が全収入の3分の1しかカバーしていない場合であっても，「これによって，保険料と保険給付を受け得る地位とのけん連性が断ち切られるものではない」からである。最高裁は，保険料と保険給付が厳密な意味での対価関係にない場合でも，保険料と保険給付を受け得る地位との間に「けん連性」があれば，反対給付性はなお残っていると解している。そのため，「憲法84条が全面的に適用されるのは，具体的な特定の給付に対する反対給付の性格がまったく存在しない金銭給付の賦課に限られる」（山本隆司『判例から探究する行政法』〔有斐閣，2012年〕19頁）ことになってしまった。少なくとも国民健康保険料には「憲法84条の規定が直接に適用されることはない」ということになる。

もっとも法76条1項は，市町村等が国民健康保険料に代えて「地方税法の規定により国民健康保険税を課する」ことを認めている。国民健康保険税は目的税であり，「被保険者において保険給付を受け得ることに対する反対給付として徴収されるものである」。だとすると，租税の形式こそあれ，「憲法84条に規定する租税」には当たらないと解されそうである。ところが最高裁は「形式が税である以上は，憲法84条の規定が適用される」と明言する。一貫性を欠く判示であるが，立法者があえて保険税の形式を選択し，「典型的な租税と同様の強い徴収権限を定める以上，典型的な租税と同様の憲法上の規律に服する」（山本・前掲22頁）と解さざるを得なかったのではないかといわれている。

4　憲法84条の趣旨適用

国民健康保険料（Y市のそれも含む）の賦課徴収に対して，租税法律主義の要請が直接向けられることはないとしても，国民健康保険が①強制加入制であり，かつ②保険料も強制徴収され，③収入の3分の2が公的資金であって，保険料と保険給付の対価性が希薄であることを思うと，そこには租税法律主義に準じた要請が向けられるとする理解もありうるところである。旭川市国民健康保険料事件の最高裁判決も，憲法 84 条は「国民に対して義務を課し又は権利を制限するには法律の根拠を要するという法原則を租税について厳格化した形で明文化したもの」と述べた上で，「租税以外の公課であっても，その性質に応じて，法律又は法律の範囲内で制定された条例によって適正な規律がされるべきものと解すべきであり，憲法 84 条に規定する租税ではないという理由だけから，そのすべてが当然に同条に現れた上記のような法原則のらち外にあると判断することは相当ではない」とする。そして「市町村が行う国民健康保険は，保険料を徴収する方式のものであっても，強制加入とされ，保険料が強制徴収され，賦課徴収の強制の度合いにおいては租税に類似する性質を有するものであるから，これについても憲法 84 条の趣旨が及ぶと解すべきである」と判示した。

これに従うと，Y 市国民健康保険料も「賦課徴収の強制の度合い」において「租税に類似する性質を有する」ため，「憲法 84 条の趣旨」が及ぶとされることになろう。ただし，「条例において賦課要件がどの程度明確に定められるべきかは，賦課徴収の強制の度合いのほか，社会保険としての国民健康保険の目的，特質等をも総合考慮して判断する必要がある」とされており，憲法 84 条の直接適用の場合と違って，憲法 84 条の趣旨適用の場合，「条例において賦課要件がどの程度明確に定められるべきか」は，国民健康保険料の賦課徴収の仕組みを分析し，明確な条例の形式を要する部分に該当するのか，要しない部分に該当するのか，切り分けて判断していくほかないだろう。このことを抽象的にいえば，「租税とその性質が共通する」場面であるのなら，明確な条例の形式が求められるだろうし，それとは異なる反対給付としての性格を示す場面であれば，一般的な法原則が適用されるにとどまると解することになろう（山本・前掲 23 頁）。

以上を前提に検討する。設問の事案において，憲法 84 条の趣旨に反するか否かが問われているのは，Y 市条例が定める保険料の賦課総額の算定基準が不明確といえるかどうかであり，また，Y 市条例において保険料率を定めず，これを市長の告示に委任することが許されるかどうかである。

この点，保険料の賦課総額の算定に当たっては，その年の保険給付がどの程度のものになるかを推測しなければならず，同時に保険料の滞納額がどの程度のものになるかも推測しなければならないことに留意する必要がある。つまり，保険料の賦課総額は見込額でしか算定することができず，Y市条例に定額で定めておいても，旭川市国民健康保険料事件判決における滝井繁男裁判官の補足意見で言及されているように，「当初の見込額との間に差の生ずることは避けられず，条例においてあらかじめ料率や賦課額を定めておいても避けることはできない」ところである。ここで保険料の賦課総額や保険料率をY市条例において定額・定率で定めた場合（保険税方式の場合はそのように定められる），当初の見込額との間に差が生じ，保険給付に要する費用が足りなくなったときは，ひょっとすると，公的資金から賄うことになりかねない（たとえば，Y市の一般会計から繰入れが行われる）。もちろん保険料方式を採用したとしても，当初の見込額との間に差が生じる事態を完全に防ぐことはできないが，保険料率の決定をY市長に委任しておけば，その時々の状況に見合った柔軟な対応を期待することができる。ここは「保険料と保険給付を受け得る地位とのけん連性」が認められる，国民健康保険料の反対給付としての性格が示された場面であるといってよいのではないか。

最高裁によれば，市長に委ねられたのは「専門的及び技術的な細目にかかわる事項」の合理的な選択であるとされており，また費用と収入の「見込額等の推計については，国民健康保険事業特別会計の予算及び決算の審議を通じて議会による民主的統制が及ぶ」と述べられていることから，そこには市長の恣意的な判断を防ぐ仕組みが備わっていると理解されているようである。補足的な判示であるが，留意すべき指摘であると思われる。

旭川市国民健康保険料事件では，租税法律主義というよりも租税条例主義の適用可能性が問題となった。しかし，憲法84条が規定する「法律」を「条例」に読み替えることは許されるのか。学説上「地方公共団体は自治権の一つとして課税権を有し，84条の『法律』には条例も含まれる，と一般に解されている」（芦部・憲法371頁）。最高裁も以前から地方公共団体が課税権の主体であることは認めているが，憲法84条の「法律」に「条例」が含まれると明言したことはない。同事件の最高裁判決で「地方公共団体等が賦課徴収する租税以外の公課」について，「法律の範囲内で制定された条例によって適正な規律がされるべきものと解すべき」とされただけである。国民健康保険料は憲法84条に規定する租税ではないと解されたため，租税条例主義の適用可能性を突き詰めて論じる必要がなくなったからである。

租税条例主義が妥当すると解された場合，地方税の賦課徴収等の定めが，地方議会の制定する条例に明確に規定されなければならないと解されることになる。長への委任が禁じられるわけではないものの，白紙委任はもちろん，本質的な事項の委任も許されないだろう。ここでは条例の形式が重視される。地方議会の意思が決議か何かの形式で表明されるだけでは足りないのである。長に対する地方議会の優位のみならず，地方議会自身に対しても，明確な条例の形式での規律が義務づけられる。

地方議会と長の関係づけに加えて，国と地方公共団体の関係づけ，ひいては法律と条例の関係づけについても検討すべき問題がある。一般的には，条例は「法律の範囲内」でしか制定できない（憲94条）。このことは租税条例主義の領域でも全く変わらないのか。「政令で定める基準」に従った条例による規律を求める法81条のように，法律，政令，条例が並ぶ場合も，租税条例に特別の地位は認められないのか，別途検討する余地がある。

設問 08

死刑制度の合憲性

犯行当時18歳だった被告人Xは，元交際相手の女性に復縁を迫ったが，つれなく断られたことに激怒し，同人の自宅に押し入り，暴行を加えて死に至らしめただけでなく，その女性を守ろうとして間に入ってきた女性の姉と，姉の友人の男性を，それぞれ殺意をもってナイフで突き刺し，むごたらしく殺害した。3人の殺害後，Xは逮捕され，検察から死刑の求刑を受けている。死刑事件は裁判員裁判である（裁判員2条1項1号）。検察によれば，永山事件判決（最判昭和58・7・8刑集37巻6号609頁）で示された基準（いわゆる永山基準：「犯行の罪質，動機，態様ことに殺害の手段方法の執拗性・残虐性，結果の重大性ことに殺害された被害者の数，遺族の被害感情，社会的影響，犯人の年齢，前科，犯行後の情状等各般の情状を併せ考察したとき，その罪責が誠に重大であって，罪刑の均衡の見地からも一般予防の見地からも極刑がやむをえないと認められる場合には，死刑の選択も許されるものといわなければならない」）に従えば，本件は死刑に値するという。

しかしXは，死刑制度が憲法違反であり，国家が殺意をもって一方的に人を殺めることなど許されない以上，自らを死刑に処することはできないはずであると主張している。ここでXから死刑制度の合憲性についてアドバイスを求められたら，どのように助言すればよいだろうか。

①死刑の存置根拠
②生命権
③残虐な刑罰
④死刑への関与強制

参考文献

□横大道聡「裁判員制度と死刑」辻村みよ子ほか編『憲法基本判例』（尚学社，2015 年）244 頁
□本庄武「少年事件での死刑判決」法セ 678 号（2011 年）38 頁
□高井裕之「死刑と憲法」法時 82 巻 7 号（2010 年）53 頁
□浅利祐一「死刑の合憲性」憲法の争点 166 頁
□団藤重光『死刑廃止論〔第 6 版〕』（有斐閣，2000 年）

解説

1　問題の所在

設問の事案の作成に当たり，参考にしたのは石巻事件第一審判決（仙台地判平成22・11・25裁判所ウェブサイト）である。石巻事件は設問の事案よりも少し複雑であるが，仙台地裁は裁判員裁判により犯行当時18歳であった被告人に死刑の判決を下している。死刑の量刑は，控訴審（仙台高判平成26・1・31高刑速（平26）177頁）でも上告審（最判平成28・6・16裁判所ウェブサイト）でも維持された。最高裁は，死刑制度が合憲であることを前提に，毎年，複数の事件において死刑判決を下している。

最高裁は戦後の早い段階から死刑制度を合憲と判示している（最大判昭和23・3・12刑集2巻3号191頁。以下「昭和23年判決」という）。以後，現在に至るまで繰り返し，死刑は合憲であるといい続けている。学説上も違憲論は必ずしも有力ではない。死刑廃止論者も「違憲論の構築に腐心するよりは，『憲法の精神』を踏まえた議論をふくめ，政策論・立法論としての死刑廃止論の構成・普及に力を労するのが，より実際的である」（奥平康弘『憲法Ⅲ』〔有斐閣，1993年〕380頁）という。しかし「政策論・立法論としての死刑廃止論」に対しては，国民自身が死刑存置を望んでいるとの反駁がある。内閣府による「基本的法制度に関する世論調査」（平成26年11月）でも，国民の8割が「死刑もやむを得ない」と考えているとされる。

もちろん，このような「世論」の実体そのものを疑う見解もある（佐藤舞「世論という神話」世界2016年3月号183頁）。さらに国際世論にまで目を向けると，死刑廃止の世界的趨勢を感じることもできる（徳川信治「国際世論における日本の死刑」法時87巻2号〔2015年〕56頁）。死刑廃止議定書（自由権規約第2選択議定書）に加入する国も多い。特に欧州連合（EU）は死刑を禁止し（欧州連合基本権憲章2条2項），域外の死刑存置国に対し死刑廃止を積極的に働きかけている。日本国内にも死刑廃止の気運はある。たとえば，日本弁護士連合会は死刑廃止宣言を採択した（平成28年10月7日）。平成21年から始まった裁判員裁判により，誰もが裁判員として死刑判決に関与する可能性もある。現在は改めて死刑の是非を問い直す時機といえる。同時に死刑の合憲性も再考されなければならない。

2　死刑存置の理由

死刑は，急迫不正の侵害を排除する必要のないところで，国家が，極めて重大な犯罪（たとえば大量虐殺）を犯した犯罪者の生命を剝奪する刑罰である。過去には犯罪者に対する制裁として，その肉体を毀損する身体刑（たとえば鞭打ちの刑）が科せられたものであるが，現在では身体刑は廃止され，自由刑（刑務所に収容し，自由な行動を制限する刑罰）か財産刑（財産を強制徴収する刑罰）に限定されている。死刑は唯一残った身体刑（生命刑）といえる。しかし，いかに重大な犯罪を犯した人であっても，国家がその人を殺める必然性はないのではないか，犯罪に対する制裁であれば，他にもっと効果的な刑罰があるだろう，といった異論が根強く唱えられている。

死刑制度を存置する理由は複数あるが，大きく分けて応報刑論と目的刑論（及びその組合せ）がある。応報刑論は，自らの死でもって贖わなければならないほどの犯罪を犯した報いとして，犯罪者に死刑を科すのだという。目的刑論は，死刑の有効性に着目するもので，死刑執行の威嚇と見せしめにより，一般国民に対し，重大犯罪を思いとどまらせる抑止的効果を及ぼすのだと主張し（一般予防説），あるいは犯罪者を死刑に処することで，社会から危険分子を取り除くのだと主張する（特別予防説）。昭和23年判決は「死刑の威嚇力によって一般予防をなし，死刑の執行によって特殊な社会悪の根元を絶ち，これをもって社会を防衛せんとしたもの」であるとする。これは目的刑論であろう。応報刑論もなお有力である。たとえば，「死刑を求める被害者感情が市民社会の共感によって支えられるとき，復讐感情は公的報復としての死刑に昇華するとみられる。とくに，裁判員制度のように市民代表たる裁き手によって支持されるのであれば，復讐感情が社会の中で承認を受けて公の位置を占めることになる」（森炎『死刑肯定論』〔ちくま新書，2015年〕118頁）との見解がある。

3　死刑と生命権

上記の応報刑論と目的刑論に相応の根拠があったとしても，それだけではなお，国家による生命剥奪の正当性は認められない。なぜなら憲法13条が「生命……に対する国民の権利」を保障しているからである。国家が国民の生命を剥奪する死刑制度は，国家によって生命を奪われない権利としての生命権を侵害するのではないか。昭和23年判決も「生命は尊貴である。一人の生命は，全地球よりも重い」と述べており，生命の剥奪を許さないように見える。にもかかわらず，同判決は続けて次のような憲法解釈を提示する。「まず，憲法13条においては，すべて国民は個人として尊重せられ，生命に対する国民の権利については，立法その他の国政の上で最大の尊重を必要とする旨を規定している。しかし，同時に同条においては，公共の福祉という基本的原則に反する場合には，生命に対する国民の権利といえども立法上制限乃至剥奪されることを当然予想しているものといわねばならぬ。そしてさらに，憲法第31条によれば，国民個人の生命の尊貴といえども，法律の定める適理の手続によって，これを奪う刑罰を科せられることが，明かに定められている。すなわち憲法は現代多数の文化国家におけると同様に，刑罰としての死刑の存置を想定し，これを是認したものと解すべきである」。「現代多数の文化国家」はもはや死刑制度を存置していないことを思うと，昭和23年判決にはアナクロニズムを感じざるを得ないものの，ここでの憲法13条・31条論（条文の反対解釈）が，死刑制度を容認する論証として説得力を喪失したとみなすのもやはり難しいであろう。

4　死刑と残虐な刑罰

そこで死刑制度を違憲だと主張する者は，残虐な刑罰を絶対に禁止する憲法36条に手がかりを求める。残虐な刑罰とは「不必要な精神的，肉体的苦痛を内容とする人道上残酷と認められる刑罰」（最大判昭和23・6・30刑集2巻7号777頁）のことである。「人道上残酷と認められる刑罰」といえるかどうかは，現代文明の水準に照らして判断するほかないが，一応，①刑罰の内容，②刑罰の執行方法，③刑罰と犯罪の均衡の3点から考えることができる。

死刑は，刑罰の内容それ自体として，残虐とみなすことができるのではないか。身体刑が廃止されたのも，それが「人道上残酷」とみなされたからである。唯一残った身体刑である死刑に対して，それだけは「人道上残酷」とはいえないとする理由があるだろうか。にもかかわらず，昭和23年判決によれば，

「死刑は……まさに窮極の刑罰であり，また冷厳な刑罰ではあるが，刑罰としての死刑そのものが，一般に直ちに同条にいわゆる残虐な刑罰に該当するとは考えられない」とされる。同判決は「現代多数の文化国家」が死刑制度を存置しているとの認識を有していたから，なお死刑の残虐性を「一般に直ちに」認定できなかったのであろう。しかし，現代文明の水準に照らして，死刑の残虐性を考えてみたとき，死刑廃止議定書の加入国増加も含め，先進国の大半が死刑を廃止している現状では，死刑は残虐な刑罰とみなされるべきであろう。

他方，死刑の執行方法に「人道上残酷」な点が認められる場合は，昭和 23 年判決も残虐な刑罰だという。「死刑といえども，他の刑罰の場合におけると同様に，その執行の方法等がその時代と環境とにおいて人道上の見地から一般に残虐性を有するものと認められる場合には，勿論これを残虐な刑罰といわねばならぬから，将来若し死刑について火あぶり，はりつけ，さらし首，釜ゆでの刑のごとき残虐な執行方法を定める法律が制定されたとするならば，その法律こそは，まさに憲法 36 条に違反する」というのである。現行の執行方法は地下絞架式の絞首刑（刑 11 条 1 項参照）なので，これが残虐な刑罰に該当しないかが問題になる。最高裁はかつて「現在わが国の採用している絞首方法が他の方法に比して特に人道上残虐であるとする理由は認められない」（最大判昭和 30・4・6 刑集 9 巻 4 号 663 頁）と判示したが，地下絞架式の絞首刑の実態が明らかでない（公開情報が極めて乏しい）中で，その残虐性を正確に評価するのは難しいだろう。少なくとも現行の執行方法が残虐でないと断言することなどできないのではないか。

死刑は冷厳で窮極の刑罰なので，刑罰と犯罪の均衡を図るのも極めて困難である。均衡を失すれば，死刑を科したこと自体が残虐とみなされざるを得なくなる。死刑に処すべきか否かを判断する基準として，現在は永山基準が用いられているが，その妥当性に対しては以前から疑問が投げかけられている。諸般の事情の総合考慮というアプローチには，死刑判断のブラックボックス化を助長する面があるし，ひょっとすると，総合考慮の名の下で，犯罪者への敵意が隠蔽される可能性もある。生命の尊貴に鑑み，特定の考慮要素（たとえば犯人の年齢）にあらかじめ重点をおいて判断することも考えられないではないが，実際の運用は難しい。生命剝奪の是非を判断する死刑選択の場面での総合考慮は，判断を行う者に対して，個人では背負いきれないほどの無理を強いるのではないか。

5　死刑制度への関与を強制される者の権利

死刑制度を存置する限り，必然的に，死刑の判決や執行への直接の関与者が求められる。これらの者は被害者とも加害者とも関わりを持たない中立の存在でなければならない。にもかかわらず，自衛のための正当防衛でもないのに，職務として，人を殺めなければならない。このような仕組みは関与を強いられる人間の良心を損なうのではないか（憲 19 条）。

現行制度上，死刑の判決には複数の裁判官が関与しなければならない（裁 26 条 2 項 2 号）。死刑の執行には執行命令を下す法務大臣（刑訴 475 条 1 項）と執行を指揮する検察官（刑訴 472 条 1 項）が関与しなければならない。これらの者の職責は極めて重いものの，高い身分に鑑みて十分職責を担えるとみなされている。仮に自己の良心に照らし，職務としての「殺人」には関与できないというのなら，職を辞任すればよい（辞任しても路頭に迷うことはない）と考えられる。しかし，死刑を直接執行する職員の重圧は上記の者のそれを遥かに上回る。嫌なら職を辞すればよいと突き放して済むかという問題もある。なお，直接の死刑執行者は刑事施設の刑務官であろうが，法律には立会人の規定（刑訴 477 条 1 項）があるだけで，他に明確な定めはない。専門の死刑執行職は設けられていない。

設問にもあるように，死刑事件は裁判員裁判である。死刑判決には一般人である裁判員が関与しなければならない。もちろん，良心上の理由からどうしても死刑事件には関与できないと主張する者に対しては，辞退事由（裁判員 16 条 8 号）か不適格事由（裁判員 18 条）があると認定されよう。さもなくば憲法 18 条違反の誹りを受けるはずである。しかし，予め死刑事件から離脱しなかった裁判員はすべて死刑判決の重みを背負う覚悟があったといってよいのか。そのような覚悟を強いることは許されるのか。むしろこうした制度を存置することこそが憲法違反に当たるのではないか。死刑制度は死刑への関与を他者に強いる制度であるという点の認識も必要であろう。

死刑廃止論は必ずしも死刑違憲論ではない。死刑制度は合憲かもしれないが，政策論・立法論として死刑を廃止すべきであると主張する者も多い。結論が同じところに帰着するだけで，論理が違うことに注意を促す見解もある。しかし死刑は残虐な刑罰かと問われるとき，死刑違憲論と死刑廃止の政策論・立法論の間に，区別しがたい領域があることに気づくだろう。というのも，死刑を残虐な刑罰とみなす者は，死刑の残虐性の判断基準を，現代文明の水準やグローバル・コンセンサスに求めており，それらは世界的趨勢に合わせた発展的なものと理解しているからである。過去の認識はともかく，現在の時代診断からすると，死刑は残虐な刑罰とみなすべきとする議論は，死刑廃止の政策論・立法論と紙一重である。ここに死刑廃止議定書の加入国増加の事実を加味し，死刑廃止は「確立された国際法規」（憲98条2項）だといえば，死刑違憲論の動態性が一層明確になろう。

死刑廃止論の最も有力な見解は，死刑事件における誤判は取り返しがつかないというものである（団藤・参考文献159頁）。確かに，えん罪はすべてあってはならないものであり，無実の罪で刑罰に処せられた人は，どんな刑罰であっても，取り返しのつかない状況に陥れられたのかもしれない。しかしそれでも，剝奪された生命を取り戻すことはできないといわれるときの不可逆性は，他の刑罰のそれとは本質的に違うといってよい。死刑の威嚇力により一般予防を行い，死刑の執行により「特殊な社会悪の根元」を絶つことが，公共の福祉のために許されると仮定したとしても，誤判のリスクがあってもやむを得ないと結論づけるためには，さらなる論拠が必要であるように思われる。この議論は憲法13条の生命権を基礎に据えたものであるが，これもまた死刑廃止の政策論・立法論と紙一重である。かくして憲法解釈論と政策論・立法論の間に重複が生じることにも十分な理由があるといってよい。

設問 09

児童扶養手当と遺族年金の併給禁止

Xは51歳の男性で，数年前に妻と離婚し，現在，16歳と14歳の2人の子どもを1人で養育している。自営業を営み，年収は200万円弱しかなかったため，平成22年8月1日から父子家庭であっても受給できるようになった児童扶養手当（児扶手4条1項2号イ）の支給を受けることにした。18歳未満の子どもが2人の場合，児童扶養手当は月額約4万7000円である。その後，離婚した元妻が死亡し，元妻が加入していた厚生年金保険から遺族年金が支給されることになったが，遺族基礎年金及び遺族厚生年金は元夫を対象としておらず（旧国年37条，厚年59条），かつ，子に対する遺族基礎年金は「生計を同じくするその子の父若しくは母があるときは，その間，その支給を停止する」（国年41条2項）とされていたため，子に対する遺族厚生年金しか支給されなかった。その額は子ども2人併せて月額約1万8000円であった。それでも，子に対する遺族厚生年金が児童扶養手当に加算して支給されていれば収入増であったが，実際は児童扶養手当法が併給制限条項を設け，「母の死亡について支給される公的年金給付を受けることができるとき」は児童扶養手当を支給しないと規定していたため（旧児扶手4条2項2号），月額約4万7000円の支給が止められ，月額約1万8000円の支給だけになってしまった。

結果として支給される額が大幅に下がってしまったことにXはどうしても納得できない。年金受給額が児童扶養手当よりも低額である場合は，せめて①給付される年金額が一定額以下なら児童扶養手当も併給できるようにする，②給付される年金額と児童扶養手当額との差額を支給する，③受給者が年金の給付か児童扶養手当の給付かを任意に選択できるようにする，といった措置が講じられるべきである。そう考えたXは，裁判で当該併給制限による生存権侵害の是非を争い，国には何らかの改善措置をとる義務があるといいたい。X が憲法上の争点についてアドバイスを求めてきた場合，どのように助言すればよいだろうか。

①生存権の権利性
②広い立法裁量の意義とその統制方法
③司法的救済の方法

参考文献

□笠木映里「憲法と社会保障法」法時 87 巻 11 号（2015 年）133 頁
□松本和彦「生存権」論点探求憲法 256 頁
□駒村圭吾「生存権」『憲法訴訟の現代的転回』（日本評論社，2013 年）174 頁
□尾形健「生存権保障の現況」論ジュリ 13 号（2015 年）86 頁
□小山剛「生存権(2)」法セ 724 号（2015 年）71 頁

解説

1　問題の所在

設問の事案は，平成24年2月28日総務省行政評価局「遺族年金と児童扶養手当の併給制限の見直し」に関する通知（http://www.soumu.go.jp/menu_news/s-news/54974.html）で取り上げられた事例を脚色し再構成したものである。かつて父子家庭（及び母子家庭）では，遺族厚生年金を受給すると児童扶養手当が支給されない仕組みになっていた。遺族厚生年金は児童扶養手当と比べて相当低額であるため，遺族厚生年金と児童扶養手当の併給が禁止されると，それまで児童扶養手当を受給していた家庭にとって，遺族厚生年金の支給開始がそのまま支給額の実質的な大幅引下げになる。総務省行政評価局は，このような併給制限の合理性に疑問を投げかけ，そのあり方を見直すよう厚生労働省に勧告していた。その後，総務省行政評価局の提言が内閣において受け入れられ，法改正に向けた努力が続けられた結果，児童扶養手当法は平成26年6月に改正され，同年12月1日以降は公的年金等の受給者も，その額が児童扶養手当の額より低い場合に限り，差額分の手当が受給できるようになっている。法改正後の状況は大きく変った。設問の事案は法改正前の状況を想定している点に注意されたい。

設問の事案では，父子家庭の父が併給制限の合憲性を争い，国を相手に訴訟を提起している。併給制限の合憲性をめぐっては，堀木訴訟の最高裁判決（最大判昭和57・7・7民集36巻7号1235頁）がそうだったように，憲法25条の生存権と憲法14条1項の平等原則が憲法上の争点とされることが多い。原告に肩入れする立場から「勝ち目がない25条ではなく14条で勝負する戦略」をとるよう推奨する見解もあるが，「積極的な審査を期待するならば，むしろ25条の法理そのものから検討すべき」（葛西まゆこ『生存権の規範的意義』〔成文堂，2011年〕78～79頁）との見解に耳を傾け，ここでは生存権侵害の観点から問題にアプローチする。

もっとも設問と類似の事案（母子家庭の外国人母が原告）で，最高裁は，児童扶養手当と遺族厚生年金の併給調整を「立法府の裁量の範囲に属する事柄というべき」と判示し，併給制限の違憲主張を退ける判決を下している（最判平成27・2・19 判例集未登載）。この種の事案で生存権侵害の論証をすることは依然として容易でない。

2　生存権の権利性

生存権侵害を主張する場合，そもそもこの「権利」が権利ではなく，単なるプログラムではないかという議論（プログラム規定説）と付き合わなければならない。この点，最高裁は食管法事件判決（最大判昭和 23・9・29 刑集 2 巻 10 号 1235 頁）以来，生存権規定を「すべての国民が健康で文化的な最低限度の生活を営み得るよう国政を運営すべきことを国家の責務として宣言したもの」としつつ，国家は「個々の国民に対して具体的，現実的にかかる義務を有するのではない。言い換えれば，この規定により直接に個々の国民は，国家に対して具体的，現実的にかかる権利を有するものではない」と判示している。生存権の保障を「国の責務」とみなし，その実現は個々の国民に対する国家の具体的・現実的義務でないから，個々の国民も，直接国家に対して，健康で文化的な最低限度の生活を営むことができるよう求める具体的・現実的権利はないというのである。この判示がいわゆる具体的権利説を認めない趣旨であるのは明らかだが，生存権規定を単なるプログラムと決めつけ，その権利性を否定したと理解するのも早計であろう。しかし，生存権が権利だとしても，それがいかなる意味の権利とされるのかは，なお不明である。通説とされる抽象的権利説の曖昧さもその点にある。

3　広い立法裁量とその統制

「生存権は，それを具体化する法律によってはじめて具体的な権利となる」（芦部・憲法 269 頁）。堀木訴訟判決も「憲法 25 条の規定の趣旨にこたえて具体的にどのような立法措置を講ずるかの選択決定は，立法府の広い裁量にゆだねられており，それが著しく合理性を欠き明らかに裁量の逸脱・濫用と見ざるをえないような場合を除き，裁判所が審査判断するのに適しない事柄である」と述べている。この判示に表れた生存権の規範的意味は以下の 3 点にある。

第一に，生存権の法律による具体化は立法府の広い裁量に委ねられなければならない。第二に，それが著しく合理性を欠き明らかに裁量の逸脱・濫用と見ざるを得ない場合は違憲とされなければならない。第三に，それ以外の場合は裁判所の審査判断が控えられなければならない，である。つまり法律による具体化を要する生存権は，その具体化が立法府の広い裁量にゆだねられる一方で，裁判所による審査判断は抑制されるものの，具体化が著しく合理性を欠き明らかに裁量の逸脱・濫用と見ざるを得ない場合まで，立法府の裁量的判断を尊重する必要はないので，その場合に限り，裁判所は当該立法措置を違憲と判断しなければならない，というのである。

だとすると，問題は立法府の広い裁量の具体的範囲いかんにある。この立法裁量は極めて広範なものと推測できるが，その理由は，堀木訴訟判決によれば，①「健康で文化的な最低限度の生活」が「きわめて抽象的・相対的な概念であって，その具体的内容は，その時々における文化の発達の程度，経済的・社会的条件，一般的な国民生活の状況等との相関関係において判断決定されるべきもの」であり，具体化に際しては，②「国の財政事情を無視することができず」，③「多方面にわたる複雑多様な，しかも高度の専門技術的な考察とそれに基づいた政策的判断を必要とする」ところにあるとされる。

財政事情の考慮も理由にあげられているけれども，「健康で文化的な最低限度の生活」のコンセプトは，立法府が具体化することによってはじめて決まるのであって，予め客観的に決まっているものではないとの理解が前提になっているように思われる。したがって，「健康で文化的な最低限度の生活」は，立法府が自らそのコンセプトを定めない限り，そもそも観念できないものなのである。逆に，立法府がいったんそのコンセプトを確定すれば，そのコンセプトを自覚的に変更しない限り，それと著しく矛盾する逸脱立法は立法府自身にも禁じられる。コンセプトと著しく矛盾する立法措置をとることは，立法によって定まる生存権の内容自体に混乱をもたらしかねないからである。コンセプトからの逸脱が大きく，生存権の保障内容に混乱をもたらす立法は著しく合理性を欠いた立法と評しうるであろう。そして「著しく合理性を欠き明らかに裁量の逸脱・濫用と見ざるをえないような場合」，司法は当該立法を違憲と断じなければならない。

遺族厚生年金と児童扶養手当の併給制限の趣旨は，「社会保障給付の全般的公平を図るため」，二重の所得保障を回避するところにある。確かに，それが結果的に不十分な所得保障にしかならない場合でも，それが妥当か否かの判断は「立法府の裁量の範囲に属する事柄と見るべき」であろう。また，「この種の立法における給付額の決定も，立法政策上の裁量事項であり，それが低額であるからといって当然に憲法 25 条違反に結びつくものということはできない」だろう。しかし設問の事案では，児童扶養手当の支給から遺族厚生年金の支給に代わったとたん，給付額がそれまでの 4 割以下に減ってしまっている。これは二重の所得保障の回避という理由では説明できないことだし，給付額が単に低額だっただけといって済ますこともできない水準なのではないか。

ここで注目しなければならないのは，給付額の大幅な引下げは立法府の意図にも反するということである。併給制限を行った立法府の狙いは二重の所得保障の回避にしかなかったはずである。その狙いを遙かに超える大幅な給付削減は立法府のコンセプトと著しく矛盾する。立法府が自ら定めたコンセプトと現行制度が著しく矛盾している以上，これは，立法措置が「著しく合理性を欠き明らかに裁量の逸脱・濫用と見ざるをえないような場合」であって，生存権侵害に当たるというべきではないか。

4　生存権の司法的救済の方法

併給制限によって X の生存権が侵害されているのなら，その違憲状態は是正されなければならず，生存権保障のための措置がとられなければならない。そのためには新たな立法措置が求められる。X が置かれた状況は，立法府が現行制度のあり方を再検討し，見直しを図るための過渡期にあるとみなされよう。この点，どのような制度改正を行うのが政策的に妥当なのかという問題は，立法府が国の財政事情なども考慮した様々な状況判断を経た上で決定するべきことである。ただその間も，立法府の意図に反する現行制度の下で，X の家庭と同様に，著しく不合理な扱いを受ける家庭が現れるに違いない。そういった家庭に属する人が制度改正の日が来るまで，不備のある現行制度の下で，著しく不合理な扱いを甘受しなければならないのは，あまりに理不尽である。

これに対して，最終的に生活保護制度の利用の途が残されている以上，公的年金の給付水準がいかに低かろうと，生存権保障は生活保護制度によって担保されているとの反論があるかもしれない。しかし生活保護制度の存在が本当に併給制限の瑕疵を治癒できているのか，それが立法府のコンセプトに適合するといえるのかは疑わしい。生活保護制度は「生活に困窮する者が，その利用し得る資産，能力その他あらゆるもの」（生活保護4条1項）を活用した後でなければ利用を認めない補完的な制度であるが，それは自助を前提にした他法他施策の活用を優先させる制度であって，それがあるから他法他施策の欠陥はすべて治癒されたと解すべきではない。生活保護制度の支えがあっても，併給制限の仕組みに致命的欠陥があるのなら，それは立法府のコンセプトからの著しい逸脱とみなせよう。

生存権論の中には「個別具体的アプローチ」を標榜するものが少なくない（たとえば，尾形健『福祉国家と憲法構造』〔有斐閣，2011年〕161頁）。こうしたアプローチは生存権の司法的救済の場面で特に意義がある。裁判所は現行制度をいかに改正するのかといった立法政策的な判断をする必要がない。裁判所に求められているのは，あくまでも立法府が定めたコンセプトの枠内で，著しく不合理な扱いを受けている原告に，個別具体的な救済を与えることである。したがって，制度改正後に実際に与えられるであろう給付内容とは独立に，現行制度の基本枠組みを維持したまま，原告に対して，著しく不合理と思われる部分だけ修正した給付を与えることが求められる。その限りで，Xによる3つの提案はいずれも生存権の司法的救済として採用するに値しよう。ちなみに平成26年の法改正では，Xの提案のうち，②の差額支給が選択されている。

社会保障法制度の根幹というべき「健康で文化的な最低限度の生活」保障のコンセプトについては，立法府に具体化の義務があるが，そのコンセプトが立法府によって確定されると，自覚的に変更される場合を除いて，それと著しく矛盾する逸脱立法は立法府自身にも禁じられる。コンセプトそれ自体の変更は場合によっては認めざるを得ないが，コンセプトを著しく逸脱する立法まで認めてしまうと，立法によって定まる生存権の内容自体が混乱すると考えられるからである。それゆえ，社会保障立法に当たって，立法府はコンセプトとの整合性を意識し，内的矛盾を生じさせないよう努めなければならない。また，裁判所は立法府が確定したコンセプトを探り出し，そこから著しく逸脱した社会保障立法を立法裁量の逸脱・濫用とみなして違憲と判断しなければならない。

このような捉え方は，社会保障立法の中に基軸となる部分とそうでない部分があって，それを裁判所が判別できるという想定に立つものである。しかし立法とはそもそも妥協の産物であり，とりわけ社会保障立法は財政状況その他の制約下で複雑な政治的調整を経て成立することを思うと，立法府の確固としたコンセプトが存在し，それを裁判所が確認できるとか，個別の立法がコンセプトと常に整合すると期待することには無理があると思われるかもしれない。立法過程の現実を見る限り，この疑問には確かに理由がある。しかし憲法が25条において生存権を明示した以上，その保障は第一次的には立法府の任務だが，第二次的には裁判所の任務になる。裁判所には立法裁量の著しい逸脱・濫用を正す任務がある。立法府のコンセプトを裁判所が探り出すのは困難でも，常に不可能というわけではないし，そのコンセプトと著しく矛盾する立法を咎めるのも許されてしかるべきである。何か支障があるのなら，事後に再立法によって解決するようにした方が合理的だからである。

設問 10

ジャーナリストによる取材源の秘匿

著名なジャーナリストYが，あるテレビ番組において，北朝鮮による拉致被害者と認定されているAについて，「外務省も生きていないことは知っている」などと発言した。この発言に激怒したAの両親Xらは，あたかも外務省がA死亡の立場をとっていて，しかもA死亡の事実をYに伝えているかのように，Yは虚偽の事実を振りまいていると非難するとともに，Aの生存を願うXらの感情を著しく傷つけたと主張し，Yに対して慰謝料の支払いを求める訴訟を提起した。これに対してYは，自らの発言は綿密な取材に裏づけられたものであって虚偽ではなく，そのことを示す外務省幹部との会話を録音した取材テープもあると反論した上，そのテープの一部の反訳書面を証拠として提出した。他方，Xらは，Yの発言が虚偽であることを立証するため，当該取材テープ全部の提出命令の申立てを行った。

Yは，当該取材テープを法廷に提出するということになれば，取材源が明らかになりかねないので（たとえイン・カメラ手続に付され，結果的に当該取材テープがXらに渡らなかった場合でも，取材源が明らかになるというリスクの発生自体は避けられていないので），提出命令が発令されてしまうと，将来の取材活動が妨げられることとなり，報道機関の業務に深刻な影響を与え以後その遂行が困難になると考えた。それゆえYとしては，民訴法220条4号ハに依拠し，当該取材テープについては文書提出義務の除外事由に当たると主張したい。ここでもしYから取材源の秘密の憲法論についてアドバイスを求められたら，どのように助言すればよいだろうか。

①取材の自由
②取材源の秘密と職業の秘密
③取材源の秘密と真実発見・裁判の公正との比較衡量

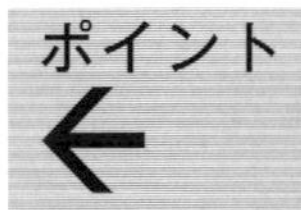

参考文献

□鈴木秀美「取材源秘匿権と特定秘密」松本和彦編『日独公法学の挑戦』（日本評論社，2014年）173頁
□長谷部恭男『憲法の境界』（羽鳥書店，2009年）151頁
□駒村圭吾「判批」判評585号（判時1978号）（2007年）187頁
□曽我部真裕「判批」平成18年度重判解（2007年）20頁
□佐藤幸治「表現の自由と取材の権利」公法研究34号（1972年）126頁

解説

1　問題の所在

設問の事案は，大阪高決平成23・1・20判時2113号107頁を参考に，事実を幾分脚色して作成したものである。

一般に「国民に対して公正な裁判を受ける権利を保障するためには（憲32）……判断の資料を証拠という客観的存在として法廷に提出させ，公開法廷においてそれについての証拠調べを行うことを通じて，裁判所が判断を形成する以外にない」（伊藤眞『民事訴訟法〔第5版〕』〔有斐閣，2016年〕338～339頁）といわれる。裁判所は，証拠に基づいて事実認定を行い，認定された事実に基づいて当事者の請求の当否を判断する。そこで，裁判所による証拠調べのため，民訴法220条4号は証拠となる可能性がある文書の一般的な提出義務を定めている。ただし同号は，イからホにおいて，文書提出命令を申し立てる者に除外事由がないことの主張立証を課しており（伊藤・前掲431頁），特にハは，「職業の秘密に関する事項」（民訴197条1項3号）で，「黙秘の義務が免除されていないものが記載されている文書」を除外の対象としている。そのため，報道関係者が取材源を明かさないことも，ここでいう「職業の秘密」に該当するのか，仮に該当するとしても，取材源を明かさざるを得ない場合があるのか，仮に取材源を明かさざるを得ない場合があるとすると，それはどのような場合なのか，が問題になる。設問の事案では，Xらに除外事由がないことの主張立証責任があるとはいえ，Yとしても，積極的に除外事由があるということを主張しておきたいところである。

2　取材の自由の意義

取材源の秘密の憲法論は，取材の自由の憲法的保障を前提とする（鈴木秀美「マス・メディアの自由と特権」論点探究憲法172頁）。憲法は取材の自由を保障する明文の規定を持たないが，取材の自由なしに報道の自由の保障はないし，報道の自由なしに表現の自由の保障はないといわざるを得ないことから，憲法は21条1項において取材の自由を保障していると解される。最高裁も，博多駅事件決定（最大決昭和 44・11・26 刑集 23 巻 11 号 1490 頁）において，「事実の報道の自由は，表現の自由を規定した憲法 21 条の保障のもとにあることはいうまでもない」としつつ，「報道機関の報道が正しい内容をもつためには，報道の自由とともに，報道のための取材の自由も，憲法 21 条の精神に照らし，十分尊重に値いするものといわなければならない」と判示している。

もっとも，「憲法 21 条の精神に照らし，十分尊重に値いする」という最高裁の言い回しに曖昧さが残ることは否めない。かつて石井記者事件判決（最大判昭和 27・8・6 刑集 6 巻 8 号 974 頁）において，取材の自由の憲法的保障を否定するかのような言い回しをしていたことを思うと，博多駅事件での言い回しは，取材の自由を肯定的に捉えていたとしても，保障の程度が一段低いものと理解している可能性を示唆する。学説上は，端的に「取材の自由は直接憲法 21 条によって保護されているというべきである」（松井茂記『マス・メディア法入門〔第 5 版〕』〔日本評論社，2013 年〕219 頁）との見解が有力であるが，判例上は，保障の程度において不明確さを払拭し切れていない憾みがある。取材の自由が憲法の保障を受けるとしても，それが表現行為そのものではないことから，対抗利益との関係において，常に優越性を主張し得ないということかもしれない。

3　取材源の秘密と職業の秘密

とはいえ，取材の自由が憲法の保障を受けるのなら，取材源の秘密も取材の自由を確保するために必要なものとして，同様に憲法的保障を受けるといえそうである。民事訴訟における取材源秘匿の問題は，これまで民訴法 197 条 1 項 3 号の定める「職業の秘密」規定の解釈をめぐって論じられてきた。最高裁は，NHK 記者事件決定（最決平成 18・10・3 民集 60 巻 8 号 2647 頁）において，民訴法 197 条 1 項 3 号の「職業の秘密」とは，「公開されると，当該職業に深刻な影響を与え以後その遂行が困難になるものをいう」（最決平成 12・3・10 民集 54 巻 3 号 1073 頁）ところ，報道関係者の取材源の秘密も，「みだりに開示されると，報道関係者と取材源となる者との間の信頼関係が損なわれ，将来にわたる自由で円滑な取材活動が妨げられることとなり，報道機関の業務に深刻な影響を与え以後その遂行が困難になると解されるので」，「職業の秘密に当たるというべきである」とする。

しかし最高裁は，取材源の秘密が職業の秘密に該当するとの判断から，直ちに報道関係者に証言・証拠提出拒否権を認めようとはしていない。というのも，報道関係者の証言・証拠提出拒否が認められるのは，取材源の秘密が「保護に値する秘密」とみなせる場合に限られると理解したからである。そして「保護に値する秘密であるかどうかは，秘密の公表によって生ずる不利益と証言の拒絶によって犠牲になる真実発見及び裁判の公正との比較衡量により決せられる」という。取材源の秘密のうち「保護に値する秘密」だけが証言・証拠提出を免れるとするのは，取材源の秘密の利益だけに重点をおき，その利益を絶対的に保護されるものとみなすと，民事訴訟における真実発見及び裁判の公正の利益が過度に損なわれかねないと危惧されたためであると思われる（戸田久「判解」最判解民事篇平成 18 年度(下)1019 頁)。もっとも，取材の自由に基礎づけられる取材源の秘密が，単純な比較衡量に付される利益でしかないということになれば，それだけで「将来にわたる自由で円滑な取材活動が妨げられる」に違いない。それゆえ，仮に秘密の要保護性に関して，比較衡量が求められるとしても，比較衡量のあり方が取材の自由に配慮した構造を有していなければならないと思われるのである。

4　取材源の秘密と対抗利益の比較衡量

NHK 記者事件決定において最高裁が示した比較衡量の枠組みは，次のようなものである。すなわち，「当該報道が公共の利益に関するものであって，その取材の手段，方法が一般の刑罰法令に触れるとか，取材源となった者が取材源の秘密の開示を承諾しているなどの事情がなく，しかも，当該民事事件が社会的意義や影響のある重大な民事事件であるため，当該取材源の秘密の社会的価値を考慮してもなお公正な裁判を実現すべき必要性が高く，そのために当該証言を得ることが必要不可欠であるといった事情が認められない場合には，当該取材源の秘密は保護に値すると解すべきであり，証人は，原則として，当該取材源に係る証言を拒絶することができる」というのである。

これをまとめると，取材源の秘密が保護されるのは，①報道に公共性があることを前提に，②取材の刑罰法令違反や取材源の同意等の特別事情がなく，③対抗利益（民事事件の重大性かつ証拠の不可欠性）の側に重視せざるを得ない事情が認められない場合ということになろう（山本和彦「判批」判タ1375号〔2012年〕65頁）。このような比較衡量の枠組みをいかに評価すべきかといえば，「これはかなり厳しい基準であり，原則として記者の取材源秘匿を認めることを前提にして，例外的な場合にのみ証言強制を認める趣旨」（松井茂記「判批」法教319号〔2007年〕36頁）と解するのが妥当と思われる。

①の報道の公共性と②の特別事情は，事実が充足されるか否かの要件判断であり，①に関していえば，報道に公共性が認められるか否か，②に関していえば，特別の事情があるか否か，たとえば，刑罰法令違反があるか否か，取材源の側に同意があるか否かの二者択一で判断される。これに対して，③の対抗利益の重大性・必要不可欠性は，考慮要素間の比較衡量によってはじめて明らかにしうるのであり，二者択一で評価する要件判断とは異なる思考が求められる。最高裁の比較衡量の枠組みは，実際には比較衡量を要しない①と②の要件判断と，比較衡量を要する③の要素間衡量から成り立っている。

5　比較衡量の具体化

ここで上記の①から③の要件・要素を設問の事案に照らして考えてみる。まず，①と②の要件については，比較的容易に判断できるだろう。①の報道の公共性についていえば，テレビ番組におけるYの発言は，確かに不用意といってよいかもしれないものの，北朝鮮による拉致被害者の生死についての外務省の認識に関わる発言であって，公共の利益に関するものといって差し支えない。②の特別事情の不存在については，Yが取材において刑罰法令違反を犯した事実も，外務省幹部から取材源の秘密の開示を承諾させた上で取材を行ったとの事実も認められないことから，結局，特別な事情があったとはいえない。

だとすると，判断を左右するのは③の対抗利益の重大性・必要不可欠性にあるということになろう。設問の事案は「社会的意義や影響のある重大な民事事件」といえるのか，当該取材テープは公正な裁判の実現にとって「必要不可欠」といえるのか，が問われよう。まず，当該事件の重大性についてであるが，拉致被害者の死亡の事実を外務省が秘匿していること自体が争点であるのなら，それは日本の外交政策に関わる重大事件であるといえるかもしれない。しかし設問の事案は，Aの生存を信じる両親Xらが，ジャーナリストYのテレビ番組でのＡ死亡という「虚偽」発言により精神的損害を被ったとして，Ｙに慰謝料請求をした私人間の民事訴訟に過ぎない。

また，当該取材テープ全部の提出の必要不可欠性についても，拉致被害者Ａの生死に関するＹの発言の虚偽性をはっきりさせることに力点をおくのなら，確かに，外務省幹部との会話を録音した取材テープ全部を提出させることが真実解明にとって有用といってよいだろう。しかし，設問の事案はＹの発言の虚偽性を曝くことそれ自体を焦点にしているのではなく，Ｙの発言によってもたらされたＸらの精神的損害に対し，ＸらがＹに慰謝料の支払いを求める民事訴訟につき，それが公正な裁判とみなされるためには，当該取材テープ全部を法廷に出すよう命ずる必要が本当にあるのかを問うものである。後者の観点からすれば，そこには取材源の秘密の社会的意義を凌駕するほどの必要不可欠性は認めがたいというべきではないか。むしろ，当該取材テープ以外に代替証拠がないのかどうか，当該取材テープが訴訟の帰趨を決する唯一の証拠なのかどうかについて，さらに詰める必要があるというべきだろう。

以上のように考えると，対抗利益の側の事情を考慮に入れて判断しても，当該取材源の秘密は保護に値すると解されるので，当該取材テープ全部の提出を命じることはできないというべきではないか。取材テープ全部の提出を強制する代わりに，テープの内容を文書化した反訳書面の提出を命じることができるか，という問題も検討に値するが，その場合は，反訳書面の提出が取材源を曝露しない方法として適当か，当該反訳書面の作成者を証人尋問せずに済むものなのか，といった付随的問題と向き合うことを余儀なくされよう。

設問は，民事訴訟における報道関係者の取材源秘匿に関わるものであったが，これが刑事訴訟であった場合でも同様に考えることができるだろうか。それとも，刑事被告人の利益や真実発見の必要性との関係で，異なる考慮が求められるのだろうか。この点刑事訴訟では誤判を回避しなければならないとする要請がとりわけ強いことから，ひょっとすると，取材源が曝露され，将来の取材活動に支障が生じるおそれがある場合でも，刑事被告人の利益を擁護し，あるいは実体的真実を発見するためには，取材源の開示が強制されなければならないと考えられるかもしれない。

実際，刑訴法 149 条は一定の業務上の秘密について証言拒絶権を定めるが，民訴法 197 条 1 項 3 号のような「職業の秘密」一般に関する証言拒絶を認めていない。先の石井記者事件での最高裁も，刑訴法 149 条の定める業種を限定列挙であると解している。それゆえ，報道関係者には取材源の開示を拒絶する権利が類型的には認められないと考えられているようである。このような規定ぶりの背後には，誤判防止のため，取材源秘匿の利益が犠牲になってもやむを得ないという価値判断があると思われる。

しかし，取材源秘匿の利益は報道関係者の単なる個人的な利益とみなすべきものではない。それは公共の利益に奉仕するものである（公共的利益説）。報道関係者と取材源の間にある一定の内密性と信頼関係の保護が，多様で豊かな情報流通という公共の利益の確保につながるとの期待が，ここに込められているのである。したがって，実体的真実の解明が重視される刑事訴訟においても，取材源秘匿の余地を頭から否定するのは妥当と思われない。むしろここでも，多様で豊かな情報流通という公共の利益を損なってまで，取材源の開示を強制しなければならない事情が本当にあるのか，比較衡量を通じて明らかにするよう憲法上要請されているのではないか。

設問 11

衆議院の解散と選挙無効判決

最高裁は平成 23 年 3 月 23 日大法廷判決（民集 65 巻 2 号 755 頁），平成 25 年 11 月 20 日大法廷判決（民集 67 巻 8 号 1503 頁），平成 27 年 11 月 25 日大法廷判決（民集 69 巻 7 号 2035 頁）により，3 度連続して衆議院小選挙区選出議員の選挙区割りを投票価値の平等の要求に反する違憲状態にあるとの判断を示した。しかしいずれの判決においても，問題とされた選挙時点では「憲法上要求される合理的期間内における是正がされなかったとはいえず，本件区割規定が憲法 14 条 1 項等の憲法の規定に違反するものということはできない」と判示し，当該選挙を違憲無効と断定することを避けた上で，今後も「投票価値の較差の更なる縮小を可能にする制度の見直し」を早急に進め，選挙区間の人口較差が 2 倍未満となるように選挙区割りを改める旨の警告を発するにとどめた。

ところが最高裁の警告を受けた国会は与野党間の政治的駆け引きに終始するばかりで，衆議院内に設置された「衆議院選挙制度に関する調査会」の答申が提出された後も選挙制度の改革を成し遂げることができず，平成 27 年 11 月 25 日の判決後 1 年を経過した後も違憲状態を解消できないでいた。そうした中，首相が「政治生命をかける」と意気込んだ消費税増税法案が与党内の混乱もあって衆議院で否決された。事態の打開を狙って内閣が衆議院を解散したため，最高裁によって「憲法の投票価値の平等の要求に反する状態」にあると判示された選挙区割りのまま，衆議院議員総選挙が行われざるを得なくなった。違憲状態の選挙区割りに基づく総選挙に対しては，当然のごとく，各地の選挙区の選挙人が公職選挙法 204 条の選挙無効訴訟を提起した。ここで当該訴訟の原告らから憲法上の問題に関してアドバイスを求められたら，どのように助言すればよいだろうか。

①内閣の解散権行使の有効性
②事情判決の法理の援用
③選挙無効判決の是非
④選挙無効判決の種類

参考文献

□長谷部恭男「投票価値の較差を理由とする選挙無効判決の帰結」『憲法の円環』（岩波書店，2013年）184頁
□長谷部恭男「序言／選挙制度をめぐる諸問題」論ジュリ5号（2013年）4頁
□長谷部恭男ほか「〈座談会〉選挙制度と政党システムの未来」論ジュリ5号（2013年）9頁
□衣斐瑞穂「判解」ジュリ1491号（2016年）81頁
□工藤達朗「判批」平成27年度重判解（2016年）8頁

解説

1　問題の所在

設問の事実関係は後半部分が全く架空の話である。実際は，平成27年11月25日判決（以下，「平成27年判決」という）後，衆議院が内部での調整に努めた結果，翌年5月20日に議員定数10減（小選挙区6減，比例区4減）を内容とする衆議院選挙制度改革関連法が成立している。これを基に人口較差が2倍未満になるように選挙区割りも見直された（最大較差1.956倍）。改定規定は平成29年7月16日から施行されている。さらに，平成32（2020）年の国勢調査の結果を踏まえアダムズ方式に依拠して較差是正を行い，以後10年ごとに選挙区割りの見直しを図るものとされている。ただ，詳細を詰める作業は今後に先送りされた。

しかし，もしも平成27年判決において違憲状態にあるとされた選挙区割りのまま衆議院議員総選挙が強行され，その総選挙に対して選挙無効訴訟が各地で提起されたとしたら，その場合は，そもそも内閣の解散権行使が違憲と評価され，解散は無効と判断されただろうか。あるいは解散は有効でも総選挙は違憲無効と判決されるべきであったか。それとも今回もまた是正のための合理的期間内にあると判示されることになるのか。あるいは仮に当該選挙区割りが違憲状態にあると判示せざるを得なかったとしても，事情判決の法理が援用され，選挙自体は有効とされるべきだったのだろうか。それとも今度ばかりは選挙無効の判決が下されるべきだったのか。選挙無効の判決が下される場合は，訴えの提起された選挙区の選挙を直ちに無効とすべきなのか。それともそうでない選挙無効の方法があるのか。こうした疑問に答えなければならなかったであろう。

2　内閣の解散権行使と司法審査

現行法の選挙区割りが違憲状態にあると最高裁から指摘されているにもかかわらず，あえて総選挙に直結する衆議院の解散を選択した内閣の権限行使は，そもそも違憲無効なのではないか。それとも内閣の衆議院解散権の行使は，違憲状態にある選挙区割りでの総選挙を招来する場合でも，特に制約されることはないのだろうか。この問題は従来「違憲判決の効力」論において語られてきた。ある論者は，違憲判決の効力には「立法府に対し該法律の改廃を求め，行政府に対し該法律の執行を控えるよう求めるという効果」があると述べている（佐藤幸治『現代国家と司法権』〔有斐閣，1988年〕340頁）。違憲判決を受けた法律の執行を行政府が控えなければならないのなら，違憲状態にあると最高裁に断言された法律を執行させることになる内閣の衆議院解散権の行使も，やはり控えなければならないだろう。平成27年判決は違憲判決ではないが，そのような形式的理由で違憲判断の権威性を否定することはできないと思われる。しかしこれまでの内閣は，違憲判決が内閣の解散権を制約するものではないとの立場を堅持してきた。それゆえ，仮に違憲判決が下されていたとしても，そこに内閣の解散権を完全に押さえ込めるほどの強い効力は認められないと反論されたに違いない。

内閣による衆議院解散の効力については，苫米地事件最高裁判決（最大判昭和35・6・8民集14巻7号1206頁）がリーディングケースである。それによると「衆議院の解散は，極めて政治性の高い国家統治の基本に関する行為であって，かくのごとき行為について，その法律上の有効無効を審査することは司法裁判所の権限の外にありと解すべき」という。このいわゆる統治行為論を素直に受け取ると，たとえ最高裁の違憲判断に内閣の衆議院解散権を制約する何らかの法的効果が認められたとしても，いざ解散権が行使されてしまえば，もはやその有効無効を裁判所が審査することは不可能になる。しかし，苫米地事件は憲法7条解散及び内閣の助言と承認の合憲性を扱うもので，設問の事案とは文脈を異にしていると反論することもできないではない。また，統治行為論のような特殊な法理を過度に一般化することは厳に慎まなければならないであろう。

3　事情判決の法理の援用可能性

仮に内閣の衆議院解散権の行使の合憲性は司法の場で問えないとしても，違憲状態にあると最高裁に判断された選挙区割りのまま総選挙を行うことの合憲性は司法審査の対象になる。平成27年判決が違憲判決にならなかったのは，まだ是正のための合理的期間内にあると判断されたからであった。しかし，それから1年が経過したにもかかわらず，技術的にはそれほど困難ではないはずの選挙制度改革ができない理由を，国会の外部に対して合理的に説明することは極めて困難である。しかも平成23年3月23日の判決以降，3度連続して違憲状態判決が下されたにもかかわらず，国会は選挙区間の人口較差を2倍未満に抑えることができなかったのである。そうだとすると，今回は裁判所も合理的期間を徒過したとみなさざるを得ないだろうし，違憲の選挙区割りに基づいて強行された設問の総選挙は，全体として違憲の瑕疵を帯びると判決せざるを得ないであろう。

すると次に問題となるのは，原告の請求に応えて，裁判所は選挙無効判決を下すのか，それとも昭和51年判決（最大判昭和51・4・14民集30巻3号223頁）で編み出された事情判決の法理を援用し，「選挙を無効とする旨の判決を求める請求を棄却するとともに，当該選挙が違法である旨を主文で宣言する」のかである。

昭和51年判決は，①選挙無効判決をしても当該選挙区の選出議員がいなくなるだけで，憲法適合的な総選挙ができるわけではないこと，②全国で同様の訴訟が提起され，全国の選挙区で選挙無効判決が下されると，衆議院の活動が不可能になりかねないこと，③仮に一部の選挙区の選挙のみが無効とされるにとどまっても，全体として違憲の瑕疵を帯びた選挙なのに，一部だけが無効とされ他のものは有効とされると，異常な事態の下で衆議院が活動せざるを得なくなること等を指摘し，選挙無効判決では「直ちに違憲状態が是正されるわけではなく，かえって憲法の所期するところに必ずしも適合しない結果を生ずる」がゆえに，事情判決の法理に従う必要があると判示していた。この判示からすると，設問の事案でも裁判所は事情判決の法理に従わざるを得ないと考えるかもしれない。

実際，昭和60年判決（最大判昭和60・7・17民集39巻5号1100頁）は，設問の事案と同様に，最高裁が違憲状態にあると判断した議員定数配分規定に基づいて施行された衆議院議員総選挙の合憲性を取り上げ，投票価値の不平等状態が拡大していることを確認し，かつ，憲法上要求される合理的期間内の是正も行われなかったと指摘して，当該規定を「違憲と断定するほかない」と判示したにもかかわらず，事情判決の法理に従い，当該選挙を無効とはしなかった。もっとも昭和 60 年判決は頭から選挙無効判決が下せないと決めつけていたわけではない。むしろ「諸般の事情を総合考察し」て，選挙無効判決を下すべきか，事情判決の法理によるべきかを判断せよとしている。そこには「憲法の予定しない事態が現出することによってもたらされる不都合」のほか，「当該選挙の効力を否定しないことによる弊害」が考慮要素として挙げられている。これは昭和 58 年判決（最大判昭和 58・11・7 民集 37 巻 9 号 1243 頁）の中村治朗裁判官の反対意見において明らかにされた比較衡量論と同旨である。このような考え方に従えば，設問の事案についても，事情判決の法理を援用すべきとする理由と援用すべきでないとする理由を比較衡量して，選挙を無効とすべきか否かを判定すべきであるということになろう。

4　選挙無効判決の可能性

事情判決の法理は当時の「中選挙区制による衆議院議員の選出という制度的制約」の下で採用された限定的な法理であるとする理解がある（川岸令和「違憲裁判の影響力」戸松秀典＝野坂泰司編『憲法訴訟の現状分析』〔有斐閣，2012 年〕101 頁）。要するに，中選挙区制では各選挙区から数名の議員が選出されるため，複数の選挙区で選挙無効訴訟が提起され，最高裁で違憲の判断が下されると，全体として違憲の瑕疵を帯びるとされる選挙区割り（昭和 51 年判決以来，選挙区割りは「不可分の一体をなす」と考えられてきた）の下では，訴訟が提起されたすべての選挙区で違憲無効の判決が下されたも同然の結果になることに加え，どの選挙区においても数名の議員が身分を失うことになる。それゆえ，衆議院から 2 桁（ひょっとして 3 桁）の数の議員がいなくなってしまうという危惧があった。しかし，現行の小選挙区比例代表並立制の下では，そのような不安に怯える必要はあまりない。1 つの小選挙区の選挙無効判決は 1 人の議員の身分を失わせるだけなので，複数の小選挙区で選挙無効訴訟が提起されても，選挙無効判決のインパクトは，少なくとも中選挙区制でのそれと比べるとずっと小さい。さらに選挙区割りの影響を直接受けない比例代表選出議員もいることを考えると，衆議院から議員がすべていなくなるというおそれもない。

さらに，選挙無効判決後の衆議院の姿がどのようなものになるのかも検討しておかなければならない。昭和51年判決が指摘していたように，確かに「公選法の改正を含むその後の衆議院の活動が，選挙を無効とされた選挙区からの選出議員を得ることができないままの異常な状態の下で，行われざるをえない」のは「憲法上決して望ましい姿ではなく，また，その所期するところでもない」。しかし，是正に必要な合理的期間を十分に与えられながら，内輪の事情でその期間を徒過した国会に対して，最高裁が事情判決の法理を通じて救いの手を差しのべることは，違憲の追認という，それこそ憲法の所期しない事態を招くのではないか。そうだとすれば，今度ばかりは選挙無効判決を下すことで，最高裁による違憲の追認という事態を回避しなければならないと思われるのである。

ただ選挙無効判決後は，比例代表選出議員以外に，たまたま訴訟提起がなかった小選挙区の議員だけが運良く（?）衆議院に残るという状態が現出する。これが異常事態であるのは間違いない。それゆえ，選挙無効判決が下された場合，残余の議員で構成される衆議院には，可及的速やかに「投票価値の平等の要請にかなう立法的措置を講ずる」（平成23年判決）ことが求められるだろう。それが終わった後，内閣による衆議院の解散が行われ，正常な総選挙が行われ，そうして正常な衆議院が再構成されるという流れになると思われる。

昭和51年判決によれば，選挙無効訴訟は「選挙を将来に向かって形成的に無効とする訴訟」である。これはたとえ選挙が無効になっても，選挙無効訴訟が提起され，かつ違憲の判決を受けたいくつかの小選挙区の議員が，判決時点以降に（すなわち将来に向かって）議員の身分を喪失するだけだということを意味する。当選時に遡って議員の身分がなかったものとみなされるわけではない。したがって，違憲判決以前（議員の身分を喪失する以前）に当該議員が行った活動の成果がすべて無効になることもない。違憲無効とされた選挙で選出された議員から構成される衆議院で審議され，可決成立した法律の効力に疑義が生じるわけでもない。違憲判決の効力はあくまで判決時点以降に及ぶのであって，判決前の状況に変動をもたらすものではない。

平成 27 年判決は「国会における合意の形成が容易な事柄ではない」ことに鑑み，一票の較差是正が遅々として進まない状況下でも，「是正の実現に向けた一定の前進と評価し得る法改正」がなされており，かつ，「漸次的な見直しを重ねることによってこれを実現していくことも国会の裁量に係る現実的な選択として許容されている」ことから，3 度目の違憲状態判決であっても，「憲法上要求される合理的期間を徒過したものと断ずることはできない」と判示した。以前から合理的期間を徒過したか否かは期間の長短だけで決めることはできないとされていたが，結局，違憲状態にあるか否かの判断は是正の実現に向けた国会の努力の評価次第ということになっている（違憲の主観化）。それでも最高裁が違憲状態判決を何度も繰り返すことに十分な説得力があるとは思えない。たとえ内閣がどうしても衆議院を解散する必要があると判断して総選挙に及んだ場合であっても，違憲状態を是正しないままの選挙であるなら，それは違憲と明言されてしかるべきである。

問題は違憲判決によって選挙の効力がどうなるかである。本文では，当該選挙が全体として違憲無効とみなされるものの，訴訟提起された小選挙区の議員に限って，その身分が失われると解した。これに対して，諸般の事情を比較衡量した結果，選挙の違法を宣言するにとどめる事情判決に行き着く可能性もある（平成 27 年判決における鬼丸かおる裁判官の反対意見）。また，昭和 60 年判決の 4 裁判官共同補足意見は一定期間経過後に無効の効果を発生させるタイプの将来効判決に言及している。判決確定後 6 か月経過の後に選挙を無効とすべしという平成 27 年判決の大橋正春裁判官の反対意見はその路線を踏襲するものである。さらに「投票価値の較差が 2 倍を超えるか否か」を基準に，無効とされるべき選挙区を決定すればよいとする平成 27 年判決の木内道祥裁判官の反対意見も一考に値する。

設問 12

宿舎ドアポストへのビラ配布

Xは A電力会社の原発再稼働決定に反対するため，A電力会社の職員宿舎に赴き，「原発再稼働反対！」と書いたビラを集合ポストに投函しようとしたところ，集合ポストのほとんどが別の投函物によって一杯になっているのを認めたため，そこへの投函を諦め，宿舎の中の廊下を通って各住居のドアポストまで行くことにした。宿舎の掲示板には「当宿舎の敷地内に立ち入り，チラシ・パンフレットの投函，物品販売などを行うことは厳禁です。工事施工，集金などのために訪問先が特定している業者の方は，必ず管理人室で『入退館記録簿』に記帳の上，入館（退館）願います」と書かれた紙が目立つように張られていた。Xもその紙には気づいていたが，集合ポストには明らかにチラシ・パンフレット類と見られる投函物が入っていたため，ビラを投函するだけなら特に問題はないと判断し，各住居のドアポストに当該ビラを投函した。その間，住民等とは何のトラブルもなかったものの，投函を終えて宿舎の外に出たとき，Xを監視していた警察官に呼び止められ，職務質問を受ける羽目になり，刑法130条前段の住居侵入罪の現行犯として逮捕されてしまった。

Xは，自らが起訴され刑事裁判にかけられ，そこで自己の行為が住居侵入の罪とされることに，表現の自由侵害があるのではないかと考えている。この点について，Xがアドバイスを求めてきた場合，どのように助言すればよいだろうか。

①表現内容規制
②表現内容中立規制
③適用違憲と合憲限定解釈
④憲法適合的解釈

参考文献

□蟻川恒正「立川ビラ事件最高裁判決を読む」法教 392 号（2013 年）103 頁
□山口裕之「判解」ジュリ 1430 号（2011 年）76 頁
□西野吾一「判解」ジュリ 1433 号（2011 年）117 頁
□山下純司ほか『法解釈入門〔補訂版〕』（有斐閣，2018 年）191 頁
□長岡徹「郵便受けの民主主義」阿部照哉先生喜寿記念論文集『現代社会における国家と法』（成文堂，2007 年）201 頁

解説

1　問題の所在

設問は，民間電力会社の職員宿舎内に承諾を得ないで立ち入り，各住居のドアポストに政治的ビラを配布した被告人Xの行為が，住居侵入の罪に当たると解されたことに対して，被告人の側から，そのような解釈は憲法21条1項の表現の自由の侵害であるとする違憲論を展開するよう求めるものである。この問題はいうまでもなく立川官舎ビラ配布事件判決（最判平成20・4・11刑集62巻5号1217頁）及び分譲マンションビラ配布事件判決（最判平成21・11・30刑集63巻9号1765頁）の事案を参考に作成されている。解答に当たっても当然，これらの最高裁判決を意識した立論が求められる。

Xは，確かに他人が管理する宿舎の共用部分に無断で立ち入っているが，それはあくまでも政治的ビラの配布という表現の自由の行使のためであった。そのような場合であれば，無断立入りも違法視されるべきでないのか。それとも，たとえ真摯な表現行為であっても，他人が管理する宿舎の共用部分に無断で立ち入れば処罰を免れないのか。いくら表現の自由が保障されているといっても，他人の財産物に勝手にビラを貼る行為が処罰されるのと同様，Xの無断立入りが犯罪とみなされてもやむを得ないのか。

この争点は，表現内容規制と表現内容中立規制の双方の観点から検討することが可能である（佐々木弘通「言論の内容規制と内容中立規制」憲法の争点118頁）。以下では，表現内容規制と表現内容中立規制に分けて，本件処罰の違憲性を論じる。

2　表現内容規制

Xはまず，本件処罰が原発再稼働決定に反対する政治的表現行為を住居侵入の罪に問おうとしている点を問題視し，それは許されないはずの表現内容規制に該当すると主張できる。政治的意見を記載したビラの配布が表現の自由の行使であることは自明であるし，また，そもそも表現内容の善し悪しやそれがもたらす害悪の防止は，思想の自由市場に委ねておくべきことであり，規制によって（しかも，刑事処罰によって）封殺しようとすることは，重大な害悪の発生が明らかかつ差し迫っている（明白かつ現在の危険）などの例外的場合を除いて，憲法上，許されるべきではないからである。自律的判断能力を備えた個人から成る民主主義社会では，表現内容のもたらす害悪も，モア・スピーチによって対処されるべきであって，規制によって禁圧されるべきではない。

これに対して当局の側からは，本件処罰は特定の政治的表現を狙って行われるわけでもなければ，そもそも何らかの表現行為を規制しようとしてなされるものでもないと反論されるだろう。本件処罰はあくまでも，X が管理権者の承諾もないのに，勝手に他人が管理する宿舎の内部に侵入した行為の違法性を問うているだけなので，表現規制ではあり得ないとされるのである。

しかし，本件が住居侵入罪の事案として扱われたのは，当局側の方便に過ぎないとの再反論が可能である。当該宿舎には普段からチラシやパンフレットが多く投函されていたと推測されるし，実際，当日も集合ポストはそれらで一杯だったために，X はやむを得ずドアポストまで足を運んだに過ぎない。職員宿舎の管理権者も，実際問題として，宿舎内部でのビラ配布をすべて排除していたわけでもなければ，本気で排除しようと意欲していたわけでもなかったと思われる。それにもかかわらず X が逮捕されてしまったのは，X の行動を警察が監視していたからであり，住居侵入を逮捕の口実にして，実際には X の表現行為を狙い撃ちにしたかったからであるとみなすことができる。

一般に，表現内容規制が合憲とされるのは，（異論はあるものの）わいせつ表現やプライバシー侵害表現のように，類型的に思想の自由市場で評価されることのない表現の規制か，明白かつ現在の危険を及ぼす表現の規制に限られなければならない。設問の事案は，いうまでもなく，そのような例外的場合に当たらない。原発再稼働決定への反対が，職員宿舎の住人に不愉快な思いをさせる可能性があったとしても，受忍の範囲内であるし（ビラは捨てればよい），ビラの内容に異議があるのなら，住人自身が反論すればよいのであって，警察当局が直ちに乗り出してくる場面ではないといえる。しかし，X を狙い撃ちにした逮捕・処罰なのだとすれば，宿舎への無断立入りより，原発再稼働反対運動を取り締まろうとしたのではないかとの疑いが生じよう。それは許されない表現内容規制である。

3　表現内容中立規制

仮に本件処罰が表現内容規制に当たらないとしても，Xのビラ配布に必然的に伴う立入り行為を犯罪行為とみなして処罰するものである以上，それはやはりビラ配布規制＝表現規制である。それゆえ，本件処罰は特定の表現方法に制裁を科す表現内容中立規制に当たると主張できる。確かに，表現内容中立規制は，代替的な表現伝達経路が十分に確保されている限りにおいて，思想の自由市場と原理的に矛盾するものではない。代替的な表現伝達経路が十分に確保されていれば，表現の害悪も思想の自由市場で浄化されることが見込まれるからである。しかし，規制が表現の自由を制限する以上，特別の事情がなければやはり許されない。設問の事案にはそのような特別の事情も見当たらないと主張しうる。

これに対して当局の側からは，仮に本件処罰がビラ配布という特定の表現方法に関わるものだとしても，それは単なる間接的付随的な規制に過ぎないと反論されるだろう。本件処罰は，Xのビラ配布行為に着目してなされるのではなく，あくまでも他人が管理する住居内部に承諾なく侵入する行為に向けられている。Xが侵入した場所は一般に人が自由に出入りすることのできる場所ではない上，Xは集合ポストを越えて，各住居のドアポストのところにまで進んでいる。また，A電力会社の職員宿舎では，無承諾で敷地内に立ち入ったり，チラシ・パンフレットを投函したりすることが，明示的に禁じられている。Xは，管理権者の承諾も受けずに意図的に宿舎内部でビラを配布したのだから，管理権者の管理権や住民の私生活の平穏を害したのは明らかであり，そのことで住居侵入の罪に問われたとしてもやむを得ないと反論できるのである。

確かに，管理権者の承諾がないまま宿舎内部に立ち入ったことは，表面的には，住居侵入罪の構成要件に該当するのかもしれない。しかも本件はビラ配布を直接禁じる典型的な表現内容中立規制ではない。しかし，それが特定の表現方法を抑圧するものである限り，いくら間接的付随的規制とのレッテルが貼られようと，表現規制であることは認めざるを得まい。表現規制である以上，表現の自由の制限として許されるか否かの検討を避けて通ることはできない。

もちろん，刑法130条前段が保護しようとする，管理権者の管理権や住民の私生活の平穏を守ることも重要である。しかし，設問の事案において，そもそも管理権者の管理権や住民の私生活の平穏が実質的に害されたといえるのだろうか。もともと当該宿舎ではチラシ・パンフレットの投函が日常的になされていたと推測され，そのことで管理権者の意思や住民の私生活の平穏に著しい乱れが生じる状況はなかった。X は住居自体には立ち入っていないし，住民等と何のトラブルも起こさなかった。それゆえ被害届も提出されていない。あえてビラ配布行為を規制しなければならないほどの害悪は発生しておらず，万一，法益侵害があったとしても，その程度は軽微なものだったと考えられるのではないか。

仮に刑法 130 条前段の保護法益が幾分害されたという事情があったとする。だからといって，X のビラ配布に伴う宿舎内部への立入り行為を処罰したとすると，たとえそれが間接的付随的な規制であっても，表現行為そのものを処罰するに等しい効果を及ぼすだろう。表現規制は本来必要最小限度でなければならず，行き過ぎた規制は許されないはずである。管理権者の管理権や住民の私生活の平穏を守るのに，本当に住居侵入罪による処罰しかなかったのだろうか。民事法的対応や行政的規制（勧告や指導も含む）で十分だったのではないか。そう考えると，いきなり処罰をすることは表現規制としての節度を超えたとみなさざるを得ないのではないか。とりわけ設問の事案のごとき，ビラ配布のための平和的で短時間の立入りまで処罰しようとするのは，得られる利益に比して失われる利益が大き過ぎる。やはり本件処罰は違憲といわなければならないのではないか。

4　違憲の主張方法

X は，刑法 130 条前段が X の表現行為に適用される限りにおいて憲法 21 条 1 項違反である，との違憲主張，すなわち，適用違憲の主張を行うことを考えるだろう（阪口正二郎「防衛庁宿舎へのポスティング目的での立入り行為と表現の自由」法教 336 号〔2008 年〕13 頁）。刑法 130 条前段そのものの合憲性に疑問が提起されているわけでない以上，法令違憲の主張を行う必要まではないからである。他方で，X にとっては，法令違憲の主張のみならず，適用違憲の主張すら必要ないと考えることもできる。すなわち，刑法 130 条前段の合憲限定解釈を行って，X の表現行為を処罰する法令解釈は憲法上禁じられていると解し，刑法130条前段の構成要件からXの表現行為を除外してXを無罪とするのである。「合憲限定解釈が法令の意味を仕分けする手法だとすれば，適用違憲は，適用対象のほうを仕分けすることによって，同様な効果をもたらすもの」（樋口陽一『憲法〔第3版〕』〔創文社，2007年〕451頁，蟻川恒正「合憲限定解釈と適用違憲」樋口陽一ほか編著『国家と自由・再論』〔日本評論社，2012年〕265頁も参照）といわれることもあるが，適用違憲の主張であれ，合憲限定解釈の主張であれ，Xからすると，自分が救済されるのであれば，どちらの手法で無罪になっても構わないであろう。

もっとも，適用違憲も合憲限定解釈も，いずれも法令に違憲の疑いが認められる場合に，その疑いを法令上から除去しうるような解釈を法令に施し，権利を侵害された者のみならず，法令自体も救済しようとする手法である。これに対して，刑法130条前段の規定は，それ自体として，何ら違憲の疑いを抱かれていない。だとすると，設問の事案でも刑法130条前段から違憲の疑いを除去するような法令解釈を試みるのではなく，憲法21条1項の精神に照らして，Xが行った程度のビラ配布に伴う短時間の立入りなら，管理権者の管理権を不当に害するものではなく，かつ，民主主義社会では多様な見解を確保する必要があると評価し，刑法130条前段の構成要件を表現の自由保障の趣旨に合うように法令解釈すべきであろう。このような解釈は憲法適合的解釈あるいは憲法志向的解釈と呼ばれている（山田哲史「『憲法適合的解釈』をめぐる覚書」帝京法学29巻2号〔2015年〕277頁）。

ここで注目されるのは，堀越事件最高裁判決（最判平成24・12・7刑集66巻12号1337頁）である。同事件で最高裁は，公務員の政治的ビラの配布行為が国家公務員法の罰則規定の構成要件には該当しないと判示して，被告人を無罪とした。これは原判決の適用違憲の手法を退けた末の帰結と理解されているが，千葉勝美裁判官補足意見がこれを「通常の法令解釈の手法」によったに過ぎないとするのに対し，須藤正彦裁判官意見はこれを「厳格な構成要件解釈」であるが「一つの限定的解釈といえなくもない」とする。両裁判官の見解を憲法適合的解釈の一例とみなしてよいかは議論のあるところであろうが，意見が微妙に異なっているとはいえ，いずれにしても，犯罪構成要件に対し，憲法の趣旨を踏まえた体系的な解釈を施したものといえるのではないか。

刑法130条前段の規定が違憲であると主張する人はいないだろう。「人の住居」も「人の看守する邸宅」も，無断で立ち入ることは許されるべきでないとみなされる空間のため，住居権者あるいは管理権者の意思に反して侵入した者を処罰する刑罰法規を設けても，そのこと自体は憲法上咎められないからである。この規定が，管理権者の意思に反して宿舎の廊下に立ち入った押売りの侵入行為に適用されても，やはり憲法上問題はないだろう。だとすれば，同規定を設問のような事案に適用したとしても，処罰の対象になるのがビラ配布行為そのものでなく，あくまで管理権者の意思に反して宿舎の廊下やドアポスト前のスペースに侵入した行為である限り，処罰されてもやむを得ないのではないか。その行為が表現の自由の行使としてなされた場合であっても，そのことが刑法解釈に直接的な影響を及ぼし，結果を左右することなどないのではないか，との疑問を当然に生じさせよう。

しかし，法律規定の憲法適合的解釈を行うということは，憲法の趣旨や精神を斟酌することによって，場合によれば，当該規定の従来の解釈が変更され，あるいは新しい解釈が付加されることを認めるという意義がある。これまで通用してきた法律解釈からは出てこない意味内容が，憲法という上位規範の作用の下，しばしば「不当に」や「適正な」といった文言を通じて，当該規定に新たに盛り込まれる途を拓くのである。このような憲法適合的解釈には法律解釈の自律性を損ないかねないリスクがあり，手放しで是認できるものではない。しかしながら，同時にそれは法秩序を発展させる契機にもなる。設問の事案においても，表現の自由の公共的価値（民主主義社会の維持に奉仕する価値）が，刑法130条前段の解釈に反映されることにより，犯罪構成要件の見直しを促進し，刑法解釈だけでは導けなかった（導くことが難しかった）結果をもたらす可能性を生み出したと解されよう。

設問 13

障害福祉サービスの支給請求

Xは原因不明の難病であるALS（筋萎縮性側索硬化症）のため，全身の筋肉が麻痺し，自力呼吸ができず，自力で食物を嚥下することも，また自力でたんの排出や唾液を嚥下することもできない状態にあった。それゆえ，介護する者が常時付いていなければ生命に危険が生じることから，従来は唯一の家族である同居の妻がXの介護をしてきた。しかし，妻もXと同じく70歳代と高齢で足が不自由だった。このままでは共倒れになると考えたXは，当時の障害者自立支援法（以下,「支援法」という）20条1項に基づき，Y市福祉事務所長に対して，重度訪問介護（支援法5条3項）の支給量を1か月651時間以上（1日24時間介護を前提とした支給量）とする介護給付費支給申請を行い，24時間の介護サービスを求めた。これに対してY市は，Xには同居の妻がいてXの介護ができる状態にあるのだから，それに見合った介護給付費支給があれば十分であるとして，Xへの介護支給量を1か月268時間（妻の就寝時間相当分〔1日8時間・月248時間〕に緊急分〔月20時間〕を加えたもの）とする支給決定を行った。

しかしXは，妻が単独でXの介護を担うのは極めて困難であると主張し，現実には民間の介護事業者が，無償でY市の決定した支給量を超えて1日24時間の介護サービスを提供してくれているおかげで，かろうじて生存を維持できていると訴え，重度訪問介護の支給量を1か月651時間とする介護給付費支給の決定を義務づける訴訟を提起したいと考えている。ここでもしXから憲法上の争点についてアドバイスを求められたら，どのように助言すればよいだろうか。

なお，支援法22条1項によれば，市町村は「障害者等の障害程度区分，当該障害者等の介護を行う者の状況，当該障害者等の置かれている環境，当該申請に係る障害者等……の障害福祉サービスの利用に関する意向その他の厚生労働省令で定める事項を勘案して介護給付費等の支給の要否の決定……を行うものとする」とされており，また支援法施行規則12条が「厚生労働省令で定める事項」として，障害の種類及び程度その他の心身の状況，障害者等の介護を行う者の状況，介護給付費等の受給状況，居宅サービスの利用状況，障害者等の置かれている環境，障害福祉サービスの提供体制の整備状況等を挙げている。

①抽象的権利としての生存権
②生存権具体化法令の意義
③判断過程審査
④考慮要素審査

参考文献

□渡辺康行「憲法上の権利と行政裁量審査」高橋和之先生古稀記念『現代立憲主義の諸相(上)』(有斐閣，2013年）325頁
□深澤龍一郎「裁量統制の法理の展開」法時82巻8号（2010年）32頁
□笠木映里「判批」『社会保障判例百選〔第5版〕』(有斐閣，2016年）204頁
□田代滉貴「判批」法政研究81巻1・2号（2014年）69頁
□中野妙子「判批」ジュリ1456号（2013年）140頁

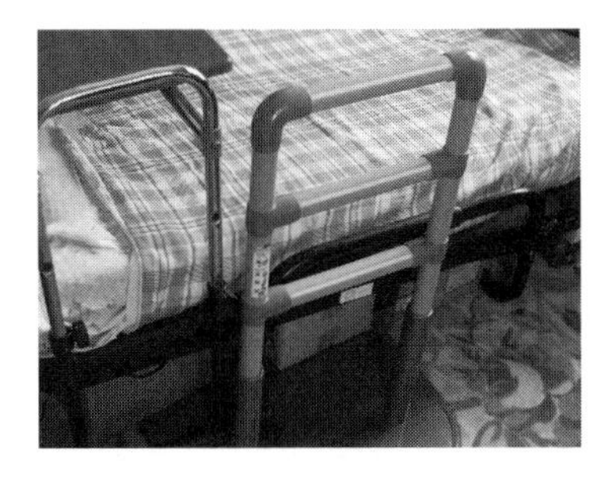

解説

1 問題の所在

設問は和歌山ALS訴訟判決（和歌山地判平成24・4・25判時2171号28頁）を参考に作成した。同訴訟における和歌山地裁は，1か月268時間を超える部分について支給量として算定しないとした処分庁の決定を取り消し，1か月542.5時間を下回る支給決定を行わないよう義務づけている（判決はこのまま確定した）。なお支援法は，平成24年6月に改正され，現行の障害者総合支援法（障害者の日常生活及び社会生活を総合的に支援するための法律）へと名称を改めた。しかし支給決定に関わる法令上の仕組みに特段の変更はない（菊池馨実『社会保障法』〔有斐閣，2014年〕448頁参照）。

設問の事案においてXが求めているのは，Y市に対して，1日24時間の介護サービスを受けるための介護給付費を支給するよう義務づけることである。具体的には，支援法に基づき，重度訪問介護の支給量を1か月651時間とする介護給付費支給の決定をY市から得ることであるが，憲法論の観点からは，憲法25条1項に規定される生存権を具体化した（はずの）支援法及び支援法施行規則をいかに解釈すれば，憲法適合的な結論が得られるのかという問題になる。生存権は具体的権利ではないとする通説に従えば，憲法25条1項から直ちに具体的な給付内容を導くことはできないとしても，憲法を具体化したとされる法令の解釈により，具体的な給付内容が請求できるのだとすれば，それはいかなる解釈になるのかが問われている。

2 抽象的な生存権の具体化

生存権は抽象的権利であるとされるのが通例である。食管法事件判決（最大判昭和23・9・29刑集2巻10号1235頁）以来，最高裁が生存権を具体的権利とみなさず，その保障を「国家の責務」に過ぎないと判示してきたことから，当初は単なるプログラムの宣言と解される傾向が強かったが，現在ではその権利性自体に疑いが差し挟まれることはほとんどない。しかし，「健康で文化的な最低限度の生活」の中身は，そのときどきの生活水準や政策的・財政的状況によって決まるところが大きいため，生存権規定の解釈だけで確定するのは極めて困難である。それゆえ「憲法25条の規定の趣旨にこたえて具体的にどのような立法措置を講ずるかの選択決定は，立法府の広い裁量にゆだねられて」いると解されている（堀木訴訟・最大判昭和57・7・7民集36巻7号1235頁）。具体的な給付内容の構成は，立法府の選択決定に委ねられざるを得ないという点に着目して，生存権は抽象的権利であるとされているわけである。生存権規定の立法裁量統制機能については，なお解明されるべき点も多いが，ここではそれを直接問う必要はない。

幸い設問の事案には，支援法や支援法施行規則といった生存権具体化法令が存在する。その限りにおいて，生存権は具体化されており，具体的権利として扱われてもよい状況にある。そこでこの場合，生存権具体化法令の解釈適用に努めることになるが，その解釈適用は，法令の通常の解釈適用でよいのか，それとも，生存権具体化法令に特有の解釈適用があるのか，いい換えると，生存権を具体化した法令であるという性質を考慮した特別な解釈適用がされなければならないのか，当該法令が憲法上の権利を具体化したものと解されざるを得ないだけに，その検討を避けては通れない。

3　裁量統制としての判断過程審査

この点，最高裁は，生活保護老齢加算廃止訴訟判決（最判平成24・2・28民集66巻3号1240頁）において，いわゆる保護基準（生活保護8条1項）の切り下げの適法性を判断する際，行政庁には「専門技術的かつ政策的な見地からの裁量権が認められるものというべきである」としている。保護基準の切下げにおいても，「健康で文化的な最低限度の生活」の具体化は行われているのであって，具体化に際しては，専門技術的・政策的裁量としての行政裁量が認められなければならないとしたのである。さらに保護基準の切下げが違法となるか否かは，行政庁の裁量権の行使に逸脱濫用があるかどうかによって決まり，その判定に当たっては，「最低限度の生活の具体化に係る判断の過程及び手続における過誤，欠落の有無等の観点」と「被保護者の期待的利益や生活への影響等の観点」に留意しなければならないと判示した。専門技術的・政策的な行政裁量の行使に逸脱濫用があれば，行政立法は違法と判定されることになるが，逸脱濫用の有無は，判断過程・手続の過誤・欠落の有無と被保護者の期待的利益・生活影響へのインパクトによって判断されるというのである（最判平成24・4・2民集66巻6号2367頁も参照）。

このような審査方法は，学説上，判断過程審査と呼ばれている。判断過程審査の「意義や射程等については，なお不明確な点が多く残されている」（村上裕章「判断過程審査の現状と課題」法時85巻2号〔2013年〕10頁）ものの，行政裁量の行使に逸脱濫用があったかどうかを事後的に審査し，その適法性を統制するための方法として，十分に有益であると広く認められている。ここでは，事後審査する側（特に裁判所）が，行政庁の裁量判断を自らの判断と対照させ，食い違った場合は後者に置き換えるのではなく（すなわち，実体的判断代置ではなく），行政庁の判断過程における考慮要素の選択や評価に着目して，その合理性を審査するところに特色があるといわれている。つまり判断過程審査においては，行政裁量を尊重しつつも，裁量判断の過程で（十分に）考慮された（考慮されなかった）諸要素に焦点を当て，行政庁による当該考慮要素の選択のあり方や，またその重みづけ方・組み合せ方の是非を審査するわけである。

4　生存権の具体化と判断過程審査

判断過程審査は，行政裁量統制のための方法として，近年，様々な行政法分野において注目されているが，人権論の場面でも応用可能と考えられている（宍戸常寿「裁量論と人権論」公法研究71号〔2009年〕100頁）。そして人権の中でも生存権の場合は，とりわけそれ特有の考察が求められている。それは生存権が法令による具体化を必要とすることと密接に関係する。生存権の具体化は憲法→法律→行政立法→行政処分という順番で展開するが，行政処分段階の裁量判断の適法性を問題にする場合，それは具体化の全過程中の最後の一工程を切り取って，その判断のされ方を審査するものになる。生存権における判断過程審査は，生存権の具体化過程の審査なのであり，巨視的には，憲法から行政処分へと具体化されていく全過程を審査の視野に収めなければならないのであるが，現実の司法審査は争点を絞るため，生存権の具体化過程の一工程に焦点を当てて済ますことがほとんどになる。

たとえば，先の生活保護老齢加算廃止訴訟において適法性が問題になった保護基準は，生活保護法８条１項の委任を受けて定められた行政立法であったため，この訴訟での判断過程審査も行政立法段階に限定されている（豊島明子「行政立法の裁量統制手法の展開」法時 85 巻２号〔2013 年〕29 頁）。行政立法は一般的な法規範であり，そこで想定される要保護者像も典型的なそれに類型化されている。行政立法に期待される役割は類型化された典型的な要保護者の生活の保護である。それゆえ，行政立法段階で考慮されるべき諸要素は，法律に定められているもの（たとえば，生活保護法８条２項や９条）を中心に，法律のスキームにとって重要な審議会や専門委員会等の検討過程から調達されている。そこでは法律に明示された事項や専門家の提示するデータや意見を（十分に）考慮しているか，他事考慮をしていないか，といった観点から，保護基準の具体化過程が審査されている。保護基準の判断過程審査においては，現実に保護申請を申し立ててくる要保護者の個別具体的な生活状況や生活需要は考慮されない。そもそも考慮しようがないからであるが，そうした個別具体的な事情の考慮は，むしろ行政庁による保護決定（行政処分）において行われることになる。

5　行政処分段階の判断過程審査

設問の事案では，X の介護給付費支給決定という行政処分の適法性が問題になっている。ここでの判断過程審査は行政処分段階に向けられる。その際，重視されるべき考慮要素は，支援法 22 条１項及び支援法施行規則 12 条に定められた事項（法律と行政立法に具体化された考慮要素）であろう。X は，重度の肢体不自由者であって，常時介護を要する障害者なのだから，「障害者等の障害程度区分」や「障害の種類及び程度その他の心身の状況」という点で，かなり大きな重度訪問介護の支給量が必要とされることは容易に理解できる。これらの考慮要素に鑑み，X の「健康で文化的な最低限度の生活」の保障に見合った支給量が必要との判断が導かれるところだろう。

問題は「障害者等の介護を行う者の状況」と「障害者等の置かれている環境」の評価である。X には同居の妻がおり，これまで X の介護を行ってきた。そこで妻の就寝時の手当てさえできれば，あとは妻が１人で X を介護できると Y 市は考えたようである。しかし，妻の年齢と妻が抱える身体障害を思うと，Y市は妻の介護実績を過大評価する一方で，妻の現状を過小評価しているというべきであろう。月20時間の緊急分があるとはいえ，妻が，目を離すことができないXの介護に，就寝時間以外の全時間を振り向けると仮定するのは，明らかに合理性を欠いた裁量判断といわざるを得ない。

民間の介護事業者がボランティアで介護サービスを提供している点の評価については，事業者の無償介護も，それが現実に見込めるのであれば，考慮した上で支給量を決定する方が，全体として効率的な介護サービスを供給できるとの見解もある。しかし，営利企業に本業面で無償サービスを期待するのが持続可能な体制であるとは到底いえない。民間事業者が無償の介護を提供している現況は，決定において一切考慮してはならないというべきかどうかは別として，重視されるべき考慮要素だとはいえないだろう。

支援法やその施行規則に明示されていない事項（たとえば，Y市の財政事情やXと同様の状況にある者の利用実態）も考慮すべきだろうか。まず，Y市の財政事情は個別具体的な決定において考慮すべきではない。市町村の財政事情は「障害福祉サービスの提供体制の整備状況」において考慮しうるとの見解もあるが，この事情は一般的な考慮要素とみなすべきであって，個別事案ごとに勘案するのは不公平のもとである。同様の状況にある者の利用実態については，平等原則の観点から考慮されてしかるべきとの意見もあるだろうが，介護サービスのような非定型給付において，他者の利用実態と比較しながら平等を強調することは，かえって要保護の実態把握からずれる危険があると思われる。ここで平等原則の観点を押し出すのであれば，市町村の財政事情を個別具体的な決定において考慮せず，かつ，同様の状況にある者の利用実態との比較をあまり重視しないのが，平等原則の趣旨に適うと考える。

ちょっとコメント

憲法25条の生存権規定は，その規範内容が憲法→法律→行政立法→行政処分の順で具体化されていくことを想定している。そして憲法から法律への具体化の過程では立法裁量の余地が認められる。また法律から行政立法を経て行政処分へと至る具体化の過程では行政裁量の余地が認められる。いずれの裁量判断においても，明らかに合理性を欠いた判断が示された場合に限って，当該判断に依拠した決定が違憲・違法の判定を受ける。生存権侵害とみなされる根拠は，具体化過程における裁量判断の明白な不合理性に求められる。

生存権の具体化は，法律・行政立法・行政処分の各段階で考慮されるべき諸要素を挙げ，各段階で総合的に評価して行われる。考慮されるべき要素の多くは上位規範によって与えられるが，事柄の性質上，考慮せざるを得ない要素もあると思われる（たとえば，国の財政事情）。しかし，政治的・政策的判断の余地が大きい法律制定時と異なり，行政処分段階に至れば，法律と行政立法に明示されていない要素を，行政庁による独自判断で取り上げて考慮できる余地は自ずと小さくなる。法律と行政立法に明示されていない考慮要素は一切排除されるとまではいえないとしても，上位規範によって与えられた考慮要素が豊富であればあるほど，それを考慮しなければならない行政庁の裁量判断は，当該考慮要素によって方向づけられ，かつ枠づけられることになる。

裁判所は，その行政庁の裁量判断が明らかに不合理といえるかどうかを判定するため，考慮されるべき要素が（十分に）考慮され，（あまり）考慮されるべきでない要素が（過大に）考慮されていないかにつき，判断過程審査を通じて総合的に評価することになる。これに対しては，考慮要素の重みづけ（当該要素をどのように評価するかの判断）に依拠して，裁判所が実質的な政策判断に踏み込みかねないとの批判もあるが，明白性の原則を前提にする限り，そのような批判は必ずしも的を射たものではないと思われる。

設問 14

職員アンケート調査を用いた労働組合潰し

Y市長は，前市長に与する労働組合の幹部職員等が，勤務時間内に組合活動を行っていたことや，市長選挙時に前市長の推薦人紹介カードを市庁舎内で勤務時間内に配布していたことを問題視し，Y市の労働組合の体質を適正化しなければならないと宣言して，手始めに労働組合（職員団体）の実態調査を行うことにした。具体的には，組合加入の有無，組合活動参加の有無，特定政治家を応援する活動への参加の有無，紹介カードの配布を受けた事実の有無といった事項について職員アンケートを実施し，Y市全職員に対し記名式で正確に回答するよう求めただけでなく，正確な回答がなされない場合や回答内容に違法行為が含まれている場合は懲戒処分の可能性もあると明示して，職務命令によりアンケートへの回答を強制するものであった。

これに対し，Y市職員で構成する労働組合Xは，Y市長によって上記の職員アンケート調査が実施された結果，労働組合員に動揺が走り，組合活動が少なからず萎縮させられたといわざるを得ないから，上記の職員アンケート調査はXの労働基本権を侵害する違法な干渉であると主張している。ここでXがY市を訴えたいと考え，自らの労働基本権侵害についてアドバイスを求めてきた場合，どのように助言すればよいだろうか。

ポイント

①労働基本権の存在意義
②労働基本権としての団結権
③団結権侵害と支配介入
④団結権侵害としてのアンケート調査

参考文献

□倉田原志「憲法 27 条・28 条の性格」土田道夫＝山川隆一編『労働法の争点』（有斐閣，2014 年）10 頁
□渡邊賢「判批」平成 27 年度重判解（2016 年）24 頁
□石田信平「判批」法時 88 巻 11 号（2016 年）135 頁
□道幸哲也「21 世紀の労働組合と団結権」日本労働法学会編『講座 21 世紀の労働法 第 8 巻 利益代表システムと団結権』（有斐閣，2000 年）2 頁
□山本陽大「支配介入」日本労働法学会編『講座労働法の再生 第 5 巻 労使関係法の理論課題』（日本評論社，2017 年）287 頁

解説

1　問題の所在

設問は大阪市職員アンケート事件判決（大阪高判平成27・12・16判時2299号54頁）を参考に作成した。この事件は，当時の大阪市長が，市長選において前市長を応援した同市の労働組合との確執を背景に，職員に対して記名式による労使関係アンケートに回答するよう職務命令を出したため，職員と職員が所属する労働組合が，組合弱体化を狙った不当労働行為であるとして当該アンケートの違憲・違法性を争い，損害賠償を請求した事案であった。大阪高裁は，第一審の大阪地裁（大阪地判平成27・1・21判時2299号71頁）と同様に，当該アンケートには違法な設問が含まれていたと認定し，大阪市が市長の職務命令に基づき，違法なアンケートを実施し，権利を侵害したと判示した（本判決は確定した)。ちなみに同事件では，憲法13条，19条，21条の侵害も争われたが（これらの論点については，小泉良幸「大阪市職員アンケート調査国賠訴訟」関西大学経済・政治研究所『研究双書 第161冊』〔2015年〕101頁参照），設問の事案では，労働基本権の保障を定めた憲法28条の侵害だけが争点になっている。

地方公共団体の職員は，その職務を遂行するに当たって，「上司の職務上の命令に忠実に従わなければならない」（地公32条）から，Y市長の労働組合適正化政策の一環で，職務命令に基づく労使関係アンケート調査に回答するよう義務づけられたら，Y市職員も，そのアンケートに正確に回答しなければならないのかもしれない。しかし当該アンケートへの回答の義務づけが，労働組合と関わりを持つ職員に対して圧力をかけ，組合活動への関与を躊躇わせ，結果として労働組合の弱体化をもたらしかねない場合は，たとえ職員アンケート調査といえども，Y市労働組合の労働基本権を侵害するといわなければならないのか，憲法28条の趣旨を踏まえて検討する必要がある。

2　労働基本権と勤労の権利の趣旨

憲法は，25条，26条，27条，28条において，社会権を保障すると理解されているが，とりわけ憲法27条と28条は，使用者に対して劣位にある労働者（＝勤労者）を擁護し，「勤労者の生存権確保のための国の積極的政策義務，および，そのような政策を実現するための立法を授権する効果を有している」（菅野和夫『労働法〔第 11 版補正版〕』〔弘文堂，2017 年〕25 頁）という点で共通する。両者とも，労使間の事実上の格差を正し，労働者と使用者の実質的対等性を確保するため，国家が契約自由の原則に修正を施すものであるが，国家による修正の施し方に相違が見られる。

憲法 27 条は，1 項において「勤労の権利」を掲げ，「労働者が自己の能力と適性を活かした労働の機会を得られるように労働市場の体制を整える義務」と「そのような労働の機会を得られない労働者に対し生活を保障する義務」を国家に課し，また 2 項において「勤労（労働）条件の決定を使用者と労働者との間の契約にまかせないで，国が契約内容に直接介入して，『賃金，就業時間，休息その他の勤労条件』の基準を『法律』で定めるべき政策義務を負うこと」を規定している（菅野・前掲 27 頁，28 頁）。ここでは労使間の個別的労働関係に対して国家が修正を施そうとする志向がうかがえる。

これに対して憲法 28 条は団体的労使関係の規整を志向する。同条には「勤労者の団結する権利及び団体交渉その他の団体行動をする権利」が規定されているが，これらは一般に団結権・団体交渉権・団体行動権からなる労働基本権（労働三権）と呼ばれる。労働基本権は，労働者を団結させ，労働者の団体（＝労働組合）の組織力を整えることにより，全体としての労働者の地位を強化しようとする権利である。それは，労働者対使用者という関係において，労働者と使用者をできるだけ対等の立場になるようにするため，個々の労働者ではなく，労働者の団体に焦点を当て，その諸活動に憲法的保障を与えることにより，労働組合の自律的活動を通じて労働者の地位の向上を図ろうとするものである（三井美唄労組事件・最大判昭和 43・12・4 刑集 22 巻 13 号 1425 頁）。このことは労働組合法 1 条 1 項の目的規定においても確認されている。

3　団結権侵害としての支配介入

設問の事案では，公権力主体たる Y 市が使用者の立場にあって，労働者の団体である X と対峙している。Y 市長は，X の構成員が「全体の奉仕者」（憲 15 条 2 項）たる公務員だということを重視し，公務員の労働組合にふさわしい適正な団体に改めるべく組織改革を行い，その手始めとして労働組合の実態を調査するため，今回の職員アンケート調査を実施したのであろう。確かに，Y市職員は「地方公共団体の住民全体の奉仕者として」何らかの特殊な地位を有するのかもしれないが，「地方公務員も憲法28条の勤労者として同条による労働基本権の保障を受ける」（岩手教組学テ事件・最大判昭和51・5・21刑集30巻5号1178頁）以上，特殊な地位を有するとの指摘のみで，労働基本権の保障を一顧だにしない態度をとることはさすがにできない。労働基本権への波及効果について，さらに詰めた論証が求められよう。

ちなみに，労働組合法2条本文は「労働者が主体となって自主的に労働条件の維持改善その他経済的地位の向上を図ることを主たる目的として組織する団体又はその連合団体」を「労働組合」と定義する。また労働組合法7条3号前段は「労働者が労働組合を結成し，若しくは運営することを支配し，若しくはこれに介入すること」を使用者に対して禁じ，それを「不当労働行為」の一類型としている。同法は労働組合の結成・運営に対する使用者の支配介入を不当労働行為として禁止するのである。この規定が不当労働行為と労働基本権（とりわけ労働組合の結成と加入に関わる団結権）侵害を同一視するものか否かについては，諸説あるといわれるが（菅野・前掲949頁），労働組合の結成・運営に対する使用者の支配介入が，団結権侵害に直結しかねない危険をはらむとの認識は，一般に共有されているといってよい。

設問の事案についていえば，Y市による上記職員アンケート調査の実施が，Xをはじめとする労働組合の運営に対する支配介入を意味するだけでなく，その支配介入の態様が，Y市職員によって結成された労働組合Xの団結権を侵害するか否かの判断を行えばよいということになろう。この場合でも，労働組合法7条3号前段の支配介入をめぐる判例・学説の議論状況は十分参考になるはずである。

4　支配介入としての組合加入調査

労働組合に対する使用者の支配介入に関する先例として，オリエンタルモーター事件最高裁判決（最判平成7・9・8判時1546号130頁）がある。同事件は，使用者が労働組合といわゆる三六協定を締結する必要があり，かつ，その締結当事者としての適格性を当該組合が有するか否かを確認する必要があったことから，同組合に対して組合員名簿の提出を求めたところ，これを拒否されたため，使用者が従業員に記名式の照会票を配付して組合加入の有無を調査したものである。このような調査は組合員に動揺を与え，労働組合の弱体化を図るものであって，支配介入に当たるのではないかというのである。

これに対し最高裁は，「使用者がその雇用する労働者のうち誰が組合員であるかを知ろうとすることは，それ自体として禁止されているものではなく，協約の締結，賃金交渉等の前提として個々の労働者の組合加入の有無を把握する必要を生ずることも少なくない。もとより，本来使用者の自由に属する行為であっても，労働者の団結権等との関係で一定の制約を被ることは免れないが，右に述べたところからすれば，使用者が，組合加入が判明することによって具体的な不利益が生ずることをうかがわせるような状況の下で，組合員に動揺を与えることを目的として組合加入についての調査をしたと認められるような場合であれば格別，一般的に，使用者において個々の労働者が組合員であるかどうかを知ろうとしたというだけで直ちに支配介入に当たるものではないというべきである」と判示した。

同事件では，記名式での組合加入調査が支配介入に当たらず，それゆえ不当労働行為にも該当しないと判断されたが，設問の事案との関係において注目すべきは，「使用者が，組合加入が判明することによって具体的な不利益が生ずることをうかがわせるような状況の下で，組合員に動揺を与えることを目的として組合加入についての調査をしたと認められるような場合」は，労働組合の弱体化を図った支配介入であるとみなされている点である。すなわち，問題となった調査が組合加入の有無を尋ねる調査に過ぎないとしても，それが組合員に具体的な不利益が及ぶかもしれないという状況を生み，調査目的が組合員に動揺を与えると認定される場合は，支配介入に当たると解されているのである。

また同事件では，たとえ組合員の氏名を明らかにさせるだけのことであっても，使用者が組合員の氏名を知ってしまったら，それに基づき，組合員に対して個別の脱退工作や不利益な取扱いを行い，組合の弱体化を図りかねない事情があったとし，「無記名方式での回答を求めるなど，組合に対する支配介入の疑いを招かない調査方法」をとるべきだったとする河合伸一裁判官の反対意見が付されていることも注目される。

5 団結権侵害としての職員アンケート調査

オリエンタルモーター事件判決における最高裁の上記判示は，労働組合に対する支配介入があったとみなしうる要件を語るものであったが，仮に設問の事案における職員アンケート調査が，組合員に具体的な不利益が及ぶかもしれないと考えられる状況を生み，調査目的が組合員に動揺を与えると認定される場合は，労働組合法上の支配介入があったと認めてよいというだけでなく，憲法上の団結権侵害もあったとみなしてよいと思われる。なぜなら，そのような場合は，多くの職員が組合活動に関与することを躊躇し，Y市長から不利益を課されることを恐れて，既に組合員である者は労働組合から離れようとし，組合員でない者は労働組合への加入を控えるだろうと推測されるからである。労働組合を弱体化させ，労働者の団結を形骸化させるような職員アンケート調査は，労働者の結束を掘り崩す大きな効果を有する。これは団結権侵害に当たるといわなければならない。

では，上記の職員アンケート調査は，本当にそうした団結権侵害に当たるのだろうか。設問によれば，アンケート事項に含まれていたのは，組合加入の有無，組合活動参加の有無，特定政治家を応援する活動への参加の有無，紹介カードの配布を受けた事実の有無といった事項であった。これらの事項への回答を職員に強いることは，職員アンケート調査がY市長の労働組合適正化政策の一環だったことも考慮すると，労働組合が不適切な活動をしているとの印象を与え，職員を動揺させることは間違いない。その意図がどうあれ，Y市長は労働組合に対して敵対的に振る舞っていると受けとられても仕方がないだろう。しかも，当該アンケートへの回答は職務命令により義務づけられたもので，正確な回答をしない場合は懲戒処分もありうると明示されていることからすると，職員に「具体的な不利益が生ずること」をはっきりと意識させている。それゆえ，上記の職員アンケート調査の実施は労働組合の弱体化を狙って団結権を侵害したといわざるを得ない。

労働基本権は，労使間の事実上の格差を正し，労働者と使用者の実質的対等性を確保するため，国家が契約自由の原則に修正を施すものである。ここでいう労使間の事実上の格差とは何を指すのかというと，それはまず情報格差であろう。使用者に比して，労働者は事情に通じておらず，手持ちの情報も断片的であることが多い。このことが両者の交渉力格差につながる。交渉力の弱い労働者は使用者との契約においても不利な条件を受け入れざるを得ない。労働者が個人の立場で使用者と正面から向き合えば，交渉の結果は使用者に有利な条件で決着するのが通常である。交渉力に格差があるところで自由な契約交渉を行えば，劣位にある者が不利な契約を締結させられることになる。だからこの構造を組織の力で是正するため，労働基本権が憲法によって保障されたと解されてきたのである。

しかし，労働者なら誰であっても使用者より交渉力が劣るかといえば，もちろん違う。市場価値の高い特殊技能を持った労働者は，それを武器に自らに有利な条件を使用者に認めさせることができる(一流プロ野球選手の代理人交渉を見よ)。また，労働の需要よりも供給が少ない分野でも，労働者の交渉力は上がるかもしれない。かつて労働人口が豊富で，労働者の代えはいくらでもいると思われていた頃であれば，労働者も使用者のいいなりにならざるを得ないところもあったろうが，労働市場のダイナミックな変化は労働者の交渉力を上げる方向でも作用している。このような状況下で労働基本権に期待される役割は何なのだろうか。それはおそらく，このような状況下であっても，交渉力の弱い労働者が相変わらず多数存在することに鑑み，そのような労働者を労働組合という組織の力でもって支え，労使間の交渉を実質的に公平たらしめることであろう。労働基本権により労働者の連帯を権利として保障し，連帯した労働者の団体の自律的な諸活動を支援し，労使自治を健全に発展させることが，今も意義を失ったわけではない。

設問 15

署名者個人への直接的な戸別訪問調査

Ｙ町の住民であるＸら８名は，Ｙ町長が推進する町立小学校の統廃合案に反対するため，住民を戸別訪問して統廃合案反対の署名を集め，それを基に署名者名簿を作成してＹ町長及び教育委員会に提出した。当該名簿に記された署名者数は5200名余りで，Ｙ町住民の過半数を超えるものであったため，Ｙ町議会において，統廃合案への反対の強さを示すものとして取り上げられた。しかし，19回も開催された統廃合案の住民説明会では１つの反対意見もなかったのに，当該名簿上は住民の過半数が反対していることになっており，しかもそこには同一筆跡によっているかに見える署名が多数存在し（その中には同一世帯の者が書いたと推測される署名のほか別世帯の者が書いたと推測される署名もあった），実際は反対の意思がないか，請願の趣旨を誤解したものが相当数あるのではないかと疑われていた。そこでＹ町長は，署名の真正と請願の趣旨を確認するため，職員に命じて署名者１人ひとりのところに向かわせ，「統廃合に反対の署名をしたか」「直接自分で署名したか」「今も気持ちに変わりないか」「説明会には参加したか」「署名は誰に頼まれたのか」といった質問調査を行った。Ｘらは，このような質問調査は政府に対する請願を実質的に妨害する違法な行為であると考えている。ＸらがＹ町を訴える際，憲法上の争点についてアドバイスを求められたら，どのように助言すればよいだろうか。

ポイント

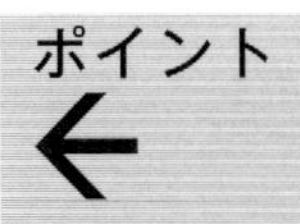

①請願権と表現の自由・投票の権利の関係
②署名及び署名集めに対する萎縮的効果
③署名者個人に対する質問調査の許容性

参考文献

□中曽久雄「判批」地域創成研究年報 9 号（2014 年）55 頁
□木原正雄「判批」自治研究 90 巻 6 号（2014 年）99 頁
□大林啓吾「判批」新・判例解説 Watch 12 号（2013 年）19 頁
□大林文敏「判批」愛知大学法学部法経論集 192 号（2012 年）167 頁
□曽我洋介「判批」東北学院法学 72 号（2011 年）82 頁
□松本哲治「判批」速報判例解説 9 号（2011 年）11 頁

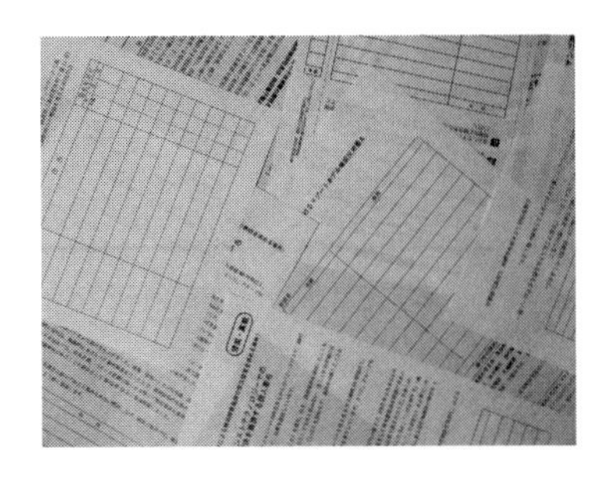

解説

1　問題の所在

設問は関ケ原署名調査事件を参考に作成した。同事件では，岐阜地裁が，署名者に対し署名の真正や請願の趣旨を確認する限度で行われる相当な調査であれば適法であったが，実際の質問内容は署名者に対する不当な圧力だったといわざるを得ないから違法であるとした一方で（岐阜地判平成22・11・10判時2100号119頁），名古屋高裁は，当該戸別訪問調査の目的は民意の確認というより反対意見の封じ込めという不当なものである上，戸別訪問という手段にも相当性がないので違法であると判決した（名古屋高判平成24・4・27判時2178号23頁）。最高裁があっさりと町の上告を棄却・不受理とする決定をしたため，高裁判決が確定している（最決平成24・10・9判例集未登載）。

設問の主たる争点は，町の施策に対する反対の意思の表明として，署名者名簿が町長に提出されたとき，署名の真意を確認するために，町長が個々の署名者に対して直接質問調査をするのは，署名活動を不当に萎縮させ，政府への請願を実質的に妨げることになるがゆえに，憲法16条が保障する請願権を侵害するといってよいのかにある。

政府の施策に対する意思表明として，署名を集め，かつ集めた署名を名簿にまとめて政府に提出する行為は，請願権の行使として保障される。自己の政治的意思を政府に表明するという目的を有する点で，請願権の行使は同時に，憲法21条1項の表現の自由の行使としての意義も有している。その限りにおいて請願権と表現の自由は競合する。が，請願権は請願の受理と請願の誠実処理を政府に義務づける効果を持つという点で，表現の自由とは異なっている（請願5条参照）。したがって，表現の自由と重なる場面ではそれと共通の法理が適用されるが，区別される場面ではそれと異なった取扱いが求められる。

また，請願権は民意を政治に反映させるための権利であるという点で，投票の権利と同じく政治参加の権利としての意義を有する。しかし，請願権の行使は民意を政治に伝達し，誠実に処理することを義務づけるにとどまり，投票の権利と異なって政治的決定を直接左右するものではない。

2　萎縮的効果の問題

「何人も，請願をしたためにいかなる差別待遇も受けない」（請願6条）。また「請願をしたために」政府から何らかの不利益が課される場合は請願権の侵害とみなされる。しかし，ここでいう不利益とはどの程度のものをいうのか。請願をした者が主観的に不利益と感じた政府の行為のすべてが請願権の侵害に当たるわけではないだろう。それに当たるのはおそらく，政府によって課される現実の制裁措置を除くと，請願に対する政府のリアクションのうち，将来の請願に不必要な萎縮的効果を与える行為であるといえよう（市川正人『表現の自由の法理』〔日本評論社，2003年〕429頁）。直接的・物理的な不利益でなくても，今後，政府に適法な請願をすることすら躊躇わせるような脅威を感じさせる行為は，請願権の侵害とみなすべきである。それゆえ，表現の自由との関係で扱われる萎縮的効果の問題は，請願権の行使の場面でも取り上げられなければならない。

萎縮的効果とは，政府の措置の威嚇力により，本来は許されるはずの表現行為に差し控えを迫るほどの心理的な圧力をいう。このような効果が忌避されなければならないのは，健全な民主的社会の維持発展のためには自由な空気が不可欠とされるからである。そのような社会の基盤を確保するには，表現しようとする者の心理的ハードルを下げ，表現への意欲が高められるような政策を推進する必要がある。逆に，臆病な表現者の勇気を挫き，表現を躊躇させるような政府の措置は，そのことだけで排除されるべき対象となろう（毛利透『表現の自由』〔岩波書店，2008年〕46頁，226頁）。最高裁は，萎縮的効果があることを理由に政府の措置を違憲と判断したことはないものの，萎縮的効果が忌避されるべきものであるということは認めている（税関検査事件・最大判昭和59・12・12民集38巻12号1308頁）。

この考え方は請願権に対しても当てはまる。設問の事案についていえば，Y町長の命令で行われた質問調査が，Xらの求めに応じて署名しようとしたY町住民の意欲を萎えさせ，また住民の間に動揺をもたらし，Xらの今後の署名集めにとって障害となる危険を生じさせたのなら，それはY町への請願を挫折させるものといえるから，その時点でXらの請願権を侵害していると主張できよう。

3　質問調査自体の正当性

しかしＹ町側からは，質問調査自体は正当なものなので，仮に当該質問調査に不快感や煩わしさが感じられたとしても，それは受忍の範囲内だと反論されるだろう。だいたい政府の施策に反対の意思を表明するような署名を行う者は，政府からのリアクションに対しても相応の覚悟をしているはずであるし，また覚悟していなければならない。請願法２条が，請願者の氏名及び住所の記載を要求しているのも，問い合わせ先を明らかにさせるためであり，格別不当な圧力をかけたのであればともかく，請願の趣旨を尋ねるという程度の質問調査であれば，むしろ素直に応じる責任があるはずだというだろう。

これに対してＸ側からは，ここは厳格な審査が求められる場面であり，そもそも政府から各署名者に個別的な働きかけをすること自体が禁じられると主張されよう（松井茂記『日本国憲法〔第３版〕』〔有斐閣，2007年〕419頁）。個々の署名者は小さき存在であり，大勢でまとまることによってはじめて政府に請願できたに過ぎない。政府から個別に働きかけられると，たとえ圧力をかける意図はなかったと弁明されても，政府の権威の前に畏怖してしまう者が多数現れるだろう。署名者名簿に関する問い合わせは請願の代表者に行えばそれで済むのだから，請願を実質的に萎縮させるような個別的な働きかけにあえて乗り出すことは許されないと再反論できる（市川・前掲401頁）。

確かに請願の全体的な趣旨の確認であれば，代表者に問い合わせることによって果たされるだろう。しかしＹ町側からすると，各署名の真正及び個々の請願の趣旨については，個別的に確認しないと質問調査の目的が達成できないと思うはずである。というのも，提出された署名者名簿は，統廃合案への住民の反対が強いことを示す証拠としてＹ町議会で取り上げられた，統廃合案の帰趨にも影響を与えかねない代物なので，当該名簿に偽造等，署名の真正を疑わしめる事情がある場合や，請願の趣旨が不明瞭に感じられる部分がある場合は，各署名者に質問調査をして，その真正や趣旨を確認しないと，Ｙ町に課せられた請願の誠実処理義務も適切に履行できないと主張可能だからである。

Ｘ側はこの主張にどう応じればよいか。１つ考えられるのは，表現の自由や投票の権利とは異なる請願権の独自性を援用することである。すなわち，表現の自由は何の形式も必要とされない全くの自由であり，投票の権利は一定の形式に拘束される制度的な権利であるのに対し，請願権は，表現の自由と違って，確かに一定の形式を踏まえるよう求められることはあっても，投票の権利と違って，形式への厳格な拘束が求められるものではない。請願法 2 条も請願者の氏名及び住所を記載し，文書で請願するよう要求しているものの，自署まで要求しているわけではない。他人に頼んで記載してもらっても構わない。

その分，署名の真正に疑問が生じたり，請願の趣旨に明瞭さが欠ける場合も生じようが，もともと請願を受けた政府には，請願内容を実現する義務はなく，請願の受理と誠実処理の義務があるだけだから，請願に疑義があると感じたのであれば，請願の代表者にその旨を伝えて善処を要求すればよいし，当該請願が議会で取り上げられた場合も，そこに問題があるということを指摘し説明すればそれで十分であって，各署名者を畏怖させるリスクを冒してまであえて厳密に，個々の署名の真正と意図を確認するには及ばないと応答できるのではないか。この点，名古屋高裁の上記判決において，「一定程度の確からしさと不確からしさとを含んだ要望書の提出があったとして，それにありのままに誠実に対応すれば足りる」と判示されていることも，上記の理解を支持するだろう。

以上のように主張できるのであれば，Y 町が各署名者に対して直接に個別的な質問調査をすることは，たとえ署名の真正と請願の趣旨を確認するだけであっても，その肝心の確認自体に必要性が乏しく，またその確認自体が萎縮的効果をもたらすおそれが否定できない以上，結局，X らの請願権の侵害になるといえるのではないか。

4　調査目的の範囲を超えた質問調査の許容性

仮に署名の真正と請願の趣旨を確認するだけなら，個別的な質問調査それ自体は許されるとの前提で考えた場合はどうだろうか。個別的な質問調査が請願を実質的に萎縮させるような圧力を加えるものであってはならないものの，単なる確認行為であれば，署名者に脅威と感じられるほどのことはないし，また，公的機関に確認してもらった方が，請願の信憑性が保証されるのだから，署名者にとってもあながち不利とばかりはいえないとの評価もありうる（ただし，対立当事者による確認が相手方に有利な結果をもたらすと想定するのは，楽観的なものの見方であるといえなくもない)。

仮に個別的な質問調査自体は許されるとの前提に立つ場合でも，調査の中身や態様次第では，請願権の行使に萎縮的効果を及ぼすこともありうるし，したがって，請願権の侵害とみなさざるを得ない場合も当然にありうる。

設問の事案についていえば，Y町職員による質問調査の態様が回答を強要するような圧迫的なものだったかを問題にすることができるし，他にも実際になされた質問の中身を問題視することができる。個別的な質問調査が許されるのはあくまでも署名の真正や請願の趣旨の確認のためなのだから，その目的を逸脱して，署名者を畏怖させるような質問がされたのであれば，それは目的達成にとって必要のない行き過ぎた質問とみなさざるを得ず，それゆえ請願権の行使に不当な圧力をかけたといわざるを得なくなる。

Y町職員は署名者に対して「統廃合に反対の署名をしたか」「直接自分で署名したか」「今も気持ちに変わりないか」「説明会には参加したか」「署名は誰に頼まれたのか」といった質問をしたとされている。そこには，自署は必要ないにもかかわらず，自署したかどうかを尋ねる質問，署名時の意思の変更を促したと取られかねない質問，統廃合案に反対する者の炙り出しを意図したと見られてもやむを得ない質問がある。これらは明らかに調査目的の範囲を超えた質問である。それゆえ，たとえY町の質問調査の目的そのものは正当だったと仮定しても，当該質問調査をその目的から正当化することには無理があると主張できる。

署名者への圧力になりかねない行き過ぎた質問調査がなされたということは，実は請願の躊躇を狙ってY町は当該質問調査をしたのではないかと疑われよう（中曽久雄「判批」阪大法学61巻5号〔2012年〕213頁)。名古屋高裁の上記判決においても，当該質問調査は「町長が自身の意見を実現するために自己に対立する考えを有する一部の町民の意見を封じるという積極的で不当な目的のためになされた」と認定されている。そうした不当な動機・意図が認定できるのなら，話は最初に戻って，質問調査自体の正当性を問い直さなければならなくなる。

署名簿付きの要望書を政府に提出する行為は，政治的メッセージを公に発信する行為である。これは明らかに表現の自由の保障対象である。それが政府への要望という形をとっている点を重視すると，請願権の行使とみなすこともできる。請願権の行使であると解される以上，政府にはその請願を受理する義務があるというだけでなく，その請願を誠実に処理する義務もあるということになる。請願権の行使であるとみなされるや否や，政府への要望書の提出は，政府に当該要望の実現を義務づける効果まではないものの，公共に対する情報発信の域を超えて，政府に当該要望の誠実処理を義務づける効果を持つというのである。岐阜地裁の上記判決は，請願の誠実処理義務を根拠にして，提出された署名簿に偽造等，署名の真正を疑わしめる事情がある場合に，その真正を確認するため，政府が各署名者に対して相当の調査を行うことも許されると判示した。しかし，この判示には疑問がある。

署名簿提出による請願は，立場の弱い個人が集団の力を借りて，自分たちの要望を政府に突きつけ，その実現を図ろうとする行為である。ここで政府に請願の誠実処理義務があるからといって，署名上の疑義を解消するため，政府が代表者にアプローチするのではなく，各署名者に対し直接かつ個別に働きかけて，署名の真正を確認してもよいと認めたら，政府は個人を集団から引きはがし，元の弱い立場に逆戻りさせてしまうだろう。それは請願権保障の趣旨に合わない。各署名者に対する政府の直接かつ個別の働きかけは，署名者を萎縮させ，政府に請願すること自体を躊躇させかねないからである。たとえ署名の真正を疑わしめる事情がある場合でも，政府は代表者に確認を求めるなど，直接かつ個別の働きかけ以外の方法を用いて対処しなければならない。それでも疑義が残る場合は，一部に疑義が残る署名簿であったと明示して，「それにありのままに誠実に対応すれば足りる」のではないか。

設問 16

性犯罪刑期満了者の入居拒否

Ｏ県は，子どもに対する性犯罪を未然に防止し，その安全を確保するため，「子どもを性犯罪から守る条例」を制定し，それに基づき強姦等の性犯罪の刑期満了者に対して，居住地等の届出義務を課すことにした。すなわち，一定の性犯罪刑期満了者は，氏名，住所，性別，生年月日，連絡先，罪名，出所年月日を一定期間内（変更時は直ち）に知事に届け出なければならない。違反者には行政罰として５万円以下の過料を科すという規定もある。このような届出義務を課した趣旨は，性犯罪刑期満了者の社会復帰支援を効果的に行うため，対象者と確実に連絡がとれる体制を整えておく必要があったからであると説明されている。

Ｘは性犯罪刑期満了者として当該条例の定める届出を行った。その後，ＸはＯ県内の公営住宅への入居を希望し，入居申込みを行ったところ，入居資格の中に，収入要件などと並んで，「子どもを性犯罪から守る条例の定める性犯罪刑期満了者として登録されていないこと」という要件があったために，入居資格を満たさないと判定されて，入居を断られてしまった。条例の登録情報がどこから漏れたのか，関係者はしかるべき筋から伝達されたとしか説明してくれなかった（条例には「家族，近隣住民その他の関係者にその事情を知られないよう十分配慮しなければならない」との条項があり，また，Ｏ県には個人情報保護条例も整備されていた）。上記要件以外の資格はすべて満たしていたのに，社会復帰支援を目的としていたはずの居住地等の届出が仇となって，公営住宅への入居が妨げられたことにＸはどうしても納得できない。そこでＸは公営住宅の上記の入居要件が無効であるとの訴えを提起したいと考えている。ここでＸから憲法上の問題に関してアドバイスを求められたら，どのように助言すればよいだろうか。

①居住の自由
②平等原則
③プライバシーの権利

参考文献

□松井茂記『性犯罪者から子どもを守る』（中公新書，2007年）
□木下智史「日本版メーガン法案」木下智史ほか編著『事例研究憲法〔第2版〕』（日本評論社，2013年）468頁
□紙谷雅子「子どもを被害者とする性犯罪，社会の安全と民間による個人情報の集積」比較法研究70号（2009年）106頁
□大沢秀介「判批」平成27年度重判解（2016年）20頁
□伊藤正己「居住移転の自由」宮沢俊義先生還暦記念『日本国憲法体系 第7巻』（有斐閣，1965年）193頁

解説

1　問題の所在

設問の条例は，平成 24 年 3 月 23 日に可決され，同年 10 月 1 日に施行された大阪府子どもを性犯罪から守る条例（大阪府条例第 2 号）を参考にしている。アメリカのメーガン法（性犯罪者の情報を登録しておき，住民等の関係者に広く提供できるように定めた法）と異なり，この条例は性犯罪刑期満了者の身元情報の登録は義務づけるものの，当該情報を公開する仕組みは設けていない。設問後半の事実関係は全くの架空である。大阪府の公営住宅の入居資格に「子どもを性犯罪から守る条例の定める性犯罪刑期満了者として登録されていないこと」などという要件はない。本設問では，仮にそのような要件があったとして，その場合，どのような憲法問題に対処しなければならないのか考えてみようというのである。

おそらくこのような場合はまず，居住の自由の侵害を問題視することになるだろう。それから，X のような立場の者にことさらに入居資格を認めないことに，平等原則違反の差別的取扱いがあると主張することもできるだろう。さらに，秘匿性の高い個人情報の処理の仕方をめぐって，プライバシーの権利が侵害されているということもできよう。

2　居住の自由侵害の問題

憲法 22 条 1 項は，職業選択の自由と並べて，居住・移転の自由を保障している。いずれも前近代的な身分制的拘束からの自由，特に土地と職業への束縛からの自由を保障しようとしたものだったが，現在では職業選択の自由が経済的自由の典型とみなされる一方で，居住・移転の自由は必ずしも経済的自由に還元されないという解釈が一般化している。また，居住の自由と移転の自由をひとまとまりの自由と見て，居住所を変更しかつ場所を移動する自由と解し，移動の自由を重視するところに意義を認める解釈も有力である。その際，同自由の多面的性格（経済的自由，人身の自由，精神的自由，人格形成の自由といった複合的性格を持つ権利であるということ）が強調されている（伊藤正己『憲法〔第 3

版〕』〔弘文堂，1995 年〕356 頁)。

最高裁は，成田新法事件判決（最大判平成 4・7・1 民集 46 巻 5 号 437 頁）において，移転の自由と区別された居住の自由に言及し，「公共の福祉による必要かつ合理的なもの」であれば居住の制限も憲法 22 条 1 項に違反しないとしている。また，西宮市営住宅条例事件判決（最判平成 27・3・27 民集 69 巻 2 号 419 頁）でも，暴力団員であることが判明した入居者に対し，住宅の明渡しを請求してもよいとする条例に基づく「居住の制限は，公共の福祉による必要かつ合理的なものであることが明らかである」と判示している。

居住の自由が移転の自由と密接な関係を有するものであることは確かだとしても，それは居所を変えて移動する自由というよりも，生活の本拠を決定する自由と解する方が適切ではないか。居住とは生活の本拠を定めることで，移転とは生活の本拠を移すことだと解するのである。人間らしい生活を送る上で，衣食住が不可欠とみなされることに異論はなかろう。その「住」の保障こそが居住の自由の保護目的と解される。もちろん，移転の自由と併せて居住・移転の自由という一つの自由を観念し，単なる移動の自由（たとえば，旅行の自由）もそこに含まれると解することもできるが，その場合でも，同自由の保障の核心は生活の本拠の決定にあると考えることはできる。そのように解すれば，たとえ同自由が単なる移動の自由も含んだ守備範囲の広い自由だと捉えられても，生活の本拠を決定する自由には特別の保護が与えられてしかるべきとの解釈論が展開できる（渡辺康行ほか『憲法Ⅰ　基本権』〔日本評論社，2016 年〕319 頁〔松本和彦執筆〕)。

X にとって，公営住宅への入居が妨害されることは，まさにこの生活の本拠を決定する自由が侵害されたも同然とみなしうる。もちろん，当該公営住宅に入居できなかったからといって，住居となるようなところは他にもいくらでもあるのだから，X が生活の本拠を定められなくなるという事態が直ちに発生するわけではない。X の入居を断った側なら，そのようにいうだろう。しかし，性犯罪刑期満了者として登録されると公営住宅に入居できないとなれば，たとえ X が他の住居に入りたいと希望しても，同じ理由で断られかねない。そうなると，現実問題として，X にとって住むことができる場所を見つけ出すのは極めて困難になる。生活の本拠が得られないとすれば，誰にとってもそれは死活問題であろう。

後々に及ぼす影響も加味して考えると，性犯罪刑期満了者としての登録が入居拒否要件とされていることは，Xの居住の自由の行使を妨げるといってよさそうである。この居住制限が正当な理由に基づいていると論証できなければ，公共の福祉に照らして，当該制限は違憲であるといわざるを得ないから，問題とされた入居要件は無効と判断されることになろう。この判断の根拠は，次の平等原則違反の議論とも共通しているので，その検討と併せて論じたい。

3　平等原則違反の問題

性犯罪刑期満了者として登録されると公営住宅に入居が認められないというのは，性犯罪刑期満了者以外の人に対する場合と比較して明らかに異なった取扱いである。このような別異取扱いは憲法14条1項の平等原則違反の問題を引き起こす。X側からすると，自分が性犯罪刑期満了者であるというだけの理由で，他の入居希望者と異なって扱われるのは差別的取扱いであるといいたいだろう。逆に，入居を断る側からは，性犯罪刑期満了者をそれ以外の人と別異取扱いにするのは合理的な区別をするだけのことであって，平等原則に違反するものではないと反論されるだろう。ちなみに，合理的区別か否かは，区別の目的に合理的根拠が認められるか否か，あるいはその区別と目的の間に合理的関連性が認められるか否かによって判断される（国籍法事件・最大判平成20・6・4民集62巻6号1367頁）。

ここでのポイントは区別の目的にあると思われる。何のためにXのような性犯罪刑期満了者が別異取扱いを受けたのか，その理由の是非が決め手になる。目的の正当性さえ論証できれば，目的と当該区別の合理的関連性の論証はそれほど難しくないからである。入居を断った側は，おそらく性犯罪刑期満了者の危険性を指摘し，公営住宅内における再犯の発生防止を理由にするだろう。性犯罪刑期満了者は刑期を満了しているとはいえ，かつて性犯罪を犯した経歴を有する者である。性犯罪の再犯率は高いといわれることを考慮すると，子どもも多く住んでいる公営住宅に性犯罪刑期満了者を入居させるのは，犯罪誘発のリスクがあまりにも大きく，かつ，万一再犯が発生すれば，子どもたちに及ぼす悪影響が計り知れないと主張されるだろう。

X側はどのように反論すればよいだろうか。本設問の事案と若干似たものとして，たとえば，同性愛者宿泊拒否事件（東京高判平成 9・9・16 判タ 986 号 206 頁）とハンセン病元患者宿泊拒否事件（宮地簡裁〔現在の阿蘇簡裁〕略式命令平成 16・3・29 判例集未登載）がある。いずれも宿泊拒否が違法とされた事例である。どちらも他の宿泊者との不要な摩擦を回避するという理由が提示され，かつそれが正当な理由とみなされなかったという点で共通しているが，それに加え，同性愛者あるいはハンセン病元患者が具体的な危険を発生させる事情もないのに，社会的偏見に囚われて相手を危険視し宿泊拒否をした側の姿勢が厳しく問い正されている。

Xのような性犯罪刑期満了者も，社会的偏見ゆえに，最初から色眼鏡で危険な存在とみなされてしまったのだろうか。もしそうだとすれば，性犯罪刑期満了者は憲法 14 条 1 項のいう「社会的身分」に該当しようとしまいと，いわゆる「疑わしい範疇」に当たるといわざるを得まい。Xのような性犯罪刑期満了者が本当に危険な存在なのかどうか，厳格に審査されなければならないといえよう。この場合，居住の自由という重要な権利の行使に関わっているだけに，そのことが特に強く問われなければならない。ハンセン病元患者のように，伝染病への感染可能性がないことが既に科学的に証明されている場合と違って，性犯罪刑期満了者は再犯の危険性がないわけではないとされるため，再犯の防止という理由は決して単なる社会的偏見の産物というわけではないとの再反論も当然に考えられる。ここでは性犯罪の再犯率が高いという事実が実証されているのかが問われる。そのような事実を根拠づけるデータは必ずしも十分でないとの主張も有力であることを考えると，区別の目的の正当性はなお論証されていないと思われるし，社会的偏見に基づく差別的取扱いの疑いも払拭されていないといえるだろう。

他方，西宮市営住宅条例事件の最高裁がいうように，公営住宅は社会福祉的観点に基づいて供給されることから，どのような者に入居を認めるかにつき，地方公共団体に一定の裁量があると考え，厳格な審査は必要ないとの主張もありうる。しかし同事件で退去を強いられた暴力団員の場合は，「自らの意思により暴力団を脱退し，そうすることで暴力団員でなくなることが可能」であったが，性犯罪刑期満了者の場合はそうもいかない。社会福祉的観点からは，むしろ性犯罪刑期満了者の入居に配慮が求められてしかるべきではないか。

4　プライバシー侵害の問題

性犯罪刑期満了者であるという情報を公営住宅の入居審査をする側に伝達するという仕組みは，少なくとも子どもを性犯罪から守る条例の想定するところではない。その意味で，当該情報がフォーマルな手続を通じて伝達されたのでないことは明らかである。もちろん，居住地等の届出義務が制度化されている以上，その情報がどこかから漏れて，入居審査をする側に伝わる可能性は常に存在する。そのときは，入居審査側が漏れてきた個人情報を利用してよいかが問われよう。しかし，そもそも条例には「その他の関係者にその事情を知られないよう十分配慮しなければならない」という条項があったのだから，当該情報はセンシティブなものであり，秘匿しておかなければ，プライバシーの権利を侵害しかねないとの考えが条例制定者にもあったはずである。

X側としては，条例が忌避しようとしていた個人情報（しかも極めて秘匿性の高いセンシティブな個人情報）の目的外利用のための仕組みを，入居審査をした側が意識して持ち込んだところに，憲法13条によって保障されたプライバシーの権利の侵害があると主張することになるだろう。当該情報はもともと極めて限定された使い方しかできないのだから，条例の範囲外での利用は固く禁じられていたはずである。そうした情報が偶然に入手できた場合でも，公営住宅の入居審査においてそれを利用すれば，プライバシーの権利を侵害するといわなければならないだろう。それゆえ，そのような情報の利用を前提とした公営住宅の入居要件は無効とされなければならない。プライバシーの権利は，秘匿性の高いセンシティブな個人情報に関して，条例の趣旨と矛盾する不適正利用を違法視すると主張できる。

性犯罪刑期満了者の再犯防止のための一般的な取組としては，法務省から警察庁に提供された出所者の個人情報をもとに，都道府県警本部と所轄警察署が連携して対象者の居住状況を確認するという仕組みがある。大阪府の上記条例は，これを超えて，性犯罪刑期満了者自身に自己情報の届出義務を課したものである。一般的な取組では，警察と対象者の面談にとどまるようであるが，大阪府の制度では，届け出た者に府独自の再犯防止プログラムを提示するほか，社会復帰のためのカウンセリングも提供しているという。これは，届出制度が警察による対象者の単なる監視手段として設けられたのではないか，との批判に応える措置であろう。あるいは警察の対応が，性犯罪刑期満了者の「更正を妨げられない利益」（「逆転」事件・最判平成6・2・8民集48巻2号149頁）を侵害しないよう配慮していると見ることもできよう。

これらを考慮したとしても，条例の届出制度にはなお問題がある。性犯罪刑期満了者の身元情報は秘匿性の高いセンシティブな個人情報であり，「みだりに漏えいしてはならないことはいうまでもない」し，正式手続上の取扱いにおいても「格別の慎重さが要求されるもの」である（前科照会事件・最判昭和56・4・14民集35巻3号620頁）。確かに，性犯罪刑期満了者の再犯防止や社会復帰支援といった正当目的の達成のため，身元情報の届出義務が課されたとしても許されてしかるべきかもしれない。しかし，そのことは当該情報の管理が警察（あるいは行政）内部で完結してよいということを意味しない。なぜなら，故意かどうかに関係なく，個人情報の利用過程での「誤り」は避けることができないもので，内部統制だけでその「誤り」を除去することはできないからである。だからこそ，本人による自己情報の開示・訂正・削除の請求が権利として承認されている必要があって，一般の個人情報保護制度とは別に，それが制度化されていなければならないのである。

設問 17

世代別選挙区制度の合憲性

平成 29 年 12 月に総務省選挙部が公表した「第 48 回衆議院議員総選挙における年齢別投票状況」によれば，20 代の有権者の全年代に占める割合は約 11％で，投票率は 33.82％であった。これに対して，同時期の 50 代，60 代及び 70 代の有権者の割合は各々約 15％，約 18％及び約 14％で，投票率は各々 63.32％，71.88％及び 72.21％であった。20 代の有権者数が少ない原因は少子高齢化の進行にあるとされるが，投票率の低さの原因は，若年世代の投票の機会費用がもともと高いことに加えて，数で劣る自らの世代の政治的無力感が大きいことにあるといわれている。しかしこうした状況が続けば，若年世代は益々選挙に行くインセンティブを喪失し，逆に国政に反映されるのは上の世代の利益ばかりになりかねない。

そこで世代別の利益を「公平」に反映させるために，衆議院議員の選挙制度を抜本的に改革し，現行の小選挙区比例代表並立制から地域別世代別小選挙区制に変更するとした選挙制度改革案が，政府の内部で検討されているものとする。具体的には，①現行制度の比例代表制を廃止して小選挙区制に一本化し，②地域別の小選挙区の規模をこれまでの倍にする代わりにその数を半減させ，さらに，③その小選挙区に 50 歳以上の有権者だけが投票できる高年区と 50 歳未満の有権者だけが投票できる低年区を設定する。つまり，各地域の小選挙区では高年区から 1 名，低年区から 1 名の合計 2 名が選出されることになる（たとえば，大阪 1 区は大阪高年 1 区と大阪低年 1 区から構成される）。④小選挙区相互間の議員 1 人当たりの人口較差は 2 倍未満になるよう調整されるが，高年区と低年区の間の較差は調整されない。⑤選挙区割りは現行の区画審設置法によって設けられた区画審議会を改組した区画委員会が担う。しかも，区割り案を国会に勧告するにとどめず，選挙のたびに自ら選挙区割りの決定を行うものとする。
　以上のような地域別世代別小選挙区制の提案に対しては，その合憲性に疑義が投げかけられるのは必至である。選挙制度改革に当たり，政府から当該制度の合憲性に関してアドバイスを求められたら，どのように助言すればよいだろうか。

①立法裁量
②全国民の代表の意義
③投票価値の平等
④法律事項

参考文献

□吉良貴之「シルバー民主主義の憲法問題」片桐直人ほか編『憲法のこれから』（日本評論社，2017 年）45 頁
□長谷部恭男「世代間の均衡と全国民の代表」『憲法の円環』（岩波書店，2013 年）107 頁
□瀧川裕英「票を不平等に配分する」立教法学 95 号（2017 年）144 頁
□辻村みよ子「諸国の選挙制度と選挙区割の見直し」『選挙権と国民主権』（日本評論社，2015 年）211 頁
□上田健介「『全国民の代表』と選挙制度」論ジュリ 5 号（2013 年）57 頁

解説

1　問題の所在

少子化と高齢化の急速な進展は，人口構成における若年者層を細らせ，逆に高齢者層を分厚くする。その結果，財政や環境の問題に見られるように，いずれ深刻な影響を被るはずの若年者層よりも，実際にはたいした影響を受けない高齢者層の方が，決定を左右する影響力を発揮してしまう。このような「シルバー民主主義の弊害」（八代尚宏『シルバー民主主義』〔中公新書，2016年〕）に対処するための一方策として，以前から世代別選挙区制度の導入が唱えられている（井堀利宏『経済学で読み解く日本の政治』〔東洋経済新報社，1999年〕217頁）。有権者数から見ても投票率から見ても，上の世代の方が下の世代より選挙に多く参加するため，政策に対する世代利益の反映にも偏りが生じているので，世代別選挙区制度の導入によって，世代間で異なる利益を「公平」な配分になるような形で国政に反映させようというのである。憲法の教科書でも，そうした構想に時折言及がある（高見勝利ほか『憲法Ⅱ〔第5版〕』〔有斐閣，2012年〕47頁）。

しかし現時点で，このような選挙制度の検討が具体的な政治日程に上っているわけではない。何より，このような制度の憲法上の問題点がまだ十分に考察されていない。そこで架空の制度構想を素材に，これまでの憲法学の知見に照らし，その構築可能性を探ってみようというのが，設問の趣旨である。そのためには，いわゆる定数訴訟に関する最高裁の昭和51年判決（最大判昭和51・4・14民集30巻3号223頁）以降の判例の分析が不可欠である。とりわけ平成11年判決（最大判平成11・11・10民集53巻8号1441頁）に，昭和51年判決以降の判例の骨子がまとめられているので，それを参考に世代別選挙区制度の合憲性を論証してみたい。

2　選挙制度の構築と国会の裁量

憲法47条は「選挙区，投票の方法その他両議院の議員の選挙に関する事項」を法律事項としているが，これは国会が選挙制度の構築の主体たるべきことを憲法が認めたものにほかならない。しかし，選ばれる者が自らの選ばれ方を自らで選ぶというのは，お手盛りになる危険と隣り合わせである。憲法が選挙制度の枠組みを憲法自体には規定せず，国会にその構築を任せているのは，そのようなジレンマを自覚しつつも，あえて国会の広い裁量に判断を委ねたのだと理解できる。その理由は，最高裁によれば，選挙制度が「それぞれの国において，その国の実情に即して具体的に決定されるべきものであり，そこに論理的に要請される一定不変の形態が存在するわけではない」からである。

選挙制度に「一定不変の形態が存在するわけではない」以上，その枠組みを憲法に規定して固定するのではなく，「その国の実情に即して具体的に決定される」よう，国民代表の集まりである国会に制度の構築を委ねるのが妥当であると考えられたのだろう。ただ，お手盛りになる危険を少しでも回避するため，憲法は国会に対して「およそ議員は全国民を代表するものでなければならないという制約」（憲 43 条 1 項）と「法の下の平等などの憲法上の要請」（憲 14 条 1 項）を課している。それゆえ，選挙制度の合憲性については，これらの憲法諸規定に照らし，国会の「広い裁量権を考慮してもなおその限界を超えており，これを是認することができない場合に，初めてこれが憲法に違反することになる」と判示されたのである。

3　全国民の代表と憲法 43 条

そこでまず，世代別選挙区から衆議院議員が選出されることが，憲法 43 条 1 項の制約に反しないのかが問われよう。この点，「憲法 43 条 1 項が両議院の議員が全国民を代表する者でなければならないとしているのは，本来的には，両議院の議員は，その選出方法がどのようなものであるかにかかわらず，特定の階級，党派，地域住民など一部の国民を代表するものではなく全国民を代表するものであって，選挙人の指図に拘束されることなく独立して全国民のために行動すべき使命を有するものであることを意味している」と解されている。最高裁はかつて「参議院地方選出議員の選挙の仕組みについて事実上都道府県代表的な意義ないし機能を有する要素を加味したからといって，これによって選出された議員が全国民の代表であるという性格と矛盾抵触することになるものということもできない」と判示していた（最大判昭和 58・4・27 民集 37 巻 3 号 345 頁）。両議院の議員が全国民の代表であるということは，選出の方法とは関係なく，選出された後は議員自らの自由意思と政治責任において，選挙人からの命令を受けずに，全国民のために行動できることを意味するというのである（自由委任の原則・命令委任の禁止）。

もちろんこのような理解に対して，全国民の代表としての地位を自由委任の原則・命令委任の禁止という消極的意味でしか捉えないのは，憲法43条1項の要請を矮小化するものだとの批判がありうる。両議院の議員が全国民の代表にふさわしい顔ぶれとなるよう，選挙制度もまた，部分利益ではなく，全国民の利益を反映する仕組みにしなければならないというのである。それゆえ，世代利益を考慮した選挙区制では世代間の対立をあおるだけで，全国民の利益をうまく集約できないのではないかと危惧されよう。しかし，現行の地域別選挙区制度でも，「選挙された議員は，選挙区を構成する特定の地理的領域を代表するわけではない」（木下智史＝只野雅人編『新・コンメンタール憲法』〔日本評論社，2015年〕462頁［只野雅人執筆］）にもかかわらず，地元利益という部分利益の代表に偏る傾向があることは否めない。そもそも全国民の利益だけをすくい上げる選挙制度が最初から分かっているわけではない以上，自由委任の原則・命令委任の禁止という意味を超えて，憲法43条1項から何か積極的な要請を導き出そうとする企てに，成功の見込みは乏しいのではないか。

4　投票価値の平等の問題

「選挙区割りを決定するに当たっては，議員一人当たりの選挙人数又は人口ができる限り平等に保たれることが，最も重要かつ基本的な基準であるが，国会はそれ以外の諸般の要素をも考慮することができる」。ここでは年齢（すなわち世代利益）の考慮が憲法上許されるのかが問題になる。憲法14条及び15条に照らして，最高裁は「各選挙人の投票の価値，すなわち各投票が選挙の結果に及ぼす影響力においても平等であること」（昭和51年判決）が要求されると繰り返し述べている。しかし設問の地域別世代別小選挙区制では，選挙区と選挙区の間の人口較差は，区画委員会により，選挙のたびに較差2倍未満に抑えられるのであるが，高年区と低年区の間の人口較差は，少子高齢化の進行とともに拡大すると推定されるにもかかわらず，それは調整されないことになっている。こうした制度では，選挙区相互間の投票価値の平等が図られるだけで，高年区と低年区の間の投票価値の平等は軽視されているように見える。

確かに最高裁によれば，「投票価値の平等は，選挙制度の仕組みを決定する唯一，絶対の基準となるものではなく，国会が正当に考慮することのできる他の政策的目的ないし理由との関連において調和的に実現されるべきもの」と解されている。立法事実に徴してみれば，世代利益の考慮は「国会が正当に考慮することのできる他の政策的目的ないし理由」に値するといってよいと思われるが，果たしてその考慮は，投票価値の平等がある程度損なわれることになってもやむを得ないと受け止めてもらえる次元にあるだろうか。特に，平成 23 年判決（最大判平成 23・3・23 民集 65 巻 2 号 755 頁）以降，最高裁が「投票価値の不平等を生じさせるだけの合理性」の認定に厳格な態度を示していることに鑑みると，投票価値の平等の要請が「最も重要かつ基本的な基準」であることを再認識する必要があろう。平成 27 年判決（最大判平成 27・11・25 民集 69 巻 7 号 2035 頁）が，選挙時における選挙区間の選挙人数の最大較差 1 対 2.129 を「憲法の投票価値の平等の要求に反する状態にあった」と判示したことも参考になる。

もっとも，平成 23 年判決で投票価値の平等を損なうとされたのは「相対的に人口の少ない地域に対する配慮」であった。世代利益（とりわけ若年世代の利益）の考慮ではない。設問の地域別世代別小選挙区制では，50 歳という年齢を基準にして，地域別選挙区が高年区と低年区に二分されるため，少子高齢化時代にあっては，確実に，高年区の方に人口が偏るだろうと思われるものの，高年区と低年区の人口較差が何倍にもなるとは，今のところ，考えられない（ただし，若年者層の人口流出が大きい過疎地域では人口較差が問題になりうる）。若年世代の利益への配慮に一定の正当性が認められるのであれば，高年区と低年区の間にある程度の人口較差が確認されたとしても，それが一定の範囲内（たとえば 2 倍未満）にとどまる限りにおいて，なお「投票価値の不平等を生じさせるだけの合理性」があるといってよいであろう。

5　選挙に関する法律事項

選挙に関する事項は法律事項である。設問の地域別世代別小選挙区制では，区画委員会が選挙のたびに自ら選挙区割りの決定を行うものとされている。すなわち，国会が責任をもって選挙区割りを決定するのではなく，第三者機関たる区画委員会に区割り決定を丸投げしているように見える。これは憲法 47 条に反するのではないか。

確かにこれは選挙区割りという重要事項を国会が自ら決定せず，本来委任できない事項を第三者機関に委任しているように見えるかもしれない。しかし，選挙区割りの作業は，ことの性質上，国会のお手盛りの誘惑にさらされやすい事項であり，現職議員の既得利益確保の標的にされやすい事項である。なのでむしろ国会内の駆け引きから引き離した方が望ましいとさえいえる。現行法下においても，選挙区割りのための計算式として，「アダムズ方式」を導入するという計画があるが，このような動きも，選挙区割りの作業をできる限り機械化して，その都度の政治的判断に基づく決定を回避し，時の政治的状況の影響をまともに受けないようにしようとする発想に立っている。

もちろん，選挙制度の基本枠組み自体は国会が自ら決定しなければならない。また国会は，選挙区制を設け，選挙区割りを行う第三者機関を創設してもよいと思われるが，その権限と構成の基本枠組みはやはり自ら定めなければならないだろう。しかしながら，選挙区割りの具体的な作業そのものは第三者機関に委任し，そこでできる限り機械的な作業をさせることが，選挙区割りの政治的偏向を避けるという意味で，合理的な仕組みになるといってよい。だからこのような委任を認めても国会の責任放棄にはならないし，また，憲法 47 条にも違反しないというべきである。

若年世代の利益を国政に反映させるため，これまで実際にとられてきた方策は，たとえば，期日前投票の要件緩和（投票の機会費用の削減効果あり）や選挙権年齢の引下げ（いわゆる18歳選挙権の導入）であった。しかしこれらは平等選挙の原則に触れるものではなかった。これに対し，世代別選挙区制度は，ドメイン投票制（未成年の子を持つ親に複数票を配分する制度）などと並んで，平等選挙の原則，すなわち，投票価値の平等という極めて重要な憲法原則に抵触するおそれを内在した制度であるがゆえに，かつての等級選挙制と同列とみなされ，その合憲性が疑わしいと訝しがられている。本文では架空の世代別選挙区制度を例にとって，それは憲法上要請されるわけではないものの，憲法上許容される仕組みであるとの論証を行ってみた。

しかし，このような制度には，同じ国民を２つの階層に分断し，各々の票の重みに差を付けかねない面があるため，憲法の想定する民主主義像を歪める危険があると思われるかもしれない。これとは逆に，国会の決定の影響をより長期に渡って被る若年者層が，高齢者層よりも票を多く配分されて当然であると考え，むしろ票の重みに差を設けるべき積極的な理由があると思う者もいるだろう。世代別選挙区制度の構想は，平等選挙の原則自体を再考するきっかけを提供してくれる。

ただし，高齢者層が数において勝る社会では，このような制度も採用の見込みそのものがないとして，所詮，頭の体操の域を出ないとする見解も根強い。また，若年世代の利益を本当に国政に反映させたいのであれば，選挙制度を改変するのではなくて，選挙制度を補完し，代表民主制の仕組みを補正する他の制度（カウンター・デモクラシー）を構想すべきであるとの見解も有力に主張されている。選挙は大事であるが，選挙の効用に期待し過ぎるのも禁物であって，選挙以外の意見反映ルートの充実にも意を用いるべきであるというのである。

設問 18

先端科学研究の規制と正当化

「化学兵器の禁止及び特定物質の規制等に関する法律」（以下，「化学兵器禁止法」という）は，その3条1項において，「何人も，化学兵器を製造してはならない」と規定し，同法39条1項において，「第3条第1項の規定に違反した者は，1年以上の有期懲役又は700万円以下の罰金に処する」と規定している。X_1 はY県立大学に勤務する化学の研究者であり，X_2 は X_1 と同じグループで共同研究をする同僚研究者である。

ある日，X_1 は警察から，現在遂行中の研究が化学兵器の製造につながるおそれがあると指摘され，研究を即刻中止するよう警告された。しかし，X_1 は，自分の研究は純粋な学問活動であり，化学兵器の製造を意図するわけでもなければ，その製造に加担するものでもないと主張し，警察の警告を無視したため，結局，警察に逮捕され，化学兵器禁止法3条1項違反で起訴されてしまった。

X_1 が起訴されたことにより，グループの研究も中断の憂き目にあったが，中間段階の研究成果をまとめて世に問いたいと考えた X_2 が，研究の書籍化を企画したところ，Y県立大学当局から，法令違反の嫌疑がかかっている研究の成果発表など言語道断であるとして，書籍化企画の断念を迫られた。しかし，X_2 が企画を断念しようとしなかったため，「職員は，その職務を遂行するに当って，法令……に従い，且つ，上司の職務上の命令に忠実に従わなければならない」（地公32条）とする義務に違反したものとみなされ，評議会の議により，懲戒免職に処せられた。X_2 は処分の取消訴訟の提起を考えている。ここでもし X_1 の刑事訴訟，及び X_2 の懲戒免職処分の取消訴訟において，両人からそれぞれの憲法上の争点についてアドバイスを求められた場合，どのように助言すればよいだろうか。

①学問研究の自由
②大学の自治
③研究発表の自由
④明白かつ現在の危険

参考文献

□中山茂樹「臨床研究と学問の自由」大石眞先生還暦記念『憲法改革の理念と展開(下)』（信山社，2012 年）235 頁
□芹沢斉ほか編『新基本法コンメンタール憲法』（日本評論社，2011 年）205 頁［松田浩執筆］
□神里彩子「科学研究規制をめぐる『学問の自由』の現代的意義と課題」社会技術研究論文集 7 号（2010 年）211 頁
□戸波江二「学問の自由と大学の自治」憲法の争点 142 頁

解説

1 問題の所在

設問では，化学兵器禁止法3条1項の化学兵器製造禁止条項に X_1 が違反したとみなされたことをきっかけに，X_1 と X_2 のそれぞれの学問の自由（憲23条）に対して一定の制約が課され，そのような制約を課すことの合憲性が争われる訴訟になっている。X_1 の場合は，研究活動に対し刑事罰による威嚇が加えられ，それに抵抗したところ，検察によって起訴され，処罰の危機に直面している。X_2 の場合は，研究成果の発表に対し発表中止が命ぜられた上，その不服従に対し，懲戒免職処分による職務上の地位の剝奪が行われ，研究職を失っている。いずれも学問の自由に対する「制約」があるといってよい事案であるが，それぞれにおける憲法論上の意味は異なっている。この意味の違いに留意しながら，X_1 及び X_2 の憲法上の主張をそれぞれ構成し，相手側の反論を考慮しながら，いかにすればその主張に説得力のある根拠があるといえるのか，論証することが求められている。

2 学問の自由

一般に学問の自由は，①学問研究の自由，②研究発表の自由，③教授の自由の3つの自由によって構成されるという（芦部・憲法168頁）。①の学問研究の自由とは，研究テーマや研究方法について，国家の干渉を受けることなく自由に決定し，かつ，その決定に基づいて自由に学問研究を遂行する権利をいう。自由な学問研究こそが新しい知識を創出し，ひいては公共に貢献するとの確信が，この権利の保障の背景にある。また，学問研究は広く公表されることによって人類共通の財産になることから，②の研究発表の自由は①の学問研究の自由から論理的に派生する権利とみなされている。③の教授の自由は教育の権利を意味するが，学問研究は教育の場において，歪められることなく後進に伝えられることにより，さらに発展することが期待されるので，教授の自由も①の学問研究の自由から派生して導かれる権利であるということができる。

ただし，教授の自由について，かつて最高裁は東大ポポロ事件判決（最大判昭和 38・5・22 刑集 17 巻 4 号 370 頁）において，「教授の自由は，学問の自由と密接な関係を有するけれども，必ずしもこれに含まれるものではない」とした上で，大学における学問の自由を特に強く保障しようとする憲法の趣旨と学校教育法に基づき，「大学において教授その他の研究者がその専門の研究の結果を教授する自由は，これを保障される」と判示していた。しかし，その後，旭川学テ事件判決（最大判昭和 51・5・21 刑集 30 巻 5 号 615 頁）において，「憲法の保障する学問の自由は，単に学問研究の自由ばかりでなく，その結果を教授する自由をも含むと解される」とし，見解を改めている。

3　学問研究の自由の制約とその正当化

X_1 の事例では，学問の自由のうち，学問研究の自由の制約が焦点になっている。いかなる内容の研究を行おうと，研究者の自由であるとするのが，学問研究の自由である。にもかかわらず，X_1 の事例では，研究内容が「化学兵器の製造につながるおそれがある」ことを理由に，研究を即刻中止するよう求められ，中止を拒むと化学兵器の製造を行ったものとみなされ，処罰されようとしているのだから，X_1 の学問研究の自由が直接に妨げられたということができる。

この点，化学兵器の製造に直結する研究は危険な研究であって，そもそも学問の自由の保障にあずかることはできないとの議論もあろうが，いかなる研究も悪用の可能性がある以上，危険な研究と危険でない研究の区別は実際には極めて困難であって，危険な研究だけを学問の自由の保護領域からあらかじめ除外しておくことはできない。このことは，学問外からの不審の目に晒されがちな先端科学領域においてこそ，特に意識されなければならない。

他方，逆に X_1 の側から，化学兵器の製造に直結する研究であっても，それはあくまでも学問研究なのであり，化学兵器の製造そのものとは違うのであるから，化学兵器禁止法３条１項の規制対象外であり，その構成要件を満たす行為ではないとの主張が出てくるかもしれない。同法３条１項の構成要件の憲法適合的解釈により，そこから学問研究を除外する解釈を行うことも確かに考慮に値する。しかしながらこのような主張をすることは，学問の自由にある種の特権性を認め，学問研究の遂行という名によって，研究活動に一定の免責を求めることになりかねない。学問研究の遂行だからといって何をやってもよいわけではないのであって，学問の名の下であっても，そこで化学兵器を製造したのであれば，処罰されてもやむを得ないと思われる。

むしろ X_1 は，学問の自由と同じく憲法 23 条によって保障される大学の自治（具体的には研究内容・方法の自主決定権）を援用し，学問研究活動の枠内に収まる行為なのか，それともその枠を飛び越える行為かの判断を，すべて大学当局に任せるべきで，検察や裁判所に委ねてはならないと主張すべきだろう。大学当局による研究内容の是非の判断を経ることなく，国家が X_1 にいきなり刑事罰を加えるのは，大学の自治を無視する行き過ぎた介入であるというべきだから，化学兵器禁止法 3 条 1 項及び 39 条 1 項が研究者の研究活動に適用される限りにおいて，学問研究の自由が侵害されることになると主張するのである。

ただ，学問研究の自由は，大学当局による第一次的判断を経てからでないと，そもそも制約できないとの主張には異論もあろう。仮に X_1 に化学兵器製造の意図はなく，純粋な研究活動のつもりで化学兵器製造に直結する研究を遂行したのだとしても，また，大学当局が X_1 の研究を純粋な学問研究として遂行されたものと理解していたのだとしても，万一，（第三者によって）当該研究が悪用されることがあれば，回復困難で，極めて重大な弊害が発生してしまう。当該化学兵器がテロリストの手に渡ってしまえば，それこそ取り返しがつかない。それゆえ，警察による中止警告をものともせず続行された研究活動に対し，刑事罰でもって差し止めたとしても，それは学問の自由に対する許された制限というべきだと反論されるであろう。

確かに，テロリストによる悪用可能性を想定し，ひょっとして発生するかもしれない極めて重大な弊害を防止するため，学問研究の自由に対して，一定の制限を課すこと自体は認められそうである。しかしだからといって，研究活動に刑事罰を科すのは，先端科学領域の学問研究を萎縮させ，自由な研究を阻害する危険が大きいのであり，学問研究の自由に対する過度の制限であるといわざるを得ないのではないか。まずは，刑事罰以外のもっと緩やかな制約手段を考えるべきで，研究の中止を警告した後すぐに刑事罰を科すのは，学問の自由に対する必要最小限度の制約に当たらないと再反論できよう。

4　研究発表の自由の制約とその正当化

X_2 の事例では，学問の自由のうち，研究発表の自由の制約が焦点になっている。研究成果の発表は，その本質において表現行為であり，表現の自由（憲21条1項）と同じ保障が与えられる。すなわち，研究成果の発表が何らかの不都合をもたらす場合であっても，その弊害の除去は，原則として，言論市場において，対抗言論を通じて行われるべきであって（思想の自由市場論，対抗言論の理論），規制を通じての弊害の防止は，言論市場がそもそも機能しない場合や極めて不十分にしか機能しない場合に限定されなければならない。

X_2 による研究の書籍化計画は大学当局による中止命令によって挫折させられそうになったものの，X_2 はこの命令を拒絶し，企画を推進したため，懲戒免職に処せられ，職務上の地位を剥奪されている。X_2 による研究の書籍化計画そのものは進行中だとすると，中止命令による事前抑制の可能性は一応考えなくてもよいかもしれない。しかし X_2 が研究発表の自由を行使したことに対して，いわば事後制裁として懲戒免職処分がなされたのだから，X_2 の研究発表の自由に大きな負担が課せられたことは間違いない。

大学当局は，化学兵器禁止法違反の嫌疑がかかった研究が問題となった以上，その研究成果がテロリストに悪用されることでもあれば，取り返しのつかない重大な弊害が発生しかねないと考え，懲戒免職という重い制裁手段を用いてでも，X_2 の研究成果の発表を差し止めたかったのであろう。しかし先にも述べたように，研究発表の弊害の防止は言論市場に委ねるべきことである。X_2 の事例は，プライバシー侵害表現やわいせつ表現のような，モア・スピーチによる被害回復がそもそも期待不可能で，言論市場による対応がおよそ意味をなさないとみなされる事案ではない。だとすると，当局による制裁が許されるのは，当該弊害の防止を言論市場に任せていたのでは，とても時間的に余裕がないくらいすぐに，確実に重大な弊害が発生してしまうような「明白かつ現在の危険」が生じるおそれのある場合に限られるとの主張が可能である。いうまでもなく，仮に X_2 の書籍出版によって発生する弊害（たとえば，当該書籍に基づいて化学兵器が製造され，かつそれが使用されて，深刻な被害が発生すること）が重大であるとみなされたとしても，それがほぼ確実に発生するとまではいえず（明白性の要件を欠く），発生の時期が切迫しているともいえない（現在性の要件を欠く）。要するに「明白かつ現在の危険」基準を満たすとはいいがたい。それゆえ，X_2を懲戒免職に処したことは，学問の自由の侵害に当たると主張できる。

もちろん，Y県側がこのような推論を直ちに肯定することはないだろう。X_2の成果発表が世間の注目を浴びれば，その成果を摂取し，化学兵器製造に利用しようとする者が，世界のどこかに必ず現れるであろう。このことは，紛争が多発する現代社会において，決してリアリティのない話ではない。だとすれば，発生する弊害の大きさや緊急性・必要性に鑑みて，当該弊害の発生の防止を図るための規制は，十分に正当化できると反論しうる。

しかし，仮にX_2に対する規制が正当化できるとしても，そのための手段として，X_2を懲戒免職に処すことは何の解決にもならないとの再反論が可能である。X_2を懲戒免職処分にすれば，その職務上の地位が剝奪されることから，X_2個人に対する制裁的効果は極めて大きく，X_2の生活を破壊しかねないほどの威力は示せるが，懲戒免職処分では，学内からX_2を排除して，大学当局の想定する秩序を回復できるというだけのことであり，結局，X_2による研究成果の発表自体は差し止められない。X_2が発表の中止を拒んでいる以上，懲戒免職処分はX_2への不利益が非常に大きい割に，肝心の目的達成には役立たない制裁に過ぎず，それゆえ，必要不可欠な手段ではないと再反論できる（芦部・憲法208頁参照）。

ただし，大学の施設が使用できないと，研究の継続に支障が生じると推測されることから，懲戒免職処分にも十分な差止め効果が見込まれると評することもできる。その場合は，もはや事後制裁ではなく，表現内容の事前抑制であると考えざるを得なくなるが，事前抑制ということになると，それは許されないのではないか。

学問研究という外形的行為は表現行為そのものではないが，研究発表という外形的行為は表現行為そのものである。それゆえ，後者の行為に対する制限には表現の自由の法理がそのまま適用される。X_2 の事例のような場合，大学当局は表現内容がもたらす弊害を除去しようとしているのだから，表現内容規制に当たるといわなければならない。

表現内容がもたらす弊害の除去は，本来的に言論市場の役割であり，規制の発動は言論市場の不機能ないし機能不全の場合に限定される。たとえ当該表現内容が人の生命・身体に危害を及ぼすものでも（発表された研究内容が悪用されて，テロ等に用いられることなど），その弊害の評価は，自律的な個人から成る社会の討議に任せ，国家による規制は控えられなければならない。表現内容がもたらす弊害の評価もまた，まずは個人の自律領域に属すると解すべきである。

設問のような表現内容規制が許されてしかるべきか否かを考えるに当たっては，当該弊害が，言論市場における対抗言論では本当にいかんともしがたいのか，言論市場において悠長に議論をしている余裕などないと本当にいえるのか，言論市場の自浄作用に委ねてみてもどうにもならず，表現行為を規制することでしか，当該弊害の顕在化を防ぐことはできないと本当に考えざるを得ないのか，慎重に検討しなければならない。

なお，仮に表現内容規制でなければ弊害の防止は図れないという場合であっても，そのための規制手段は，目的達成にとって必要不可欠なものでなければならない。このことは，表現行為としての研究発表の規制の場合だけでなく，表現行為そのものではない学問研究の規制の場合でも同様と思われる。この点に限っては，なお異論はあるものの，表現内容中立規制の場合でも同じと考えるべきであろう（ただし，表現内容中立規制の場合は，表現内容規制の場合よりも，やや緩やかに考えてよいとする見解もある。芦部・憲法 197 頁参照）。

設問 19

タクシー乗務距離の最高限度規制

道路運送法27条2項により「一般旅客自動車運送事業者は……輸送の安全及び旅客の利便の確保のために必要な事項として国土交通省令で定めるものを遵守しなければならない」とされるところ，ここでいう国土交通省令として定められた旅客自動車運送事業運輸規則（以下，「運輸規則」という）22条1項により「交通の状況を考慮して地方運輸局長が指定する地域内に営業所を有する一般乗用旅客自動車運送事業者は，次項の規定により地方運輸局長が定める乗務距離の最高限度を超えて当該営業所に属する運転者を事業用自動車に乗務させてはならない」とされ，同条2項により「前項の乗務距離の最高限度は，当該地域における道路及び交通の状況並びに輸送の状態に応じ，当該営業所に属する事業用自動車の運行の安全を阻害するおそれのないよう，地方運輸局長が定めるものとする」とされていた。そのため，一般乗用旅客自動車運送事業者であるタクシー事業者は「地方運輸局長が指定する地域内に営業所を有する」限り「地方運輸局長が定める乗務距離の最高限度を超えて」運転者をタクシーに乗務させることが許されない。Y運輸局長は，この規定に基づき，自らが管轄する交通圏のタクシー事業者の1乗務当たりの乗務距離の最高限度を隔日勤務運転者については360km，日勤勤務運転者については270kmと定めていた。

タクシー事業者Xは，雇用した日勤勤務運転者が乗務距離の最高限度を数km超過して乗務したために，Y運輸局長から運輸規則違反の警告を受け，さらに今後再違反が認められた場合は，一定期間，タクシー使用停止の処分が課せられる旨の通知を受けた。タクシー需要が低迷する中，今後，乗務距離の最高限度違反を咎められ，タクシー使用停止処分が課されるようなことがあれば，営業上，大きな損失を被りかねないと危惧したXは，日勤勤務運転者の1乗務当たりの乗務距離が270kmを超えてもタクシーに乗務させることができる地位を有することの確認を求めて提訴しようと検討している。ここでXから職業の自由侵害の争点についてアドバイスを求められたら，どのように助言すればよいだろうか。

①職業選択と職業活動の自由
②規制目的二分論
③職業活動の自由と行政裁量統制

参考文献

□日野辰哉「タクシー事業規制における競争自由と公益」法教409号（2014年）49頁
□松本哲治「職業選択の自由」同志社法学64巻7号（2013年）691頁
□常岡孝好「行政立法の法的性質と司法審査⑴～(4・完)」自治研究90巻9号3頁，11号3頁，12号56頁（2014年），91巻2号3頁（2015年）
□友岡史仁「判批」判評683号（判時2274号）（2015年）152頁
□南眞二「判批」法政理論47巻2号（2014年）159頁

解説

1　問題の所在

設問の事案は名古屋地判平成25・5・31判時2241号31頁を参考に作成した。参考事案では，運輸規則22条1項に基づく地方運輸局長の地域指定が必要性を欠いていると評価され，裁量権の逸脱濫用に当たるがゆえに違法と判示されている。この判示は控訴審（名古屋高判平成26・5・30判時2241号24頁）でも維持された。また，最高裁は上告受理の申立てを退けている（最決平成28・1・21判例集未登載）。

設問の憲法上の争点は，運輸規則22条1項に基づき定められた指定地域内におけるタクシー運転手の乗務距離の最高限度が，憲法22条1項で保障されるタクシー事業者の職業の自由を侵害するといえるか，にある。ここには，そもそもタクシー運転手の乗務距離に最高限度を設ける運輸規則22条1項が憲法22条1項に違反しないかという問題だけでなく，仮にそれが合憲だとしても，地方運輸局長による乗務距離の具体的な上限設定に，裁量権行使の逸脱濫用が認められるのではないかという問題も含まれている。後者の場合においても，地方運輸局長の裁量権行使に逸脱濫用があれば，タクシー事業者の職業の自由が侵害されるといわざるを得ないからである。

なお，法令審査の対象は，乗務距離規制の根拠となった運輸規則22条1項であるが，同条項が授権規定である道路運送法27条2項に適合しているのか，本当に委任の範囲内に収まっているのか，という点も議論できないわけではない。同条項は授権規定の目的とは別の思惑から設けられたのではないかとの疑念がなお払拭できないからである。しかし以下の解説では，紙幅の関係上，この争点には直接言及しないでおく。

2　職業活動の自由の意義

薬事法事件判決（最大判昭和50・4・30民集29巻4号572頁）において，最高裁は，職業の自由を保障する憲法22条1項に関して，「職業は，ひとりその選択，すなわち職業の開始，継続，廃止において自由であるばかりでなく，選択した職業の遂行自体，すなわちその職業活動の内容，態様においても，原則として自由であることが要請されるのであり，したがって，右規定は，狭義における職業選択の自由のみならず，職業活動の自由の保障をも包含しているものと解すべきである」と判示した。つまり，憲法 22 条 1 項が狭義の職業選択の自由とは別に職業活動の自由を保障するとした。もっとも，薬事法事件で問題となった職業（医薬品の一般販売業）の許可制は，「単なる職業活動の内容及び態様に対する規制を超えて，狭義における職業の選択の自由そのものに制約を課するもので，職業の自由に対する強力な制限である」とみなされたため，同事件において，職業活動の自由の制限が問われることはなかった。

タクシーの乗務距離規制は，職業の自由を規制するものではあるが，タクシー事業の開始，継続，廃止を規制するわけではないので，狭義の職業選択の自由を制限するものではない。それはタクシー事業の営業内容ないし態様に対する規制である。これがまさに，選択した職業の遂行の自由の規制，すなわち，職業活動の自由の制限である。職業活動の自由の制限の場合，狭義の職業選択の自由の制限と違って，職業の自由に対する制限の度合いが特に強力とみなされることは少ない。というのも，事業者が営業を遂行する際，その内容・態様等に一定の制約が課されるだけであるし，制約の内容・態様等も多種多様であって，当該制約が妥当か否かは，立法裁量に委ねざるを得ないところが大きいと思われるからである。

とはいえ，職業活動の自由の制限の場合，「一般的には『選択』の自由に対する規制の場合よりもより緩やかな審査基準が妥当するとはいえるが，規制の態様いかんが問題で，裁判所は具体的事案に即して慎重に判断する必要がある」（佐藤・日本国憲法論 308 頁）。タクシーの乗務距離規制も，職業活動の自由の制限にとどまるとはいえ，タクシー事業の中核である運行自体を直接規制するものであり，売上を左右する実車走行距離の制約に直結するものであるから，職業の自由に対する制約的効果は決して小さくない。それゆえ，タクシーの乗務距離規制をもって，「単なる職業活動の内容及び態様に対する規制」に過ぎないと決めつけるのは早計であろう。

3　規制目的二分論の妥当性

職業の自由の規制が問題になる場合，当該規制の目的が，社会政策ないし経済政策上の積極的な目的なのか，それとも，自由な職業活動が社会公共に対してもたらす弊害を防止するための消極的な目的なのか，が問われることがある。規制目的を二分することによって，積極目的規制に対しては，いわゆる「明白性の原則」を適用し，「当該規制措置が著しく不合理であることの明白である場合に限って違憲とする」一方，消極目的規制に対しては，いわゆる「厳格な合理性の基準」を適用し，規制の必要性・合理性及び「同じ目的を達成できる，よりゆるやかな規制手段」の有無を立法事実に基づいて審査する，というように，合憲性の審査の厳格度を区別するのだという。それゆえ，積極目的規制の合憲性が強く推定される（よほどの場合しか違憲とされない）のに対して，消極目的規制の合憲性は推定されず，比較的厳しく審査されることになる（芦部・憲法 226 頁）。

運輸規則 22 条 1 項の乗務距離規制の目的は，主として，道路運送法 27 条 2 項にいう「輸送の安全」の確保にある。もっというと，歩合制賃金の運転者が収入増を目指して乗務距離を稼ごうとするあまり，過労運転に陥り，最高速度違反その他の危険運転（無理な追い越し，無理な車線変更，信号無視，急発進，急停車等）に及ぶ心理を抑制し，輸送の安全に支障が生じることを阻止しようとするところにある。運転者の過労を防ごうとする点に着目すれば，労働者保護という労働政策上の積極目的規制というべき側面があることも否定できないが，道路運送法 27 条 2 項の趣旨目的を斟酌すれば，この規制は運転者の過労運転（及び危険運転）の防止によって輸送の安全を確保し，タクシーの乗客や他の運転者，沿道の歩行者や建物家屋をも守ろうとする消極目的規制として設けられたと理解する方が素直である。規制目的二分論に従うのであれば，消極目的規制と捉えて「厳格な合理性の基準」を適用すべきところであろう。

もちろん規制目的二分論には有力な批判もあるし（佐藤・日本国憲法論 302 頁），さらにこの議論が最高裁において今なお維持されているのか（そもそも採用されていたのか），疑問視する向きも少なくない。しかし，いずれであれ，運輸規則 22 条 1 項がタクシー事業者の職業活動の自由を侵害するか否かを審査するのに，運輸規則制定者（国土交通大臣）の政策的判断を殊更に尊重すべき理由はないと思われる。運輸規則制定者は立法府と異なり，専門技術的な判断を委ねられた者であって，専門技術的な裁量は認められても，広汎な政策的裁量まで認める必要はないからである。それゆえ審査されるべきは，たとえ運転者の過労運転・危険運転の防止が輸送の安全確保に資するとしても，そのための手段として，乗務距離規制が本当に運転者の過労運転・危険運転を防止するのか，他により緩やかな代替手段が考えられないのか，事業者の職業活動の自由を過度に侵害することにならないのか，という点に限定されざるを得ないだろう。

これらの点を踏まえていうと，タクシー事業者に乗務距離規制の遵守を強いたとしても，タクシー運転者の過労運転・危険運転を抑止するとは限らない（少なくとも抑止すると実証することはできない）のではないか。仮にこれを認めるとしても，運輸規則 23 条のノルマの禁止のような規制の方が実効的なのではないか。端的にタクシー運転手の勤務・休憩時間の規制の実効性を図り，労働基準法や道路交通法等を通じて，過労運転・危険運転を禁止する方が，規制として緩やかかつ効果的といえないか。その方がタクシー事業者の職業活動の自由に対する制限の度合いも遙かに小さいというべきではないだろうか。

4　行政裁量統制のあり方

仮に運輸規則 22 条 1 項が法令違憲とされない場合であっても，同条に基づき特定の指定地域内において乗務距離の最高限度を定めた地方運輸局長の判断に，社会通念に照らして著しく妥当性を欠くといわざるを得ない裁量権の逸脱濫用が認められる場合は，当然のことながら違法というべきである。運輸規則 22 条 1 項によれば，輸送の安全を確保するため，地方運輸局長が「交通の状況」を考慮して乗務距離を規制する必要があると判断した地域で，同局長が最高限度と判断した乗務距離（日勤勤務運転者については 270km）を定めることになっている。乗務距離規制がタクシー事業者の職業活動の自由を相当程度制限するものである以上，同局長による地域指定及び乗務距離の最高限度指定は，その必要性を根拠づける具体的な事情が認められない限り，社会通念に照らして著しく妥当性を欠くと評価され，裁量権の逸脱濫用があったとみなされる。

先にも述べたとおり，乗務距離規制はタクシー事業の中核である運行自体を直接規制するものであり，売上を左右する実車走行距離の制約に直結するものであるため，タクシー事業者の職業活動の自由に対して相当程度の制約をもたらすと考えられる。ということは，地方運輸局長による裁量権行使の適法性判断においても，運輸規則22条1項にいう「交通の状況」を考慮するだけでなく，タクシー事業者の職業活動の自由に対する制約的効果にも十分に配慮して，裁量権行使の適法性を慎重に審査しなければならない。すなわち，「交通の状況」評価に関わり，タクシーによる交通事故の発生件数や速度違反の通知件数が増加の傾向にあるか否かの事情を考慮に入れると同時に，乗務距離規制がもたらすタクシー事業者の職業活動の自由への制約的効果の大きさにも配慮し，当該自由を制限してまで乗務距離規制を施さざるを得ない必要性があるか否かの審査を行わなければならないのである。

この点，タクシー需要が低迷しているのであれば，それに伴いタクシーの走行距離にも減少傾向が生じるので，乗務距離を伸ばすことが必ずしも収入増に直結せず，運転者にとって無理な運転をしてまで乗務距離を伸ばそうとする心理的誘因も減少すると思われる。だとすれば，タクシー需要が多かった頃ならともかく，供給の方が需要を上回っている状況下では，輸送の安全確保という規制目的の重要性を認めたとしても，タクシー事業者の職業活動の自由に大きな負担を課してまで，その乗務距離に上限を設ける必要性はそれほど大きくないといえるのではないか。

ここであえて乗務距離規制を行おうとするのは，タクシー事業者間の自由な競争を抑制し，行政による需給調整規制を事実上復活させようとする別の目論見があるのではないかと疑われよう。建前として語られている表向きの規制目的の裏に，真の規制理由が隠されているのだとすれば，それを炙り出して議論の俎上に載せたいところである。しかしそれができない場合でも，表向きの規制目的を真に受けることなく，幾分割り引いて考慮しなければならない。

表現の自由は，原則として，その内容ゆえに規制されてはならない。表現内容がもたらす害悪は言論市場で淘汰されるべきであり，国家の介入によって除去されるべきものではない。言論市場が機能していれば，思想の自由競争により自ずと望ましい結果が招来される。この議論が経済市場のイメージを転用したものであるのは明らかであろう。だとすれば，本来のモデルである経済市場こそが自由競争の効果を存分に発揮する場と思われてしかるべきである。ところが実際は，経済的自由がもたらす害悪を自由競争を通じて浄化するのではなく，規制によって排除しようとする例が極めて多いことに気づく。特に安全確保が求められる領域では，自由競争を重視するより規制の実効性に目を向ける傾向がないではない。かつて最高裁は，本文で言及した薬事法事件判決において，過当競争がもたらす安全上の危険を「単なる観念上の想定にすぎず，確実な根拠に基づく合理的な判断とは認めがたい」と判示したが，この判示が十分に受け止められていないといわざるを得ない。

自由競争を通じた害悪の排除のためには，良いものが生き残り，悪いものが淘汰される時間的余裕が必要である。しかし，生命や身体への危険が生じる蓋然性が高いところでは，そのような試行錯誤の余裕がない。また生命・身体への危険はわずかであっても許容すべきではないとする評価もあろう。おそらく，このような評価自体は一概に間違っているともいいがたい。問題は，安全確保の美名に隠れて，生命・身体の利益とは異なる別の利益の保護が仕組まれる場合があることである。たとえば，単なる既得権益を維持するため，安全確保を表向きの理由にして規制が施される場合があると指摘されている。本来であれば，そうした場合こそが経済市場での自由競争によって対処されるべきだろう。タクシー事業にも規制は多いが，規制の理由に表裏がないか，精査する必要があるのではないか。

設問 20

知事による地方議会の解散

県政の大改革推進を掲げて当選した知事Xは，ことあるごとに県議会の多数派と対立していた。Xは県議会を解散し，住民に信を問いたいと願ったものの，地方自治法（以下，単に「法」という）に定められた要件（法178条または法177条3項の要件）を満たす事情が存しなかったため，県議会を解散することができなかった。そこでXは有力な国会議員に働きかけ，法を改正することにより，長が議会を解散する際に求められる要件を拡充するよう要望した。国会議員の側でも，国民受けのよいXと連携することが，次回の選挙時に自己に有利に作用するとの期待感があった。両者の思惑が一致した結果，長が議会を解散する場面を増やすべく，現行の法178条の改正が模索されることになった。

その中でも，一部の国会議員が作成した法改正案によると，議会が長の不信任の議決をした場合だけでなく，長に対する信任案を否決した場合も，長が議会を解散できるものとし（法178条1項及び2項の拡充），同時に長に対する信任案の否決については，出席議員の過半数の同意があれば手続要件を満たすとされた（法178条3項の緩和）。しかし，このような改正案は，日本国憲法が想定する議会と長の関係を破壊するのではないかとの疑義が，両議院の法制局を中心に提起されている。ここでもし衆参議院法制局から，上記の法改正案が違憲であるとする憲法論を考えてもらいたいという依頼があり，アドバイスを求められたとしたら，どのように助言すればよいだろうか。

①議院内閣制と大統領制
②対抗的解散
③不信任議決
④自主解散制度

参考文献

□棟居快行『憲法学の発想⑴』（信山社，1998年）107頁
□佐藤功『憲法研究入門(下)』（日本評論社，1967年）84頁
□田中正巳「首長制下の不信任議決」ジュリ119号（1956年）15頁
□中平真「地方自治制度における議会と長の関係」井上源三編『議会』（ぎょうせい，2003年）452頁

解説

1 問題の所在

憲法93条は地方公共団体に議会と長が設置されることを想定している。しかし，議会と長の権限内容については特に何も定めず（ただし，議会については「議事機関」と位置づけられている），両者の関係づけについても憲法の定めはなく，法律による規律に委ねられているように見える。そのため，様々な法律が設けられることによって，議会と長の権限内容が定められ，両者の関係づけが図られている。議会と長はそれぞれ独立の立場において自らがよしとする政策を立案し，住民の利益のためにその実現を目指して行動するものと企図されているのだが，状況によっては，両者の間に対立抗争が発生し，政治的な相互調整ではいかんともしがたい事態に立ち至ることもありうる。そうなると肝心の住民利益が大きく毀損されるおそれがある。

そこで法は，178条において，「議員数の3分の2以上の者が出席し」，「その4分の3以上の者」の同意でもって，議会が「長の不信任の議決をしたとき」，長は辞職を選択する代わりに，「その通知を受けた日から10日以内に議会を解散することができる」と規定した。議会の圧倒的多数が長の不信任に同意しているのなら，長は辞職しなければならないが，長の側にも議会を解散する権限を与え，選挙を通じて住民に是非を判定してもらえるようにしたのである。他にも，議会が「非常の災害による応急若しくは復旧の施設のために必要な経費」または「感染症予防のために必要な経費」を「削除又は減額する議決」をし，長が再議に付してもなお「削除し又は減額したときは」，長が「その議決を不信任の議決」とみなし，議会を解散してもよいとする規定がおかれている（法177条3項）。法が178条の場合と同視できる状況と評価したものといえよう。

しかし，議会と長の間の対立抗争を解決する方法として，長による議会の解散を認めることは，憲法の定める地方公共団体の統治構造に照らして問題はないといえるのか。とりわけ現行の法が許容する長の議会解散権を拡充し，長が議会を解散しやすくすることは，憲法上許されるのだろうか。国レベルでは，内閣による衆議院の解散が内閣の自由な裁量の下で行われる慣行が確立しているが，同じことが地方レベルでも妥当し，長による自由な議会解散も許されてしかるべきか，それとも地方レベルでは長による議会解散の範囲に憲法上の限界があるというべきなのか。

2　議院内閣制と大統領制

憲法は「地方公共団体の組織及び運営に関する事項」を法律事項としている（憲 92 条）。この文言を素直に受けとると，議会と長の権限内容も両者の関係づけも法律による規律に委ねられ，どのように規律するかは立法裁量の問題になる。ただ，憲法 92 条は規律法律を「地方自治の本旨に基いて」定めるよう求めているので，これに反する規律は許されないものの，「地方自治の本旨」の意味するところは極めて抽象的であり，長による議会の解散に対して有意義な示唆を与えるものではない。むしろ憲法が想定する統治構造のあり方から検討してみる方が有益であろう。一般に民主制国家における議会と政府の関係は議院内閣制と大統領制のどちらかに基礎づけられている。ここでもこの 2 つの類型を手がかりに，議会と長の憲法上の関係を分析しておく。

まず議院内閣制は，議会に信任され責任を負う政府を統治構造の要におく，議会と政府の協働体制である。政府の中心に位置するのは首相と大臣から構成される合議体の内閣である。首相は議会において議員の中から選出される。首相も大臣も議会の議員を兼任する。内閣は自らの政策を実現するため議会における立法にも関与する。他方，議会の信任を失うと，内閣は総辞職に追い込まれるか，議会を解散し，自らの正当性を国民に問わざるを得なくなる。解散の是非は国民による議会選挙で判断される。解散は議会と内閣の間に新たな信任関係を築くもので，協働体制の再構築を意味する。

これに対して大統領制は議会と政府の間に信任関係のない統治構造を有している。政府の中心は独任制の大統領である。内閣も組織しうるが，その構成員は大統領に対する助言者でしかない。大統領は議会の議員とは別個に国民の選挙により選出される。大統領と議会の議員の兼任は禁止される。また大統領は公式には立法に関与することもできない。他方，大統領は，弾劾の場合を除いて，議会から辞職を迫られることはないし，また議会を解散することもできない。大統領制は，議会と大統領が別個の民主的基盤を持ち，相互に牽制し合う厳格な権力分立の体制である。

以上は議院内閣制と大統領制の理念型に過ぎないが，この類型的記述からも，日本国憲法の定める国会と内閣の関係が議院内閣制に基づいていることは了解できるだろう。また，地方議会と長の関係についても，議員と長の両者とも住民の直接選挙で選出されると規定した憲法93条2項を見る限り，それが大統領制と親和的であるということは分かる。それゆえ，憲法は「国レベルでは議院内閣制を採用しているのに対し，自治体レベルでは大統領制型の機構を採用した」（高橋和之『立憲主義と日本国憲法〔第4版〕』〔有斐閣，2017年〕404頁）といわれるのである。だとすると，自治体レベルでは長による地方議会の解散も許されないということになりそうである。もちろん，理念型はあくまでも理念型に過ぎないのであり，大統領制型の統治構造を有しているからといって，長による議会解散を認めることが憲法違反であると直ちに判断されるわけではないが，それでも違憲の疑いは残るといわざるを得ない。

3　長による議会の解散

長による議会の解散は議員の地位をすべて失わせる。議員の地位は住民の直接選挙によって与えられたものなのに，長がそれを奪うことがなぜ許されるのか。

内閣による衆議院の解散の場合は，衆議院と内閣の間に信任関係があるところに根拠が求められる。衆議院が内閣を信任できないとなれば，不信任決議により内閣を総辞職に追い込むことが許され，それに対する対抗措置として，内閣による衆議院の解散が認められる（憲69条）。また連動して内閣総辞職も行われる（憲70条）。その結果，衆議院議員も内閣構成員も一新されることになるが，内閣は国会を基盤にして組織されることから，国会と内閣の信任関係は回復する。内閣による衆議院の一方的な解散（いわゆる7条解散）の場合は，確かに両者の信任関係に綻びがないときでも行われるが，その場合も，国会と内閣の信任関係を良好にするものであることに変わりはない。こうして両者の協働体制を維持強化することこそが，解散制度に期待される主たる役割といえる。

これに対して長による地方議会の解散の場合は同様の説明をすることができない。なぜなら議会と長の間にはそもそも信任関係がないからである。議員も長もともに住民の直接選挙によって選出されるということは，議会と長は住民に対して政治責任を負うだけで，相互に政治責任を負う関係にはないということを意味する。それゆえ，議会も長も各々が別個独立に住民利益を追求すればよいのであり，互いの政治方針に食い違いが生じ，それが対立抗争にまで発展したとしても，賢明な政治的調整によって解決されるべきであって，安易に制度的な調整に期待してはならないと考えられる。

しかしながら，議会と長の対立が極めて深刻な状況に立ち至り，何らかの制度的調整によらなければいかんともしがたい事態が招来されたとしても，なお相互交渉しか解決の手段がないと諦めなければならないのだろうか。何らかの制度的調整の仕組みを設け，両者間の均衡と調和を回復するよう図ることはできないのか。この点，「地方公共団体の組織及び運営に関する事項」については国会に広汎な裁量があると解するのなら，一切の制度的調整を断念せざるを得ないとまでいう必要はなく，法律を制定して何らかの合理的な仕組みを設けることは十分認められるのではないか。

問題はいかなる制度的調整の仕組みであれば憲法上許容されるかである。現行法は住民のイニシアティブに基づく議会の解散と長の解職を定めている（法 13 条・76 条～ 85 条）。議会の解散については，原則として有権者の 3 分の 1 以上の連署で解散請求がなされ，その後の住民投票で過半数の同意があれば成立する。また長の解職については，同じく原則として有権者の 3 分の 1 以上の連署で解職請求がなされ，その後の住民投票で過半数の同意があれば成立する。議会と長が住民に直接責任を負う体制であることを考えると，住民のイニシアティブに基づく解散・解職の制度は，住民の主体的な役割を重視し，その積極的な仲介機能を活かすものといえるから，憲法適合的な仕組みであるといってよい。

これに対して長による議会の解散制度は長のイニシアティブに基づいている。ただし，法 178 条は議会による長の不信任議決を解散権行使の要件としており，長が一方的に議会を解散する権限を認めていない。それゆえ長のイニシアティブは抑えられている。イニシアティブはむしろ議会にあるといえるが，長による議会解散が対抗措置として設けられているので，議会は長を安易に不信任できない。しかも，議会が長の不信任議決をするには，「議員数の 3 分の 2 以上の者が出席し」，「その 4 分の 3 以上の者」の同意を要するという厳格な手続要件を充足しなければならない。以上に鑑みると，法 178 条の解散制度は，なお立法裁量の範囲内にあるといってよく，違憲であるということはできないだろう。

4　手続要件の緩和とその合憲性

では，議員数の3分の2以上の者が出席し，その過半数の者の同意でもって，議会が長に対する信任案を否決した場合も，対抗措置として，長が議会を解散してもよい（さもなくば長は辞職しなければならない）と法律で定めることは許されるのだろうか。この場合も，長による一方的な議会の解散ではなく，議会の不信任議決に対する長の対抗的解散なので，長のイニシアティブは抑えられている。しかし，議会による長の不信任議決ではなく，長に対する信任案の議会による否決であるということと，議会の出席議員の過半数の同意でもって長に辞職を強いること（ただし，議会が解散されると，長の辞職強制はひとまず回避される）の合憲性は，今一度，検討しておく必要があろう。

まず信任案の否決についてであるが，法178条の「長の不信任の議決」の解釈においても，不信任議決は必ず不信任の旨の議決でなければならないものの，客観的に不信任の議決と認められれば足りるので，信任案を所定の手続に従って否決した場合も，不信任議決とみなしてよいといわれている（松本英昭『新版逐条地方自治法〔第9次改訂版〕』〔学陽書房，2017年〕622頁）。信任案の否決と不信任議決は同視できるというのである。ただし，信任案が長から提出されてもよいとすると，実質的に長によるイニシアティブで議会を解散することが容易になるだろう。長による信任案の提出を許さない場合でも，長を支持する議員から信任案を提出してもらい，採決時に長支持派の議員に欠席してもらえば，ほぼ自動的に信任案は否決されるから，長による議会の解散はやはり容易になる。

これよりも問題が多いのは否決の同意要件である。現行の法178条は出席議員の4分の3以上の同意がないと不信任議決に効力を認めない。その理由は，ことの性質上，手続を慎重たらしめる必要があったからだとされるが，これは非常の場合であっても，任期満了まで長の地位を保全したいという住民意思にできる限り合わせたものと解せる。だとすると，手続要件を緩和するのは住民による直接選挙の効果を損なうと評価できる。過半数の同意要件では通常の場合と変わらない。それは憲法93条2項に反すると結論づけられよう。

ちょっとコメント

現行法上，任期満了を待たずに議会が解散される場合としては，本文にも書いたように，住民の解散請求を契機に解散される場合（法 78 条）と，長によって解散される２つの場合（法 178 条・177 条３項）の計３つがあるが，もう１つ，地方公共団体の議会の解散に関する特例法（昭和 40 年法律第 118 号）に基づく解散も定められている。この法律によると，議員数の４分の３以上が出席し，その５分の４以上の同意があれば，議会は自主的に解散することができるとされる（いわゆる自主解散制度）。長による議会の解散は，住民により選挙で与えられた議員の地位を長が奪う例として憲法上疑義あるものであったが，議会の自主解散の場合も，住民によって与えられた議員の地位を任期満了前に住民以外の者が奪うという点で問題がある。この場合，議会の多数派が辞職に抵抗する議会の少数派の地位を一方的に奪うものであり，違憲の疑いが濃い。

にもかかわらず合憲と解されるとすれば，解散の手続が極めて厳格であって，濫用の危険が小さく，議員の大半が解散に同意している点に住民意思との近似性を見て取ることができる，と理解しうるからであろう。しかし，住民意思を強調するのであれば，むしろ住民の解散請求に基づく解散の制度に依拠する方が憲法適合的なのではないか。地方自治における住民自治の意義を強調するまでもなく，議員も長も住民により地位が与えられたものなので，非常の場合は，住民意思の発動によって議会が解散されるようにした方が，憲法の想定に合致するのではなかろうか。住民の解散請求に基づく解散に難があるとすれば，それは解散請求の要件（有権者の３分の１以上の連署）が厳格に過ぎる，特に大都市では充足困難だという点にある。そうだとすれば，大都市に限って要件を緩和すればよいだけである（実際，平成 24 年の法改正によって要件が緩和されている）。すべての地方公共団体に画一的な手続を求めなければよいというだけであろう。

設問 21

DNA 型データベースの合憲性

警察庁は，DNA 型記録取扱規則（平成 17 年国家公安委員会規則第 15 号）に基づき，「犯罪捜査に資すること」を目的として（1 条），DNA 型データベースを構築運用している。DNA 型データベースとは，DNA 型鑑定によって得られた被疑者 DNA 型記録，遺留 DNA 型記録，変死者等 DNA 型記録から構成されるもので，警察庁の犯罪鑑識官により整理保管され，各種 DNA 型記録と比較対照されることによって，別事件の犯罪捜査のために活用されている。規則によれば，被疑者 DNA 型記録の抹消は，「被疑者 DNA 型記録に係る者が死亡したとき」（7 条 1 項 1 号）のほか，「被疑者 DNA 型記録を保管する必要がなくなったとき」（同 2 号）に行われることとされている。

X はかつて窃盗の容疑で逮捕された際，自己の DNA 型情報を警察に取得された。当該情報は，被疑者 DNA 型記録として，DNA 型データベースに整理保管されたが，その後，嫌疑が晴れて釈放された後も，自己の被疑者 DNA 型記録がデータベースから抹消されたという話を聞かなかったため，当局に問い合わせたところ，「抹消の必要があるかどうかは，各被疑者に応じて個別具体的に判断されている」との回答があっただけで，それ以上，何も対応してもらえなかった。X は，国が法律の根拠なく自己の憲法上の権利を侵害したと考え，自己の被疑者 DNA 型記録の抹消と精神的苦痛に対する慰謝料支払いの請求を検討している。ここでもし X から憲法上の争点についてアドバイスを求められたら，どのように助言すればよいだろうか。

①個人情報とプライバシー
②自己情報コントロール権
③法律の留保原則
④個人情報の保有及び内部利用の権利侵害性

参考文献

□山本龍彦『遺伝情報の法理論』（尚学社，2008年）256頁
□山本龍彦「データベース社会におけるプライバシーと個人情報保護」公法研究75号（2013年）90頁
□山本龍彦「日本におけるDNAデータベース法制と憲法」比較法研究70号（2008年）73頁
□玉蟲由樹『人間の尊厳保障の法理』（尚学社，2013年）345頁

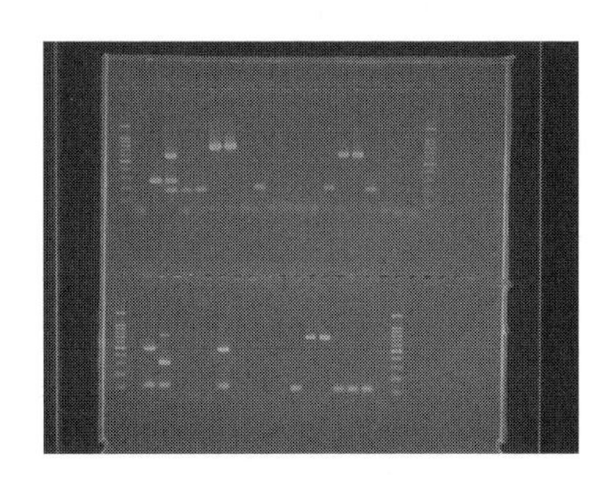

解説

1　問題の所在

警察庁は，国家公安委員会規則としてのDNA型記録取扱規則に基づき，被疑者DNA型記録，遺留DNA型記録，変死者等DNA型記録から構成されるDNA型データベースを作成し，被疑者等のDNA型情報を整理保管している。このDNA型データベースについては，以前から法的な問題点が指摘されており（末井誠史「DNA型データベースをめぐる論点」レファレンス722号〔2011年〕5頁），有力な批判にもさらされている（日本弁護士連合会「警察庁DNA型データベース・システムに関する意見書」〔平成19年12月21日〕）。それが個人情報とプライバシーに関わる憲法問題を提起することも明らかである。設問は，当該データベースが個人情報とプライバシーといかに関わり，いかなる意味でXの憲法上の権利を侵害しているのかについて，Xの立場から考察するよう求めている。

論点は，大きく分けて，次の3つである。第1に，被疑者DNA型記録をDNA型データベースに整理保管して活用することが，Xのような被疑者（だった者）の何らかの憲法上の権利を制約するのか。第2に，国が被疑者DNA型記録をDNA型データベースに整理保管して活用することに法律上の根拠は必要か。必要だとした場合，設問の事案に法律上の根拠はあるのか。第3に，被疑者DNA型記録をDNA型データベースに整理保管して活用することが，Xのような被疑者（だった者）の憲法上の権利を制約するとみなした場合，その制約は憲法上正当化できるのか，である。

2　個人情報保護のための権利

国は被疑者DNA型記録をDNA型データベースに整理保管し活用しようとしているが，このような行為はXのような被疑者（だった者）の憲法上の権利を制約するといえるだろうか。被疑者DNA型記録は個人情報である。個人情報に対する利益が憲法13条の幸福追求権によって保護されることは，確かに広く承認されている。秘匿性の高い個人情報は「みだりに公開されないという法律上の保護に値する利益」があると判示されたこともある（前科照会事件・最判昭和 56・4・14 民集 35 巻 3 号 620 頁)。しかし問題は，公権力による個人情報の整理保管とその活用に対しても憲法 13 条による統制があるのか，にある。

この点，最高裁はこれまで憲法 13 条の焦点を公権力による個人情報の取得時と開示時にしか合わせておらず，整理保管時とその活用時については言及するところがなかった（山本龍彦「警察による情報の収集・保存と憲法」警察学論集 63 巻 8 号〔2010 年〕111 頁)。たとえば，従来，「個人の私生活上の自由の一つとして，何人も，その承諾なしに，みだりにその容ぼう・姿態……を撮影されない自由を有する」（京都府学連事件・最大判昭和 44・12・24 刑集 23 巻 12 号 1625 頁)，「何人もみだりに指紋の押なつを強制されない自由を有する」（指紋押なつ事件・最判平成 7・12・15 刑集 49 巻 10 号 842 頁)，「何人も，個人に関する情報をみだりに第三者に開示又は公表されない自由を有する」（住基ネット事件・最判平成 20・3・6 民集 62 巻 3 号 665 頁）と判示されたことはあるが，これらはすべて個人情報の取得と開示の場面しか問題にしていなかった。おそらく国は，先例に照らし，個人情報の取得や開示についてであればともかく，個人情報の整理保管とその活用に対しては憲法の保障対象外と見て，X に憲法 13 条上の権利主張はできないと反論すると思われる。

しかし，下級審の判決の中には「何人も，その承諾なしに，公権力によってみだりに私生活に関する情報を収集，管理されることのない自由を有する」（N システム事件・東京地判平成 13・2・6 判時 1748 号 144 頁，東京高判平成 21・1・29 判タ 1295 号 193 頁）と判示するものがあり，公権力による個人情報の「管理」にも憲法 13 条による統制が及ぶとの理解が示されている。

また，いわゆる自己情報コントロール権説に依拠すれば，本人が自己に関する情報を広くコントロールする権利が憲法 13 条上に基礎づけられるため，公権力による個人情報の整理保管とその活用も当然に憲法 13 条の統制の射程に入ってくる。同説は公権力による個人情報の収集，保有，利用，開示といった情報取扱過程の全体に憲法 13 条の保障を及ぼそうとするもので，下級審判決の中には同説に好意的なものもある（自衛隊情報保全隊事件・仙台地判平成 24・3・26 判時 2149 号 99 頁)。自己情報コントロール権のような包括的なコントロールの権利が憲法 13 条に基礎づけられるかどうかについては，なお議論の余地はあるが，情報の検索や結合が容易になった高度情報化社会においては，個人情報の取扱い次第で個人の私生活は丸裸にされ，行動の自由も萎縮させられるのだから，公権力による個人情報の保有それ自体にも憲法13条の統制が及ぶと考えなければ「個人の私生活上の自由」の保障が危うくなる。少なくとも「公権力によって個人に関する情報をみだりに収集，管理されることのない自由」は憲法13条によって保護されるとみなし，最高裁判例の空白を埋めるべきだろう。

3　DNA型データベースの法律上の根拠

DNA型データベースは国家公安委員会規則であるDNA型記録取扱規則を根拠にしており，直接の法律上の根拠がないという問題がある。もちろん，被疑者からのDNA資料の採取は，刑事訴訟法197条，218条，225条の規定に基づき適法に行われているため，被疑者DNA型記録の作成も適法と考えられ，その延長線上で，当該情報の整理保管も適法であるといえるし，さらに相当な理由がある場合の当該情報の活用も適法と主張されるかもしれない。しかし，個人情報の取得とは別に，個人情報の整理保管とその活用にも憲法13条の統制が及ぶと考える以上，ここでも特別の法律が必要といわなければならない（法律の留保原則）。「犯罪鑑識に関すること」を国家公安委員会及び警察庁の所掌事務と定める警察法5条4項20号及び同法17条が法律上の根拠となるとの主張も考えられるが，警察法は組織規範であって作用法上の根拠にはならないというべきである。

確かに，行政機関個人情報保護法により，行政機関は「法令の定める所掌事務を遂行するため必要な場合に限り」個人情報を保有することができるとされ（3条1項），また，「行政機関が法令の定める所掌事務の遂行に必要な限度で保有個人情報を内部で利用する場合であって，当該保有個人情報を利用することについて相当な理由があるとき」（8条2項2号）は，その保有個人情報を目的外利用できるとされているので，適法に取得されたDNA資料から被疑者DNA型記録を作成してデータベースに整理保管し，相当な理由がある場合にそれを活用することも，法律上許されているといわれるかもしれない（田辺泰弘「DNA型鑑定について」研修719号〔2008年〕120頁）。

しかし，行政機関個人情報保護法という一般法によって保護が尽くされていると考えるのは妥当ではない。住基ネットに特別の法的制度が設けられているように，DNA 型データベースのような大がかりな情報取扱システムには，それに見合った法律上の個人情報保護システムが併せ構築される必要があろう。ここで扱われている個人情報は犯罪捜査に関わっているのである。捜査機関の側に偏向した個人情報の取扱いで済まされるようだと，冤罪の発生を確実に防ぐことも難しい。情報取扱いのルール自体が公平かつ適正でないといけない。その場合，警察の内輪のルールである国家公安委員会規則だけでは形式的正当化として不十分であるといわざるを得ない。DNA 型データベースという情報取扱システムに適合的な特別の法律によって制度化されなければならないのである。

4　DNA 型データベースの構築運用の合憲性

DNA 型データベースの構築運用により X の憲法 13 条上の権利が制約されていると理解したとしても，公共の福祉のためにどうしても必要があるというのなら，当該権利も相当の制限を受けるということ自体は認めざるを得ない（指紋押なつ事件判決参照）。では DNA 型データベースによる当該権利の制約は，公共の福祉のために必要かつ相当といえるのだろうか。

まず，DNA 型データベースは「犯罪捜査に資すること」という目的のために構築運用されている。この目的そのものは正当であり，かつ，犯罪捜査の合理化が求められていることを想起すると，DNA 型データベースの有用性も否定しがたい。客観的なデータに基づく犯罪捜査の遂行という観点からは，むしろこのような仕組みの構築が望ましいという評価もありうる。ただし，上記のような漠たる目的設定では，利用目的の特定を重視する個人情報保護の法理念に合致しないと思われても仕方がない。

被疑者 DNA 型記録のための DNA 型鑑定は，DNA の特定箇所の塩基配列の反復回数を「型」として分類し，個人識別のために利用するものに過ぎず，遺伝情報を対象とするものではない。被疑者 DNA 型記録も遺伝情報を何ら含まない。遺伝情報と関係がない以上，被疑者 DNA 型記録は，指紋と同様，個人の内面に関わるような秘匿性の高い情報（プライバシー固有情報）ではないといわれよう。しかし高度情報化社会においては，秘匿性の低い個人情報も，検索や結合の仕方次第で，重要な社会的意味を帯びるものである。秘匿性は情報単体で評価すべきではない。しかもそれは「性質上万人不同性，終生不変性」を持つので，指紋と同様，「利用方法次第では個人の私生活あるいはプライバシーが侵害される危険性がある」（指紋押なつ事件判決）。当該情報は犯罪捜査に用いられるだけで，規則上，それ以外の利用は予定されていないとされるが，後述するように，規則の情報取扱システムには，それに見合った個人情報保護システムがないという致命的な欠陥がある。

被疑者DNA型記録は必要がなくなれば抹消される仕組みになっている。しかし，規則上，「保管する必要がなくなったとき」抹消されると定められているだけで，抹消の客観的判断基準は示されていない。抹消の必要性は，犯罪捜査の観点から個別具体的に判断されるといわれるが（河原雄介「『DNA型記録取扱規則』について」警察学論集58巻12号〔2005年〕118～119頁），これでは警察に恣意的な運用があっても，それを指摘することすら困難である。本人による抹消請求を権利として認めない仕組みでは，DNA型データベースの運用に問題が生じても，その解決は警察当局の「善意」にすがるしかないという結論になりかねない。

記録の抹消措置も含め，規則の情報取扱システムは，総じて組織的制度的な備えに乏しい。たとえば，被疑者DNA型記録が警察によって濫用的に用いられたり，誤って利用されたり，正当な理由もないのに第三者に提供されたり，外部からの侵入によって漏洩する危険への対処についても，法律上は職員に対する懲戒処分（国公82条）と刑罰（国公109条12号，行政個人情報53条～55条）が定められているだけである。DNA型データベースを第三者統制機関の監視監督下において保全するという仕組み等も設けられていない。不十分ながらも個人情報の「適切な取扱いを担保するための制度的措置を講じて」（住基ネット事件）いた住基ネットの仕組みと比較してみると，DNA型データベースの組織的制度的な備えの乏しさが際立っていることが分かる。ここには犯罪捜査に関わる情報取扱システムに見合った個人情報保護システムを設けようという意識がほとんど見られない。

以上のように考えると，DNA型データベースによるXの憲法13条上の権利の制約は，たとえ公共の福祉のために必要であるといえても，相当であるというのは難しく，憲法上，形式的な面（法律の留保）のみならず，実質的な面についても，正当化できているとはいいがたい。

本文で述べた通り，従前の議論では，個人情報が憲法 13 条の保護の対象とされる場合も，その焦点は個人情報の取得時と開示時にしかなかった。適法に取得された個人情報の保管時や利用時に特別に焦点を当てて，そこに憲法 13 条の保護を及ぼそうとする発想に乏しかった。個人情報の整理保管や内部利用は，どうやらそれ自体としては，憲法 13 条上の権利を制約するものではないと受け止められてきた節がある。そうした結果が，法律に基づかないデータベースの構築であり，あるいは第三者統制機関の不在である。

DNA 型データベースが国家公安委員会規則たる DNA 型記録取扱規則を法的根拠として構築されていることは本文で指摘した通りであるが，これは DNA 型データベースに限った話ではなく，たとえば指紋情報のデータベースも，国家公安委員会規則としての指掌紋取扱規則（平成 9 年国家公安委員会規則第 13 号）が法的根拠とされている。警察当局は，従来的な指紋情報と同様の仕方で DNA 型情報を取り扱っているに過ぎないという意識なのだろうが，そもそも指紋情報の取扱いに権利制約の側面があるということに気づいていない。

ちなみに，住基ネットはまがりなりにも特別の法律によって規律されていた。また住基ネット事件最高裁判決は，「適切な取扱いを担保するための制度的措置」が講じられている点に権利侵害を否定する要素があると見ていた。情報がデジタル化され，高度なネットワーク・システムで管理される時代にあって，実効的な犯罪捜査のために，警察が指紋や DNA 型情報といった個人情報を効率的に活用したいというのなら，警察当局の内部規律で個人情報は十分に保護できると考えるのではなく，客観的視点から制度全体を再構築し，第三者の目でチェックできる仕組みを設けるべきだろう。そのためには，データベースに法律上の根拠が必要になるし，第三者統制機関の設置も検討せざるを得ないだろう。

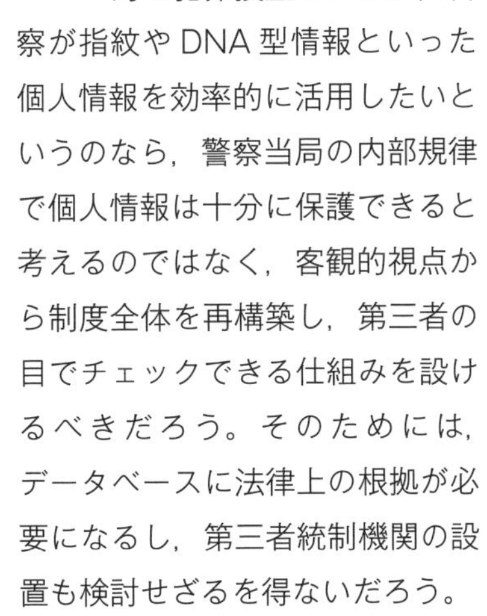

設問 22

デモ行進のための集合場所の一時使用

反原発団体Xは，東京都A公園から国会周辺まで脱原発を訴えるデモを企画し，都の公園条例に基づき，都知事に対して，A公園内のB門とその周辺を本件デモ出発のための集合場所として，デモ行進日の午後1時から3時までの間，一時的に使用することの承認を求める許可申請を行ったところ，都知事から不許可の処分を受けた。従来，デモ行進の集合場所・出発地点として，広大なA公園の園路や広場の利用が一般に広く認められていた。Xが3か月前と半年前の2回にわたり，今回と同様のデモ行進を主催したときも，一時使用の届出をするだけでA公園を利用することができたのに，2か月前に公園地一時使用届出書が廃止され，公園条例に基づく占用許可を要するとの運用に変更されたため，やむを得ず，デモ行進日の2週間前に一時使用許可申請を行った。にもかかわらず，都知事は，公園管理上の支障があるとの理由で不許可処分としたのである。出発地点が定まらないと，デモ行進の許可も受けられない。デモ行進自体の断念を迫られる。

都知事によれば，過去のX主催のデモ参加人数は，1度目が7000人，2度目が2万7000人と増加しており，今回は1万人の参加予定とされているものの，広く一般市民に参加が呼びかけられていることから，予想以上の人出があると見込まれるところ，A公園はデモ行進の出発地点に過ぎず，そこに1万人が同時に集合することはないとしても，6000人程度の収容能力しかないことを考えると，収容の限界を超えることも十分に予測されるし，他の公園利用者との間で利用の競合が生じるおそれもあって，それが原因で他の公園利用者と衝突が起きかねないし，衝突が頻発すれば，公園内で人の生命，身体，財産が侵害される危険もあると推測されるため，公園管理上の現実的かつ具体的な支障があると判断したという。

これに対してXは，本件不許可処分は集会の自由の侵害であると主張し，本件不許可処分の取消しを求めるとともに，申請部分の一時使用許可の義務づけ（併せて仮の義務づけ）を求める訴えを提起した。ここでもしXから憲法上の争点についてアドバイスを求められたら，どのように助言すればよいだろうか。

①集会の自由としてのデモ行進の自由
②パブリック・フォーラムの法理
③集会の自由の制約法理

参考文献

□山本龍彦「鳥籠の中の『言論』？」法セ697号（2013年）52頁

□佐々木弘通「公の集会施設における『集会の自由』保障・考」高橋和之先生古稀記念『現代立憲主義の諸相(下)』（有斐閣，2013年）327頁

□中林暁生「パブリック・フォーラム」駒村圭吾＝鈴木秀美編著『表現の自由Ⅰ』（尚学社，2011年）197頁

□齊藤芳浩「集会の自由と公共施設の利用(一)(二)」福岡県立大学紀要9巻1号（2000年）17頁，9巻2号（2001年）1頁

□紙谷雅子「パブリック・フォーラムの落日」芦部信喜先生古稀祝賀『現代立憲主義の展開(上)』（有斐閣，1993年）643頁

解説

1　問題の所在

設問は東京地決平成24・11・2判自377号28頁及び東京高決平成24・11・5判自377号23頁を参考に作成した。設問の事案において，XはA公園をデモ行進の集合場所・出発地点として利用するつもりであったが，もしA公園が使えないと，デモ行進の出発地点を明記することができなくなるので，デモ行進の許可を受けることができなくなり，結果，デモ行進自体ができなくなるという状況にある。それゆえ，都知事によるA公園の一時使用不許可処分は，デモ行進の自由ひいては集会の自由を侵害するとXは考えた。A公園にデモ参加者が集まって出発できることが，デモ行進の自由としての集会の自由にとって不可欠とみなされるのである。しかし，Xの集会の自由も，公共の福祉の制約に服すると考えたとき，設問において都知事が提示する事由により，当該自由は制約されてもやむを得ないというべきなのだろうか。

2　デモ行進の自由と集会の自由

デモ行進は，集団の示威運動を通じて世間に集団の主義主張をアピールしようとするものであり，表現の自由（憲21条1項）の行使とみなすことも十分可能であるが，むしろそれと密接に関係し，同じ条項の中で保障される「集会の自由が行使される場合の典型的な一形態」（初宿正典『憲法2 基本権〔第3版〕』〔成文堂，2010年〕301頁）というべきであろう。集会の自由は表現の自由の一側面であると解されることが多く，設問の事案におけるデモ行進の場合はそのように捉えても特に違和感はないが（表現行為としての集会），集会の自由には表現の自由に包摂しきれない独自の価値があるという指摘もある。すなわち，集会においては，外部に対して主義主張をアピールすることと並んで，たとえ一時的でも集会参加者間に連帯感がもたらされることから，内部における相互コミュニケーションの促進を図ることも同時に重視されているというのである。さらには，表現行為とは関わらない集会も，表現の自由の行使としては保障されないものの，集会の自由の行使として保障されるとする見解もある（初宿・

前掲 301 頁）。

ただし，デモ行進の場合は，一定の場所にとどまって行われる通常の集会とは異なり，公道・公園等の公共の場所を移動して進む「動く集会」とでもいうべき側面があることに留意する必要がある。「動く集会」としてのデモ行進にとって，公道・公園等の屋外に位置する公共の場所は，「動く集会」が成立するための前提であり，それなくしてデモ行進はあり得ない。すなわち，デモ行進の自由が集会の自由として憲法によって保障されるのであれば，その不可欠の前提として，公の施設としての公道・公園等の使用もまた，何らかの憲法上の保障を受けるものと考えなければならない。

3　施設管理権と集会の自由の制約

いうまでもなく，公の施設は施設管理権者の管理権に服する。しかし，施設管理権者が「管理権に名を藉り，実質上表現の自由又は団体行動権を制限するの目的に出でた場合は」違憲の問題が生じうる（皇居外苑事件・最大判昭和 28・12・23 民集 7 巻 13 号 1561 頁）。設問の事案では，過去 2 回のデモ行進について，都知事は一時使用の届出による A 公園の一時使用を許したのに，その後突然，許可制による規制に切り替えている。ここにデモ行進を敵視する姿勢が感じられるかもしれない。こうした運用は「管理権に名を藉り」デモ行進の自由を侵害したとみなせなくもない。しかし，そのようにみなさなくても，上記判例によれば，施設管理権者が「管理権の適正な行使を誤り，ために実質上これらの基本的人権を侵害したと認められうるに至った場合」も，違憲とされている。

また，A 公園は，地方自治法 244 条 1 項にいう「公の施設」であり，「正当な理由がない限り，住民が公の施設を利用することを拒んではならない」（同条 2 項）とされ，「住民が公の施設を利用することについて，不当な差別的取扱いをしてはならない」（同条 3 項）とされている。泉佐野市民会館事件判決（最判平成 7・3・7 民集 49 巻 3 号 687 頁）において最高裁は，公の施設が「集会の用に供する施設」として設けられた場合，「管理者が正当な理由なくその利用を拒否するときは，憲法の保障する集会の自由の不当な制限につながるおそれが生ずる」と述べている。つまり，当該施設の正当な理由なき利用拒否は，単に地方自治法 244 条 2 項に違反するというだけでなく，憲法の保障する集会の自由を侵害するというのである。

4　パブリック・フォーラムと集会の自由の制約

よく知られているように，アメリカでは，公道や公園などの「伝統的パブリック・フォーラム」と劇場など一定目的のために創出された「指定的パブリック・フォーラム」（「限定的パブリック・フォーラム」と呼ばれることもある）という類型が認められており，そこでは表現の自由に特に配慮した扱いがされるよう要請されている（松井茂記『日本国憲法〔第3版〕』〔有斐閣，2007年〕471頁）。調査官解説によれば，泉佐野市民会館事件の最高裁判決も「パブリック・フォーラムの法理を念頭に置いていることは疑いがない」とされており，かつ，舞台となった市民会館は「指定的パブリック・フォーラム」に該当するという（近藤崇晴「判解」最判解民事篇平成7年度(上)295頁)。パブリック・フォーラムとみなされる場の利用拒否は，違憲であるとの推定を受ける。そのように解されるがゆえに，当該市民会館の正当な理由なき利用拒否は，単なる法令違反の叱責を超えて，違憲の誹りを受けることになったものと思われる。

パブリック・フォーラムの法理に従えば，公道・公園等は「伝統的パブリック・フォーラム」に当たる。そして「伝統的パブリック・フォーラム」には強い憲法上の保障が及ぼされなければならないといわれることが多い。市民会館のような「指定的パブリック・フォーラム」ですら，正当な理由なき利用拒否があれば集会の自由侵害とみなされるのだから，まして公道・公園等の「伝統的パブリック・フォーラム」においては，正当な理由なき利用拒否が憲法上許されるはずがない。しかし，「集会の用に供する施設」として設けられた市民会館等と違って，公道・公園等は，通常，集会の自由の行使とは全く関係のない行為（たとえば，単なる散歩）のためにも利用される。それゆえ，A公園の利用の場合も，集会の自由以外の他の法益との関係を考慮に入れて，相互調整を図らなければならないとされる。

これに対して，「話し手に，表現のため公共の場所を利用する何らかの権利を保障する――場合によってはその場所における他の利用を妨害することになっても――というのが『パブリック・フォーラム』概念の核心である」（紙谷雅子「パブリック・フォーラム」公法研究50号〔1988年〕103頁）といわれることがある。すなわち，パブリック・フォーラムの法理にコミットするのであれば，公道・公園等の想定可能な利用方法をすべて等価値と見るのではなくて，表現（集会）目的での公道・公園等の利用は，それ以外の目的での利用に優先すると考えるべきなのであり，それが憲法による表現の自由（集会の自由）の保障の帰結であると考えるべきだというのである。この点，都知事の許可審査には，集会目的のA公園利用を優先しようとする発想が見られない。パブリック・フォーラムの法理にコミットするのであれば，Xに対する都知事の不許可処分には，利用拒否に正当な理由があると判断したことに関して，見過ごすことのできない問題があるといわざるを得ない。

5　集会の自由の制約の正当化

一般にパブリック・フォーラムの利用拒否を正当化する理由としてあげられるのは，①施設の設備・構造等の外的条件が集会に適さない，②利用の競合を先願順等の中立的基準で処理する，③施設の利用が他者の権利・自由を侵害する危険がある，といったところである（川岸令和「公物管理権と集会の自由」憲法の争点138頁）。設問の事案の場合，都知事がA公園の収容能力の限界に言及していることから推測すると，①の理由を重視しているようにも見える。

都知事の理由づけは，「若し本件申請を許可すれば，立入禁止区域をも含めた外苑全域に約50万人が長時間充満することとなり，尨大な人数，長い使用時間からいって，当然公園自体が著しい損壊を受けることを予想せねばならず，かくて公園の管理保存に著しい支障を蒙るのみならず，長時間に亘り一般国民の公園としての本来の利用が全く阻害されることになる」と判示した皇居外苑事件判決を思い起こさせる。昭和28年のこの古い判例は，集会目的の公園利用を「一般国民の公園としての本来の利用」と区別した点で，集会の自由に対する無理解を示しているが，その点をさておけば，尨大な人数，長い使用時間により公園自体が著しく損壊を受けることと，他の公園利用者の利益が長時間全く阻害されることに着目していた。しかし，そもそも設問の事案のような「動く集会」としてのデモ行進の場合，集合場所・出発地点としての公園にデモ参加者が長時間滞留することはないのだから，仮にデモ参加者が尨大な人数だったとしても，皇居外苑事件のときのように，当該集合場所に長時間充満すると考える必要はない。それは，過去のデモ行進時，6000人程度の収容能力しかないA公園を集合場所にしていても，2万7000人もの人数がデモ行進に参加できたことを思えば，容易に理解できる。

他の公園利用者との衝突が頻発し，公園内で人の生命，身体，財産が侵害される危険があるとの指摘については，「単に危険な事態を生ずる蓋然性があるというだけでは足りず，明らかな差し迫った危険の発生が具体的に予見されることが必要である」とする泉佐野市民会館事件の判示が想起されるべきである。その際，過去のデモ行進の実施状況を客観的事実として参照し，あるいは，デモ行進に対する「敵意ある聴衆」の存在が確認できるかどうかを調査するなど，「明らかな差し迫った危険の発生が具体的に予見される」といえるだけの事実の基礎が認められるか否かを検討しなければならない。それは被告である都知事の側の義務であろう。

また，集会の自由の行使には公共の場所が不可欠であることに鑑み，デモ行進のために優先的にA公園を一時使用させる形で，他の公園利用者との競合を調整することも試みられてよいと思われる。デモ行進のための集合場所として，A公園を一時的に使用するというだけのことであれば，他の公園利用者に対して，いかほどかの不自由を強いることがあるとしても，それが人の生命，身体，財産への危害に及ばない限り，受忍の範囲内のこととみなし，集会の自由の行使に優越性を認める解釈をすべきだろう。

吉祥寺駅構内ビラ配布事件判決（最判昭和 59・12・18 刑集 38 巻 12 号 3026 頁）における伊藤正己裁判官の補足意見によれば，私的な所有権，管理権に服する場所でも，駅前広場のように「パブリック・フォーラムたる性質を帯有する」ことがあり，そこでは具体的状況に応じた表現の自由と所有権，管理権の調整が求められるが，利益衡量の結果，表現規制が是認できないとされる場合もあるという。パブリック・フォーラムにおける表現規制は，たとえ私的な所有権，管理権に基づく場合でも当然には許されない。それどころか，パブリック・フォーラムの法理は，元来，表現の自由が私的な所有権，管理権に優先するとはっきり認めていた。民主主義社会を基礎づける公共性の維持確保のためには，他の利益を犠牲にしてでも表現の自由が保護されなければならないという確信が背後にある。

パブリック・フォーラムの法理は，とりわけ集会の自由の保障にとって本質的意義を持つ。集会の場所を欠けば集会の自由はないが，集会の場所の確保に優先権を認める解釈ができるのなら，集会の自由の保障は格段に手厚くなるからである。しかしながら，パブリック・フォーラムとみなされる場所というだけで，集会の自由に圧倒的な優位を認めることに対しては批判もある。集会が人の生命，身体，財産に及ぼす悪影響を軽視するのは妥当でないとする見解もその 1 つである。さらに，公道や公園はそもそも通行や憩いの場所であって，集会の場所ではないとする見解にも根強い支持がある。この見解はパブリック・フォーラムの法理と正反対の確信を抱いている。パブリック・フォーラムの法理にコミットできるか，この法理にどの程度の重きをおくかは，集会の自由の意義をいかに見積もるかに大きく依存している。集会参加者たちが集会の自由を行使して，社会に多様性をもたらしていることの公共的意味合いをどのように評価するかに決定的にかかっているのである。

設問

23

伝統芸能に対する公的助成の中止

O市は，税金使用の適正化を図るため，芸術文化への公的助成のあり方を再検討して，特定団体に対する継続的な補助金交付を見直す方針を打ち出し，O市発祥の伝統芸能である文楽への補助も見直しの対象にすると発表した。それまで年間5000万円の補助を受けてきた公益財団法人文楽協会（以下，「文楽協会」という）は，O市の補助金支出がなくなったら，文楽の存続自体が危うくなると訴えたが，O市は文楽協会の構造的な問題を指摘し，伝統芸能といえども既得権の上にあぐらをかくことは許されず，競争と自立を基本に，補助金に頼らない運営に改めるべきであると通告した。O市は当初，向こう3年間は経過措置として従来と大きく変わらない助成を行い，その後は，芸術文化に対する助成金等の審査，評価を行う第三者機関（アーツカウンシルと称される）による事業助成に転換するとしていた。ところが，O市と文楽協会の協議の最中に，O市長が「脚本を時代に合わせて変えてみたらどうだ」，「人形劇なのに人形遣いの顔が見えるのは腑に落ちない」といった発言をマスコミの前で連発したことから，文楽協会側がそれをO市による芸術への介入だと受けとめ，以後，O市からのヒアリングをすべて拒否するという振る舞いに出た。これに対してO市長は「市政を預かる市長の立場で市民の声を代表する意見を述べたまでで，発言自体に問題はない。それよりも言葉じりを捉えて，市政への協力を拒む方が問題である。あのような特権意識にまみれた文楽を守る必要はない」と激怒し，補助金交付の即時廃止を決定した。

O市側からの一方的な補助金廃止の決定は，文楽協会の芸術の自由を侵害するのではないか，との主張に関して，文楽協会から憲法上の論点についてアドバイスを求められたら，どのように助言すればよいだろうか。

①芸術の自由の意義
②パブリック・フォーラムの法理
③専門職の介在意義
④平等原則の問題

参考文献

□蟻川恒正「表現『不助成』事案の起案⑴」法教 417 号（2015 年）85 頁
□蟻川恒正「政府と言論」ジュリ 1244 号（2003 年）91 頁
□駒村圭吾ほか「〈座談会〉日本国憲法研究⑼ 国家と文化」ジュリ 1405 号（2010 年）147 頁
□駒村圭吾「自由と文化」法教 328 号（2008 年）34 頁
□横大道聡『現代国家における表現の自由』（弘文堂，2013 年）127 頁

解説

1　問題の所在

設問の事案は，文楽協会に対する大阪市の補助金廃止をめぐる紛争を参考に，事実を大幅に脚色して作成したフィクションである。文楽は太夫・三味線・人形が一体となった総合芸術であって，江戸時代初期に成立し，人形浄瑠璃とも呼ばれてきた。現在ではユネスコ無形文化遺産にもなっている。文楽のような伝統芸能は，高級文化として認知されているものの，興行収入だけで運営を賄うことが事実上極めて困難とされる芸術活動である。それゆえ，活動を継続するためには，国・都道府県・市町村の公的助成に依存せざるを得ない状況にある。しかし，助成は規制と異なる作用であるとはいえ，助成の条件次第では当該芸術活動に歪みをもたらすおそれもある。さらに，助成をしないという「脅し」によって当該芸術の内容を左右すれば，それは違憲的な規制と変わらないのではないか，それとも，公的助成に依存する芸術活動にそもそも自由の主張を認めるのは矛盾ではないのか，税金を原資に助成を行う以上，財政統制の観点からのチェックは当然に求められるのではないか，といった疑問が次々と想起されるところである。

設問の事案でも，財政の適正化の一環で補助金交付の整理・見直しが問題になっている。伝統芸能の存続を保障するための公的助成は，絶対に廃止してはならないとまではいえないだろうが，公的助成を行うか否か，行う場合はどの程度・範囲において行うかは，O市の自由裁量に委ねられているというべきなのか。それとも，そこには一定の憲法上の枠がはめられているというべきなのか，芸術の自由との関係で問題視されるのである。

2　芸術の自由と表現の自由

まず，芸術の自由の憲法上の根拠を考える必要がある。憲法にはそれを直接保障した規定はない。しかし，芸術活動がパブリックな表現活動として行われる場合は，「芸術的表現の自由として，表現の自由の一内容をなすものと解するのが自然であろう」（初宿正典『憲法2 基本権〔第3版〕』〔成文堂，2010年〕254

頁)。このことは最高裁も肯定していると思われる(最判昭和 45・4・24 刑集 24 巻 4 号 153 頁)。文楽は観客を前にして舞台上で演じられるものだから，憲法 21 条 1 項が保障する表現の自由の行使であることに疑問の余地はない。文楽の上演は表現の自由としての芸術の自由の保障範囲であるし，文楽上演のために必要不可欠な準備行為(個々の稽古はもちろん，設営等のロジスティクス)もその射程に入ってくるだろう。

芸術活動はおおむね表現の自由の行使とみなしてよいものの，芸術家の自己表現というだけでは，表現の自由の保障を受けるのに必ずしも十分でない。表現の自由の保障はパブリックな活動に及ぶのであり，弾圧を恐れて潜行せざるを得ないという特殊事情でもない限り，少なくとも公の場に出す意図のない芸術活動を表現の自由の行使と見るべきではない。表現の自由としての保護である以上，公にメッセージを発する行為及びそれと密接に関連する行為だけが憲法 21 条 1 項の保障対象になると解されよう。

3　パブリック・フォーラムの法理の適用

文楽協会は憲法 21 条 1 項を引き合いに出すことで，自己の活動を憲法上の権利の行使と主張することができる。しかし，O 市の決定は表現の自由の規制ではない。せいぜいのところ，表現行為に対する公的助成の廃止に過ぎない。それは不利益を与えたというより，利益を与えなかったのであり，もっと正確にいえば，これまでは利益を与えていたが，これからは利益を与えることをやめたというだけのことである。利益供与の中止が違法であると評価できるかというと，確かにそれが恣意的になされたら，裁量権の逸脱濫用と解されようが(広島県教職員組合事件・最判平成 18・2・7 民集 60 巻 2 号 401 頁)，公的助成には財政上の限界があることを認める以上，公的助成をするか否か，公的助成をする場合の程度・範囲いかんについては，政府に広い裁量があると考えざるを得ない。設問の事案では，O 市長の個人的嗜好に基づく判断ではないかと疑う余地があり，裁量権濫用の主張も考えられないわけではない。ただ，文楽協会の側も O 市のヒアリングを拒否するなど，非協力的な態度をとっていることからすると，O 市長の裁量権濫用の主張だけで違法性を根拠づけるのは，心許ないところがある。

もっとも，政府が与えた一定の物的手段の利用拒否が，単なる裁量権の濫用ではなくて，むしろ憲法上の権利の侵害とみなされなければならないこともある。それはいわゆるパブリック・フォーラムの法理が適用される場合である。パブリック・フォーラムの法理とは，表現のための公共空間（public forum）を表現の場の確保のために設けられたものと見て，その利用の拒否は，よほどの正当な理由がないと許されないとする考え方である。たとえば，公民館や市民会館は，市民がそこで表現活動を行うことを目的として設けられた施設（指定的パブリック・フォーラム）なので，正当な理由なく利用を拒否すれば，表現の自由侵害とみなされるという。最高裁も，泉佐野市民会館事件判決（最判平成7・3・7民集49巻3号687頁）において「公の施設として，本件会館のように集会の用に供する施設が設けられている場合，住民は，その施設の設置目的に反しない限りその利用を原則的に認められることになるので，管理者が正当な理由なくその利用を拒否するときは，憲法の保障する集会の自由の不当な制限につながる」と述べている。

では，伝統芸能への公的助成の拒絶はパブリック・フォーラムの利用拒否に当たるのだろうか。確かに，芸術文化助成を非物理的な指定的パブリック・フォーラムに類別することも考えられないではない。が，特定の伝統芸能への助成の問題は，誰もが受給しうる助成の話でも，表現手段を広く一般に提供しようという話でもない。助成の対象になるのは特定の文化に限られる。それゆえ，文楽協会への助成をパブリック・フォーラムの設営とみなすのは無理であろう（駒村圭吾「国家助成と自由」論点探究憲法194頁）。しかも，パブリック・フォーラムの利用の場合は，表現内容中立的な正当理由がないと拒否してはならないとされるのに対して，財政上の限界がある公的助成については，表現内容に基づく選別も認めざるを得ないとされる（蟻川恒正「法令を読む(1)」法セ665号〔2010年〕69頁）。だとすると，設問の事案にパブリック・フォーラムの法理を適用するのは困難であろう。

4　文化専門職の介在

しかし「給付の文脈であるが故に，表現内容中立性の厳格な要請が妥当せず，一定程度の内容審査が許容される助成類型」に対して，憲法上の枠が何ら課されていないのかというと，決してそうではなく，そこには「文化専門職の介在」が要請されるといわれることがある（蟻川・前掲 69 頁）。すなわち，政府の公的助成により「表現内容に着目した統制を及ぼすことを許されるのは，当該統制過程に専門職が介在し，政府の判断に完全には規定し尽されない独立の判断を行使することを通じて，当該統制における政府の主導性を文化の自律性によって中和することが可能な場合である」（蟻川・前掲 70 頁）との主張が学説上唱えられている。

設問の事案においても，もともとアーツカウンシルと称される第三者機関による審査が想定されていた。このアーツカウンシルが，伝統芸能に造詣が深い専門家による独立機関に該当するといえるのなら，その機関を介して補助金交付の是非を判断すべきであった。にもかかわらず，O 市は市長単独の判断を決め手に直ちに補助金交付を打ち切った。だとすれば，文化専門職の判断を介在させることなく，芸術の内容に立ち入って補助金打切りを決定したことが，芸術的表現の自由の侵害に当たると主張できるかもしれない。

ただし，文化専門職の不在を決定視する見解に対しては，文化の自律性の尊重が芸術の自由を脅かす危険があることを軽視しているとする批判がある（石川健治「文化・制度・自律」法教 330 号〔2008 年〕60 ～ 61 頁）。伝統芸能に造詣が深い専門家たちのコミュニティは，必ずしも個々の自由な芸術に対して好意的なわけではない。文化専門職に「身内」の選別を委ねたとたん，当該専門職が露骨に権力化・専制化するとの危惧にも十分な理由がある。設問のアーツカウンシルも専制化の危険を免れていない以上，そこに大きく依存した統制枠組みを無批判に推進することは，芸術の自由をかえって抑圧してしまうと警戒されるのである。

その意味で，文化専門職の判断を介在させることは「最善の策」ではないが，党派的な政治過程に芸術文化助成を委ねてしまうことと比べると，まだましという意味で「次善の策」と評価する見解もある（横大道聡「文化への助成と表現の自由」駒村圭吾＝鈴木秀美編著『表現の自由Ｉ』〔尚学社，2011 年〕375 頁）。それに文化専門職の専制化に対しては「権力統制の伝統的な統治テクニックである抑制均衡の手法を導入する」（駒村圭吾「国家と文化」ジュリ 1405 号〔2010 年〕146 頁）というやり方で対処することも考えられる。設問の事案に当てはめると，アーツカウンシルの組織構成や手続構造を適正化すること，すなわち，構成員の顔ぶれの公開，構成員の任期の設定，決定理由の開示，異議申立手続の整備など，適正化のための方法は色々と考えられるのではないか。それなのに，アーツカウンシルの存在意義を一顧だにせず，早々と補助金交付を打ち切ったところに，芸術的表現の自由の侵害を見るのである。

5　憲法 14 条 1 項の問題

他にも平等原則（憲 14 条 1 項）の要請に留意する必要がある。同じ立場にある者の間で補助金を交付される者とされない者がある場合は，不合理な区別ゆえに平等原則違反であると主張できるかもしれない。ここでは特に何と何を比較するかという観点が大事である。本来等しいものを等しくなく扱っている点に，不平等と判定する根拠を見出しているのである。そもそも異なる次元の者同士を比較しても仕方がない。同じ立場にある者同士か否かの評価が，まずもって必要である。

設問の事案の場合，他の伝統芸能（歌舞伎や能・狂言）との比較が考えられるところであるが，本当に同じ立場にあるのか，慎重な考察が求められる（飯島満「日本の無形文化遺産」第 30 回文化財の保存・修復に関する国際研究集会報告書『無形文化遺産の保護』〔2008 年〕41 頁参照）。他の伝統芸能と文楽は，確かに伝統芸能という一点において立場を同じくするが，ビジネスモデルのあり方は相当に異なっており，その点をどのように判断するのかによって，比較しうる立場の者同士といえるかどうかが決まるだろう。

仮に文楽と能・狂言が比較しうる立場にあると考えたとき，能・狂言の担い手が相変わらず補助金を交付されているのに，文楽の担い手だけが補助金交付を打ち切られたという場合なら，文楽が能・狂言と異なる扱いを受けたことになる。そして打切り理由が合理的とはいいがたいものである場合に限り，平等原則違反を語ることができる。たとえば，市長の好き嫌いで打切りが決められたのであれば，明らかに不合理であるといえるだろう。しかし，それなりに筋の通った理由がある場合だと平等原則違反とみなすのは難しい。

芸術文化助成の中止が芸術の自由の侵害になるという主張を根拠づけるのは思いのほか難しい。確かに，恣意的な判断で公的助成をやめることは，権限濫用ゆえに違法であるといってよい。また，態勢を整える猶予を全く与えることなく公的助成を突然やめる場合も，権限濫用ゆえに違法とみなしてよいと思われる。しかし，限られた公的資金の従来の配分を変更し，特定の芸術支援を中止して，別の文化（あるいは文化とは直接関係のない別の分野〔防災事業等〕）の助成に切り替えること自体を，芸術の自由の侵害とみなすことは困難である。表現内容に基づいて芸術の選別をした場合，これが特定の芸術だけを規制したというのであれば，芸術の自由の侵害を語り得よう。しかし特定の芸術だけを助成するのは，公的資金が限られている以上やむを得ない。選別基準の定立は内容中立的でなければならないわけでもない。選別の過程に文化専門職の判断を介在させる見解も次善の策に過ぎない。既存の公的助成の中止を既得権侵害であると主張することも考えられようが，突然の利益剝奪でもない限り，それだけで公的助成の継続を根拠づけるには説得力に欠ける。

では，自由権ではなく，端的に公的助成を求める給付請求権を観念し，それを憲法上で根拠づけることはできないのか。たとえば，「健康で文化的な最低限度の生活を営む権利」（憲 25 条 1 項）が，文化的生活の最低限度を保障していると解し，そこから芸術の自由の存立可能条件の整備を求める権利（文化的生存権）を導くことはできないのか。これは生存権既定の再解釈を伴う革新的な発想である。ただしこの場合も，特定の伝統芸能（たとえば文楽）の維持保存を公的主体に義務づけるところまで話を進めようというのなら，さらに論証を詰める必要がある。世界からも認められ何百年も継続してきた無形文化遺産が，消滅の危機に瀕しているという事態が認められるからといって，果たして公的助成を義務づける理由になるのか。

設問 24

登記手数料の政令委任

Xは，法務局登記官に対して，土地の登記事項証明書の交付を請求し，交付手数料として500円の収入印紙を貼付したところ，登記官から登記事項証明書交付手数料は1000円であると指摘され，不足分500円の追加貼付を求められた。しかし交付手数料はせいぜい500円が妥当と信じるXが追加貼付に応じなかったため，登記官により同証明書の交付請求は却下された。

不動産登記法119条1項は，手数料納付を条件に，何人も登記事項証明書の交付請求ができると規定した上で，同条3項がその「手数料の額は，物価の状況，登記事項証明書の交付に要する実費その他一切の事情を考慮して政令で定める」と規定している。同条3項を受け，当時の登記手数料令2条1項（旧法）は「登記事項証明書……の交付についての手数料は，一通につき1000円とする」と定めていた。登記官はこの政令の規定を根拠に500円の追加貼付を求めたのであるが，Xはそもそも不動産登記法による政令委任にも，委任命令である登記手数料令にも，憲法上の疑義があると考えている。ここでもしXから委任の合憲性についてアドバイスを求められたら，どのように助言すればよいだろうか。

ちなみに上記手数料は，平成10年4月1日に値上げされた結果，800円から1000円になったのであるが，その後，平成23年4月1日に1000円から700円に値下げされ，さらに平成25年4月1日に700円から600円に再値下げされている。

①法律による委任の許容
②白紙委任の禁止
③財政国会中心主義
④委任範囲の逸脱禁止

参考文献

□髙橋信隆「行政立法の法的統制」髙木光＝宇賀克也編『行政法の争点』（有斐閣，2014年）32頁
□清田雄治「立法の委任の限界」憲法の争点198頁
□高田篤「法律事項」論点探求憲法314頁
□駒村圭吾「委任立法」『憲法訴訟の現代的転回』（日本評論社，2013年）304頁
□高見勝利「委任命令の根拠と限界」『芦部憲法学を読む』（有斐閣，2004年）214頁

解説

1 問題の所在

設問の事案は大阪地判平成19・10・18判タ1273号159頁を参考に作成されている。同判決の事案では，不動産登記法119条3項が登記手数料の額の定めを政令（登記手数料令）に委任したやり方が違法か否か，仮に合法であるとしても，法律の委任を受け，登記事項証明書の交付手数料を1000円と定めた登記手数料令2条1項は，委任の範囲を逸脱しているがゆえに違法といえるか，が争われた。大阪地裁はいずれの争点についても合法であると判示している。また控訴審でも，一審と同旨の判決が下されている（大阪高判平成21・4・14裁判所ウェブサイト）。

設問の事案でも争点は変わらないが，ここではもう少し細かく検討してみたい。まず，そもそも国会が自ら規律を行わず，内閣にその規律を委任することは，「憲法が特定したはずの権限分配のしくみを大きく歪め，議会の責任放棄を招くことになりかねない」（大石眞「憲法問題としての『国会』制度」佐藤幸治ほか編『憲法五十年の展望Ⅰ』〔有斐閣，1998年〕166頁）ため，委任は許されないというべきではないか。次に，仮に立法の委任が許されるとしても，法律による委任のあり方に対しては憲法上の拘束があるはずだから，その拘束に反する委任は違憲というべきではないか。さらに，仮に法律による委任自体に問題はないとしても，委任には範囲が設けられるので，委任を受けた政令がその範囲を逸脱すれば，違法というべきではないか。以上の疑問に逐一答える必要がある。

2 委任立法の許容性

そもそも国会が内閣に立法を委任することは許されるのか。国会が「国の唯一の立法機関」（憲41条）であると定められた以上，自らで立法を行わなければ責任放棄になるのではないか。この点，通説によれば，「社会福祉国家においては国家の任務が増大し，①専門的・技術的事項に関する立法や，②事情の変化に即応して機敏に適応することを要する事項に関する立法の要求が増加し，また，③地方的な特殊事情に関する立法や，④政治の力が大きく働く国会が全面的に処理するのに不適切な，客観的公正のとくに望まれる立法の必要が増加した」ため，委任立法は「条理上認められる」に至ったという（芦部・憲法298頁）。委任立法を許容する憲法上の形式的な根拠として，憲法73条6号但書に委任立法の存在を前提とする規定があることも指摘される（なお，内閣法11条，内閣府設置法7条4項，国家行政組織法12条3項も参照）。

立憲君主制下の内閣と違い，日本国憲法下のそれは自らも民主的正統性を有するということを考えると，内閣が国会の関与のない独立命令や代行命令を発令することは許されないとしても，上記のような事情が認められる場合に，内閣が国会の委任を受けて行政立法を行うことまで禁じられると解する必要はなかろう。登記事項証明書の交付手数料を定めるに当たっても，手数料の額の決定が専門技術的な判断を要し，社会の諸事情の変化に迅速的確に対応する必要があることを思うと，登記手数料令に委任すること自体を違憲であると解することはできない。

3　許されない委任の方法

しかしだからといって，法律による政令への委任が，どのような方法であっても許されるというわけではない。国会の責任放棄と解さざるを得ないような委任の仕方は憲法41条に反して違憲といわざるを得ない。たとえば，白紙委任は許されない委任の方法である。それは立法の丸投げであって，明らかな責任放棄だからである。問題は，あからさまな白紙委任とはみなしがたい一般的包括的な委任の場合をどう考えるかである。法律の規定に具体的な委任基準が盛り込まれていない場合，それは白紙委任と同視されるべきかどうかである。最高裁は，猿払事件判決（最大判昭和49・11・6刑集28巻9号393頁）において，「人事院規則で定める政治的行為」の禁止を規定する国家公務員法102条1項の一般的包括性について，「同条項の合理的な解釈」によりさえすれば，具体的な委任内容が分かるのであり，「刑罰の対象となる政治的行為の定めを一様に委任するものであるからといって，そのこと故に，憲法の許容する委任の限度を超えることになるものではない」と判示する。その趣旨はおそらく，法律の委任規定の文言にだけ注目するのではなく，当該法律の他の規定や法律全体の合理的な解釈によって委任の意味内容を明らかにできるのであれば，それは白紙委任ではないということであろう。

設問の事案の不動産登記法119条3項は，「手数料の額は，物価の状況，登記事項証明書の交付に要する実費その他一切の事情を考慮して政令で定める」と規定するが，政令委任の際に，「物価の状況，登記事項証明書の交付に要する実費」を考慮すべきと指示していることから，その限りで白紙委任ではないようにも見える。しかし続けて「その他一切の事情」の考慮に言い及んだことで，一気に包括性を拡大させている。この場合も，その委任内容は「同条項の合理的な解釈」によって明確にできるのだろうか。

この点について最高裁は，登記手数料の額の具体的決定を政令に委任した旧不動産登記法21条3項の「物価ノ状況登記簿ノ謄本ノ交付等ニ要スル実費其他一切ノ事情ヲ考慮シ」との規定の憲法41条適合性が問題となった事案において，「右規定は，手数料としての性質を超えない範囲で諸般の事情を考慮すべきことを規定したものであって，『一切ノ事情』という文言があるからといって，登記手数料の額の決定を政令に白紙委任するものと解することはできない」と判示している（最判平成10・4・30訟月45巻5号1017頁）。ここでは「合理的な解釈」の結果として，「手数料としての性質」が考慮されるべき「一切ノ事情」の範囲を限定するとの見解が示されたといえる。そうだとすると，登記事項証明書の交付手数料の額の具体的決定に際した政令委任の場合も，内閣の判断は「手数料としての性質」によって枠づけられることなろう。

4　金銭徴収の場合の特例

日本国憲法は，財政国会中心主義の観点から，国が金銭徴収を行う場合は，「国会の議決」や「法律又は法律の定める条件」によらなければならないとしている（憲83条・84条）。国による金銭徴収は，国民の権利義務に直接影響を与えるのであるから，「法律又は国会の議決に基いて定めなければならない」（財3条）。このうち租税は，「特別の給付に対する反対給付としてでなく，一定の要件に該当するすべての者に対して課する金銭給付」であり，かつ，一方的に強制徴収されるものだから，租税法律主義という法原則が憲法上「厳格化した形で明文化」されている（旭川市国民健康保険料事件・最大判平成18・3・1民集60巻2号587頁）。そこにはまた「課税要件及び租税の賦課徴収の手続が法律で明確に定められるべき」とする法原則（課税要件明確主義）も含まれると解されている。したがって，租税の場合は，委任立法についても，何が委任されたのかはっきりと分かるよう，明確に規律することが憲法上求められているといってよい。

では，手数料の規律の場合はどうだろうか。手数料は「特別の給付に対する反対給付」であるから，サービスの対価と見れば，当該手数料の額が適正かどうかの評価はできるだろう。たとえば，公民館の使用料は，民間の同種の会館使用の場合と比較することで，その適正性を判定することができる。つまり，「手数料としての性質」から委任内容は枠づけられるといってよいと思われる。しかし登記事項証明書の交付手数料はどうだろうか。役務の反対給付としての性質を考慮するといっても，登記業務は国の独占事業であり，民間との比較は意味をなさない。手数料として提示された額が本当に適正といえるのか，判定しがたいというのが実情であろう。そこに不必要な業務に係る費用が計上されていたとしても，その判別は困難であろうし，非効率的な業務遂行によって過剰に費用がかかっていたとしても，客観的に評価することは難しい。この場合は，財政国会中心主義の原則に立ち戻り，法律による委任の際に，受任機関が考慮すべき諸要素を明確に盛り込むことが，改めて試みられてもよいのではないか。逆にそうした努力もせず，「その他一切の事情を考慮」せよとのみ定める委任規定には疑義が残ろう。

5　政令による法律の委任範囲の逸脱

仮に委任した国会の側に問題がなかったとしても，受任した内閣の側に問題があるということも考えられる。不動産登記法119条3項による委任の趣旨に鑑み，内閣が登記事項証明書の交付手数料の額を決定するときは，「物価の状況」と「登記事項証明書の交付に要する実費」の他，「手数料としての性質を超えない範囲」での「その他一切の事情」だけが考慮に入れることを許される。これら以外のものを考慮して，手数料の額を決定したとすれば，内閣は不動産登記法119条3項の委任の範囲を逸脱したということになろうし，仮にこれらだけを考慮して手数料の額を決定したのだとしても，額の算定方法が不合理で，たとえば，印刷費を過大に見積もったというような場合であれば，やはり法律の委任の範囲を逸脱したといわざるを得ない。

ただ後者のように算定方法が問題とされる場合，手数料の額の算定には行政の専門技術的裁量が認められることから，裁量権の行使に逸脱濫用があったとされるのは，著しく不合理な算定方法によったと評価できる場合に限られよう。しかし前者の場合は，余計なものを斟酌する他事考慮なので，それだけで法律の委任の範囲を逸脱し違法だといってよい。

最高裁はこれまで，委任した国会の側に問題があるとして，法律を違憲無効と判示したことはないが，受任した内閣等の側に問題があるとして，最高裁が政令等を違法かつ無効と判示したことは結構多い。そのような事例が「これまでに10件を数えていることも注目されよう」（大石・憲法講義Ⅰ 152頁）といわれることもある。たとえば，児童扶養手当法の定める児童扶養手当の支給対象となる児童の類型として，「母が婚姻……によらないで懐胎した児童（父から認知された児童を除く。）」と規定した児童扶養手当法施行令1条の2第3号について，政令が「父から認知された児童を除く」との余計な括弧書を加えたことは「法の委任の範囲を逸脱した違法な規定として無効と解すべきである」（最判平成14・1・31民集56巻1号246頁）と判示されている。

では，登記事項証明書の交付手数料を1000円と定める登記手数料令2条1項は，不動産登記法119条3項の委任の範囲を逸脱したというべきだろうか。同手数料が1000円であったのは，平成10年4月1日から平成23年3月31日の間のことであるが，当時のコンピュータ化・ネットワーク化の進展具合を考慮し，かつ当時の「物価の状況」と「登記事項証明書の交付に要する実費」のことだけを念頭に置くと，1000円という額は幾分高いという気もしないではない。しかしここに「手数料としての性質を超えない範囲」での「その他一切の事情」を付加し，たとえば，登記業務処理体制の抜本改革のための費用（設備投資等の費用）まで含めてよいとするのであれば，「その他一切の事情」の中に様々な費用を盛り込むことが可能になる。そうなると，手数料の額が市場で決まるものでない以上，額の多寡だけで法律の委任の範囲を逸脱したとみなすことは相当困難になろう。

委任した国会の側に問題がある場合も，受任した内閣等の側に問題がある場合も，いずれの場合であっても，その統制は裁判所によって合法性の観点から行われる。司法的統制であるから事後統制であり，委任した法律が憲法の拘束に反していないか，受任した政省令が法律の範囲内に収まっているか，という合法性判断だけが行われる。公平で中立な第三者機関である裁判所による統制なので，国会による規律の責任放棄も，内閣等による規律の権限簒奪（それは禁じられた独立命令の再現につながる）も，どちらに対しても目を光らせることができる。議院内閣制の下では，国会の多数派と内閣等が同じ政治勢力によって構成されるため，立法作業についても，反対派の野党との調整が求められ，柔軟性に欠ける法律制定手続よりも，同質の与党の中だけで調整がつき，柔軟に対処可能な政省令制定手続上で行われる傾向にある。このような傾向に伴う国会の責任放棄と内閣等の権限簒奪を防ぐため，裁判所による統制を強化することには，民主主義と権力分立を守るという意義がある。

しかし司法的統制では，事後的な合法性判断しかできないため，法律による委任の妥当性の事前審査も，政省令による受任の妥当性の継続的見直しもできない。委任立法に対する密度の濃い審査という点で司法的統制には限界がある。学説の中には，政策的な当不当や妥当性まで問題にできる，イギリスのような，議会による委任立法の統制を試みるべきであるとする見解も提唱されている。他方，政省令の法的統制としては，意見公募手続（行手39条以下）の活用や審議会諮問及び国会報告等を組み合わせ，ともすれば不透明になりがちな政省令制定手続を外部の目にさらし，その過程を合理化することによって，国会による実体的な規律から免れたところを修正しようとする動きもある。また財政面に関しては，他に会計検査院による統制（憲90条）があることを忘れてはならないだろう。

設問 25

内閣による憲法解釈の変更

平成 26 年 7 月 1 日，内閣は限定的な集団的自衛権の行使を認める閣議決定（以下，「平成 26 年閣議決定」という）を行った。従来の政府見解（昭和 47 年見解）でも自衛のための武力行使は容認されていたものの，「わが憲法の下で武力行使を行うことが許されるのは，わが国に対する急迫，不正の侵害に対処する場合に限られるのであって，したがって，他国に加えられた武力攻撃を阻止することをその内容とするいわゆる集団的自衛権の行使は，憲法上許されないといわざるを得ない」と断言されていた。ところが「パワーバランスの変化や技術革新の急速な進展，大量破壊兵器などの脅威等により我が国を取り巻く安全保障環境が根本的に変容し，変化し続けている状況」に鑑みると，「我が国に対する武力攻撃が発生した場合のみならず，我が国と密接な関係にある他国に対する武力攻撃が発生し，これにより我が国の存立が脅かされ，国民の生命，自由及び幸福追求の権利が根底から覆される明白な危険がある場合において，これを排除し，我が国の存立を全うし，国民を守るために他に適当な手段がないときに，必要最小限度の実力を行使すること」も憲法上容認されるべきであるとされ，憲法 9 条の解釈が変更されることになったのである。

平成 26 年閣議決定に対しては，憲法違反ではないかとの疑義が多方面から寄せられた上，どうしても憲法解釈を変更したいのなら，憲法改正の手続によるべきであるとの批判が浴びせられた。しかし内閣は変更後の憲法解釈に基づき，集団的自衛権の限定行使を認める安全保障関連法案を国会に提出した。国会はこれを受けて自衛隊法 76 条 1 項や武力攻撃事態等対処法 2 条 4 号等を改正した。既に法律の整備が終わった後であるとはいえ，内閣が憲法改正の手続を経ず，憲法解釈の変更によって従来の立場を改めてもよいのかについて，一部の野党からアドバイスを求められたとしたら，どのように助言すればよいだろうか。

①内閣の憲法解釈権
②内閣による憲法解釈の変更の是非
③憲法解釈の変更と憲法改正

参考文献

□阪田雅裕『憲法9条と安保法制』（有斐閣，2016年）
□藤田宙靖「覚え書き――集団的自衛権の行使容認を巡る違憲論議について」自治研究92巻2号（2016年）3頁
□藤田宙靖「自衛隊法76条1項2号の法意」自治研究93巻6号（2017年）3頁
□長谷部恭男『憲法の理性〔増補新装版〕』（東京大学出版会，2016年）237頁
□蟻川恒正「内閣の憲法解釈」高見勝利先生古稀記念『憲法の基底と憲法論』（信山社，2015年）115頁
□高橋和之「立憲主義は政府による憲法解釈変更を禁止する」奥平康弘＝山口二郎編『集団的自衛権の何が問題か』（岩波書店，2014年）183頁

解説

1　問題の所在

設問は，第二次安倍内閣の下で行われた平成26年閣議決定における集団的自衛権行使の限定容認を対象に，内閣による憲法解釈の変更の憲法上の是非を問うものである。平成26年閣議決定は，集団的自衛権の問題だけでなく，現行憲法の枠内における日本の安全保障法制のあり方を全体的に見直すものであったため，閣議決定に至るまで政府・与党内でも激論を呼んだが（朝日新聞政治部取材班『安倍政権の裏の顔』〔講談社，2015年〕），平成27年5月15日に内閣が安全保障関連法案を国会に提出した後の国会内外における賛否の議論も極めて激しいものであった。同法案は，結局，平成27年9月19日に成立し，翌年3月末に施行されている。俎上に載せられた憲法上の争点は多岐に渡るが，設問では集団的自衛権行使の限定容認の問題に焦点を絞り，内閣による憲法解釈の変更の憲法上の是非，すなわち，平成26年閣議決定が従来の政府見解（昭和47年見解）を改めたことにより，集団的自衛権の行使は憲法上許されないとしてきた内閣の旧解釈を自ら新解釈に置き換えたことの憲法上の許容性だけを問うている。

集団的自衛権とは何かという定義の問題については，論者によって微妙に内容が異なる概念説明が行われてきたが，歴代内閣はこれを「国際法上，自国と密接な関係にある外国に対する武力攻撃を，自国が直接攻撃されていないにもかかわらず，実力をもって阻止することが正当化される権利」（阪田・参考文献9頁）と解する。この理解は平成26年閣議決定でも維持された。ただし，平成26年閣議決定はそのように解された集団的自衛権の行使を全面的に許容するのではなく，日本と密接な関係にある外国に加えられた武力攻撃が日本の存立を脅かし，日本人の生命，自由及び幸福追求の権利が根底から覆される明白な危険がある場合（後に「存立危機事態」と名付けられる）に限って武力行使を容認するものなので，集団的自衛権行使の限定容認であるという。それゆえ，内閣は昭和47年見解の基本的論理を変えないまま，安全保障環境に関する事実認識を改めたことにより，結論部分の「当てはめ」が一部変更になったに過ぎず，昭和47年見解との論理的整合性と法的安定性は保たれていると主張する。しかし本当にそうなのだろうか。限定行使であろうと，従来，憲法上認められないとされてきた集団的自衛権の行使を内閣が容認するためには，憲法解釈の変更ではなく，憲法改正を経なければならないのではないか。それとも，平成26年閣議決定を基礎にした安全保障関連法が整備された以上，内閣による憲法解釈の変更を問題視することは，もはや憲法論としての意味を喪失したというべきなのか。

2　従来の政府見解

憲法9条解釈に関する政府見解は変遷してきたとはいえ，それなりに一貫したものであった（有斐閣編『憲法第九条〔改訂版〕』〔有斐閣，1986年〕67頁以下参照）。集団的自衛権と憲法の関係についてまとめた昭和47年見解において，政府は，憲法前文や人権規定に鑑み，主権国家には国民の生命や財産を守る責務が課されているとし，憲法9条が戦争を放棄しても，自衛の措置をとることまでは禁じていないと述べている。それゆえ，自衛のための必要最小限度の実力組織（＝自衛隊）を保有することはできるし，武力攻撃を受けたときはそれに反撃する必要最小限度の実力を行使することもできると解している。ただし，自衛権の発動としての武力行使は，①日本に対する急迫不正の侵害があり（すなわち，外国の武力攻撃によって日本人の生命，自由及び幸福追求の権利が根底から覆される事態が生じ），②これを排除するために他に適当な手段がない場合しか認められず，かつ，③必要最小限度の実力行使にとどまることが求められる。日本に対する急迫不正の侵害を排除するための，やむにやまれない，必要最小限度の実力行使でなければ，憲法9条が許容する自衛権の発動とみなされない。「憲法9条の下で例外的に容認される武力行使は，外部からの武力攻撃によって国民の生命等が危険にさらされた場合にこれを排除するためのものに限られるが，我が国以外の第三国に別の国から武力攻撃が加えられても，これによって我が国の国民全体の生命等に危険が及ぶことはあり得ないから，集団的自衛権に基づく武力の行使が，この例外的な武力行使の中に含まれる余地はない」（阪田・参考文献10頁）と解されたのである。また，日本に対する急迫不正の侵害を排除するための実力行使なら，外国の軍隊を日本の領域から追い出してしまえば基本的に目的達成であり，外国の領土の空爆や占領は必要最小限度の実力行使の範囲を超えるために許されない。すなわち，海外での武力行使を前提とした派兵は許されない（阪田・参考文献 42 頁）。集団的自衛権の行使は海外での武力行使を前提にせざるを得ないから，必要最小限度性の要件も満たさないと解されてきた。

3　内閣による憲法解釈の意義

そもそも内閣に憲法の有権解釈権があるといえるのかも問題になる。憲法を有権的に解釈する権限が与えられているのは，何といっても裁判所である。裁判所でない内閣に自らの憲法解釈にこだわる資格が備わっているのか，疑問視できないわけではない。しかし，法令執行の際に裁判所にいちいち解釈について指示を仰ぐことができない以上，執行機関としての責務を果たすためには，内閣にも自ら法令を解釈する権限が与えられていなければならず，かつ，それが行政機関ごとにばらばらに解釈されないようにするため，最上級にある内閣に統一的な解釈権が認められなければならない。解釈の対象が憲法である場合は，なおさら内閣による統一的解釈の必要性が高い。もちろん，内閣には法律を「誠実」に執行する義務が憲法上課せられているため（憲 73 条 1 号），国会が合憲と考えて制定した法律を自らの判断だけで違憲と断じ，その執行を差し控えることは許されない。しかし，違憲立法審査権の行使とはいえない場面における憲法解釈については，内閣もまた有権解釈権を持つと解される。このことは，公務員の憲法尊重擁護義務（憲 99 条）からも根拠づけられる（野坂泰司「憲法解釈の理論と課題」公法研究 66 号〔2004 年〕20 頁）。ただし，内閣自らが従うべき憲法の意味内容を自らで自由に解釈できると思われると，それは立憲主義の空洞化につながってしまう。内閣による憲法解釈はこのような背理を生み出す危険を秘めている。この点は後述する（→**5**）。

4　なぜ解釈変更が問題になるのか

では，内閣が従来の憲法 9 条解釈を見直し，集団的自衛権の行使の全面禁止から限定容認へと変更することは許されるのか。先にも述べた通り，内閣は昭和 47 年見解の基本的論理を継承しつつ，その結論部分を変更したと解しているが，それは安全保障環境の変容に対応した「当てはめ」の変更に過ぎないとみなしている。解釈変更は確かにあるのだが，基本的論理は維持されているので，問題視されるような解釈変更にはならないということであろう。この程度の解釈変更であれば，「個別的自衛権に毛が生えたもの」とみなしてよく，解釈変更の是非を論じるより，むしろ拡大解釈の誘惑に対して警戒する方が生産的との見解もある（木村草太『集団的自衛権はなぜ違憲なのか』〔晶文社，2015 年〕96 頁）。しかし限定容認とはいえ，それまで違憲と断言されてきた集団的自衛権の行使が容認されたことの波及効果は無視できない。ここではあえて憲法解釈の変更の是非を問う。

内閣による憲法解釈の変更がなぜ問題になるのかというと，1 つにはそれが正しい憲法解釈からの逸脱を招き，あるいは逆に，正しい憲法解釈への是正をもたらすと考えられるからである。実際，内閣の憲法解釈の変更を支持する側も批判する側も，憲法 9 条の正しい解釈を前提に，その正しい解釈に基づいて支持ないし批判を行う傾向にある。たとえば，支持派からは，憲法 9 条が自衛権を容認したと解する限り，個別的自衛権のみならず，集団的自衛権も認めていると解さなければならないはずで，従来の憲法解釈の変更は，「修正」というより「是正」を行うものに過ぎないと主張される（佐瀬昌盛『集団的自衛権〔新版〕』〔一藝社，2012 年〕175 頁）。他方，批判派からは，「現行憲法 9 条のもとにおける『集団的自衛権』容認論の本質は，『解釈変更』の名による新たな規範の『定立』であ」って，「正規の憲法改正手続に則って行われない『憲法創設』であり，『全く新たな意味の考案』である」（高見勝利『政治の混迷と憲法』〔岩波書店，2012 年〕216 頁）と主張される。要するに，政府の憲法 9 条解釈の変更は，正しい憲法解釈に適合していると見るのか（支持派），逆にそこから外れていると見るのか（批判派）のどちらかとされる。しかし「確定的に『正しい解釈』であると主張できる理由は，存在しない」（青井未帆『憲法と政治』〔岩波書店，2016 年〕219 頁）とする見解も有力であり，解釈の正しさで決着させることの困難さを示唆する。

5　憲法解釈の変更と憲法改正

さらに，これとはまた別の観点からの解釈変更批判もある。それは，従来の政府見解をもって，歴代内閣の国会答弁を中心に積み上げられた憲法の諸解釈の集積とみなし，法規範の安定性に対する国民の信頼を守るためには，政権が代わってもこれまで維持されてきた内閣の憲法解釈をひっくり返してはならないとする主張である。これは，要するに，内閣の憲法解釈が確立しているにもかかわらず，憲法の明文規定を変えることなく，情勢に合わせてその解釈だけを変更することに疑義を呈するものである。情勢の変化に合わせて憲法の規範内容を変更したいのであれば，憲法改正の方法に訴えればよいのであり，憲法改正の是非を正々堂々と国民に問うべきだというのである（阪田・参考文献109頁)。確立した憲法解釈の安定性を重視し（一種の信頼保護原則である)，従来の解釈を見直す場合は憲法改正しか方法がないとする主張である。

ちなみに，裁判所による憲法判例の変更について，「判例は一般に十分の理由のある場合には変更可能と解されており，憲法判例もその例外とみるべきではない。裁判所がもつのは，憲法の解釈権であって，憲法を固定する権能ではない」（佐藤・日本国憲法論670頁）といわれていることも考慮に値する。裁判所の場合と内閣の場合を同一視することはできないが，内閣による憲法解釈の変更が一般に不可能とされ，規範内容を変えるには憲法改正しか方法がないというと，それは強すぎる主張であろう。

だとしても，内閣自らが従うべき憲法の意味内容を自らで自由に解釈できることになれば，先にも述べた通り，立憲主義の空洞化を招きかねない。おそらく内閣は慎重な検討を行った結果，やむを得ず憲法解釈を変更したのだというのだろうが，自己解釈であることに変わりはない。内閣が憲法解釈の変更を望むのは特定の政策内容を実現するためであり，合法・違法の区別にこだわる法の論理を展開した結果ではない。そこが法の論理を司る裁判所と大きく異なるところである。内閣が確立した憲法解釈を自らの判断で変更することを封じる理由があるとすれば，内閣はあくまでも政治部門であって，裁判所と異なり法解釈（の変更）を決め手にする制度的な資格を欠くがゆえ，政策実現のために必要があるというのなら，憲法改正のために尽力するのが筋だという理屈であろう。

政治部門である内閣が，高度に政治的な作用（＝執政）を営みつつ，同時に憲法解釈を行って，その解釈内容に基づき自らの作用を憲法の枠内に押しとどめ，法の支配に服するためには，工夫された制度的仕組みが必要になる。政治部門としての内閣は，特定の政策内容の実現を自己の主たる課題とみなすもので，その政策実現にとって支障となる法の存在を疎ましいと思う傾向があり，できるだけ退けたいと望む性向を有している。それゆえ，内閣を憲法の拘束下におくためには，内閣に自由な憲法解釈をさせない制度的な工夫が求められる。その制度的役割を担ってきたのが内閣法制局であった。

内閣法制局は内閣におかれた部局で，内閣の補助機関である。それは「閣議に付される法律案・政令案・条約案を審査したり（審査事務），法律問題に関して内閣全体や内閣総理大臣・各省大臣に対し意見を述べたり（意見事務）するかたちで（内閣法制局設置法3条参照），法制管理事務を行うもの」（大石・憲法講義Ｉ 190頁）とされる。内閣法制局は，内閣という政治の中心的な場で，法の論理を司る専門家集団の組織として，内閣に法的助言を与えるという役割を果たしており，法的助言を行う一環で，内閣が行うべき憲法解釈を実質的に引き受けてきた。こうして政策実現のための目的合理的な思考をする内閣に，合法・違法の区別にこだわる法の論理が反映できるように整備された。内閣法制局が憲法解釈の論理整合性や法的安定性に固執し，内閣の安全保障政策の実現に抵抗するかのように見えることがあるのも，この組織が政治部門の思考様式ではなく，法律家の思考様式を備えているからである。このような仕組みは内閣による恣意的な憲法解釈を禁じ，立憲主義の空洞化を防ぐためにも有益であった。とはいえ，内閣の補助機関に過ぎない内閣法制局に過大な期待はできない。法解釈の問題であっても，内閣法制局は内閣を指揮監督する立場にはないからである。

設問 26

復興交付金による寺社再建

大震災の津波や地震によって壊滅的な被害を被った寺社の再建のため，公的支援ができないかどうかが議論されている。被災した地域では，寺院や神社の施設も深刻な打撃を受けたが，復旧に必要な費用を自らで賄うことができないところが多い。だからといって，被災した檀家に支援を求めるわけにもいかず，他方，民間の復興基金による支援では限度がある。そこで国の復興交付金を寺社の再建にも使えるようにして欲しいとの要望が寄せられている。背景には「土地を守っている神様とのつきあいとか，あるいは祖先とのつながりをどのように維持していくかということが，地域のコミュニティの存続にとってなによりも重要なこと」であり，寺社の再建が「精神の拠りどころとしての神や仏の座」の再建になるとの認識がある（赤坂憲雄『3.11 から考える「この国のかたち」』〔新潮社，2012 年〕52 頁）。

しかしこのような要望に対しては，寺社再建のための公的支援は政教分離原則に反する違憲の措置だから，憲法上許されないという反対論が立ちはだかっている。復興交付金の交付手続は，被災自治体による交付申請から始まることになっているが，もし寺社再建のため，復興交付金の交付申請を行いたいと考えている被災自治体から，政教分離原則に関してアドバイスを求められたとしたら，どのように助言すればよいだろうか。

①憲法 89 条と財政的支援の禁止
②目的効果基準
③総合考慮のアプローチ

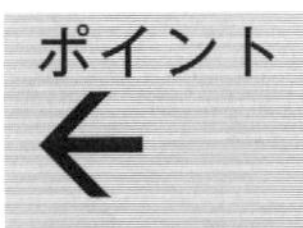

参考文献

□安西文雄ほか「〈座談会〉日本国憲法研究⑻ 政教分離」ジュリ 1399 号（2010 年）65 頁
□田近肇「津地鎮祭事件最高裁判決の近時の判例への影響」法教 388 号（2013 年）23 頁
□佐々木弘通「憲法学説は政教分離判例とどう対話するか」辻村みよ子＝長谷部恭男編『憲法理論の再創造』（日本評論社，2011 年）395 頁
□長谷部恭男「目的効果基準の『目的』」『続・Interactive 憲法』（有斐閣，2011 年）125 頁

解説

1　問題の所在

憲法89条は「宗教上の組織若しくは団体の使用，便益若しくは維持のため」，公金を「支出し，又はその利用に供してはならない」と定めている。寺社が宗教上の組織・団体に該当するのは自明だから，寺社再建のために公金を支出するのは，憲法の政教分離原則に反すると解するのが，素直な憲法解釈であろう。しかし，地域において寺社が果たしてきた社会的役割に鑑み，被災した寺社の再建が終わらなければ，震災からの復興も終わらないとの見地から，寺社再建を震災復興の一環に位置づけ，被災した寺社に対して国の財政的支援を認める憲法解釈はできないであろうか。

学説の中には「憲法は宗教のもつ社会的価値，国民生活上の意義や役割を承認するがゆえに，立法政策として非課税措置などをとることも許されると説く」宗教尊重説もあるが（大石・憲法講義Ⅱ 172頁），同説においても「宗教法人に対する補助金は，原理上，みとめられない」とされている（大石眞『憲法と宗教制度』〔有斐閣，1996年〕276頁）。そもそも「日本国憲法の下では，宗教によって精神的な安定を図ることは，国家の行うことのできる職務ではありえない」のであって，「国家が，宗教によって精神の安定を得るということを公益に資するとして積極的に評価し，それを支援するということは，憲法の政教分離原則との関係で問題がある」とされるのが通例である（市川正人『ケースメソッド憲法〔第2版〕』〔日本評論社，2009年〕114頁）。それにもかかわらず，設問は，被災した寺社の再建のため，政教分離原則に抵触しない方法によって，何らかの公的支援ができないのかを問うている。

2　憲法89条の意義

空知太神社事件の最高裁判決（最大判平成22・1・20民集64巻1号1頁）によると，憲法89条の趣旨は「国家が宗教的に中立であることを要求するいわゆる政教分離の原則を，公の財産の利用提供等の財政的な側面において徹底させるところにあり，これによって，憲法20条1項後段の規定する宗教団体に対する特権の付与の禁止を財政的側面からも確保し，信教の自由の保障を一層確実なものにしようとしたものである。しかし，国家と宗教とのかかわり合いには種々の形態があり，およそ国又は地方公共団体が宗教との一切の関係を持つことが許されないというものではなく，憲法89条も，公の財産の利用提供等における宗教とのかかわり合いが，我が国の社会的，文化的諸条件に照らし，信教の自由の保障の確保という制度の根本目的との関係で相当とされる限度を超えるものと認められる場合に，これを許さないとするものと解される」という。ここでは「公の財産の利用提供等の財政的な側面」においても，政教分離原則が徹底されることが憲法89条の要求であるとされながら，「公の財産の利用提供等における宗教とのかかわり合い」が許される場合も（おそらく例外的には）ありうると判示されている。

この判示から，寺社に対する公的支援が憲法上許されると考えられる具体的場面を描き出すことができるだろうか。考えられる1つの場面は，文化財保護という理由で，文化財としての寺社を修復するために公的資金が支出される場合であろう。たとえば，津地鎮祭事件の最高裁判決（最大判昭和52・7・13民集31巻4号533頁）が，「文化財である神社，寺院の建築物や仏像等の維持保存のため国が宗教団体に補助金を支出したりすること」を，国家と宗教とのかかわり合いが許容される具体的場面の1つとする。文化財保護のための公金支出であれば，たとえその支出先が宗教団体であっても，必ずしも政教分離原則には反しないというのである。実際，寺社の建造物が文化財指定を受けている場合は，被災した寺社の修理事業に対して，文化財保護法に基づく補助金支出が許されている。しかし，一般に，被災した寺社のすべてが文化財の指定を受けているわけではなく，文化財保護の名目で寺社再建を公的に支援することには限界がある。

3　目的効果基準の実体

空知太神社事件判決では，「公の財産の利用提供等における宗教とのかかわり合いが，我が国の社会的，文化的諸条件に照らし，信教の自由の保障の確保という制度の根本目的との関係で相当とされる限度を超えるものと認められる場合に」，公の財産の利用提供等が憲法上禁じられるとされた。ここでいう

「相当とされる限度を超えるもの」とは，いかなるものをいうのかについて，従来は，いわゆる目的効果基準によって判断されるものと考えられていた。

たとえば，愛媛玉串料事件の最高裁判決（最大判平成9・4・2民集51巻4号1673頁）は，憲法89条によって禁止される公金支出を，当該支出の「目的が宗教的意義を持ち，その効果が宗教に対する援助，助長，促進又は圧迫，干渉等になるような」公金支出であると解している。宗教団体に対して，そのような公金支出を行えば，国家と宗教とのかかわり合いが「我が国の社会的・文化的諸条件に照らし相当とされる限度を超えるものと解される」からである。具体的には，県知事による靖國神社等への玉串料等の奉納について，それが「時代の推移によって既にその宗教的意義が希薄化し，慣習化した社会的儀礼にすぎないものになっているとまでは到底いうことができず，一般人が本件の玉串料等の奉納を社会的儀礼の一つにすぎないと評価しているとは考え難い」がゆえに，「目的が宗教的意義を持つことを免れず，その効果が特定の宗教に対する援助，助長，促進になると認めるべきであり，これによってもたらされる県と靖國神社等とのかかわり合いが我が国の社会的・文化的諸条件に照らし相当とされる限度を超える」と判示されている。

目的効果基準はもともと，津地鎮祭事件判決において，国家の行為が憲法20条3項の禁じる「宗教的活動」に当たらないかどうかを判定する基準として定立された。この基準は，当該行為の目的とその効果に着目して，国家と宗教のかかわり合いが相当とされる限度を超えるか否かを判定するものであったが，津地鎮祭事件では「基準の運用ガイドライン」（宍戸常寿『憲法――解釈論の応用と展開〔第2版〕』〔日本評論社，2014年〕124頁）が持ち出され，実際にはそれが適用された感がある。すなわち，「当該行為の外形的側面のみにとらわれることなく，当該行為の行われる場所，当該行為に対する一般人の宗教的評価，当該行為者が当該行為を行うについての意図，目的及び宗教的意識の有無，程度，当該行為の一般人に与える効果，影響等，諸般の事情を考慮し，社会通念に従って，客観的に判断しなければならない」とするガイドラインである。このガイドラインは，目的・効果の2要件の該当性判断よりも，むしろ「諸般の事情」の総合考慮のアプローチを志向している。このアプローチが，愛媛玉串料事件判決で，憲法89条の解釈論に採り入れられたものと解される。

空知太神社事件の最高裁判決は，目的・効果の検討を明示的には行わなかったが，「従来の憲法判断のありようを本質的には変えることなく，ただその判断枠組みから目的と効果への言及をなくした」（辻村みよ子編著『ニューアングル憲法』〔法律文化社，2012 年〕101 頁［佐々木弘通執筆］）に過ぎないと解すれば，同判決も，津地鎮祭事件以降の一連の流れの中に齟齬なく位置づけることができる。目的効果基準を復活させたといわれた白山比咩神社事件の最高裁判決（最判平成 22・7・22 判時 2087 号 26 頁）が，「これらの諸事情を総合的に考慮すれば」政教分離原則違反はないと判示したのも，目的・効果について，要件の該当性判断を行ったというより，諸事情の総合考慮の過程において，目的・効果を重要な考慮要素として勘案したとみなせる。その方が判例の理解として適切なのではないだろうか。

4　総合考慮のアプローチ

だとすれば，被災した寺社の再建のために公金を支出することの合憲性を判断するに際しても，公金支出の目的とその効果の判断を重要な考慮要素としつつ，上記のガイドラインに沿って，「諸般の事情を考慮し，社会通念に照らして総合的に判断すべきもの」（空知太神社事件判決）と解されよう。そうなると，今度はいかなる事情を考慮に値するものとして洗い出すべきかが問題になる。考慮要素の洗い出しを誤ると，歪んだ総合考慮論に堕するおそれがあるからである。政教分離原則が骨抜きにならないようにするためには，考慮要素の選定と評価に対して，慎重な姿勢でもって対処する必要がある。この点で，目的・効果が重要な考慮要素とみなされ，政教分離原則違反が問われる場面で，重点的な検討対象とされてきたことには，十分な理由がある。

そこで設問の事案についても，まず公金支出の目的を問うところから検討すべきだろう。おそらくそれは，寺社再建によって地域の共同施設の復旧を図るという点に求められよう。これを「精神の拠りどころとしての神や仏の座」の再建と理解すると，宗教的意義の存在が否定できなくなるが，「宗教によって精神の安定を得るということを公益に資するとして積極的に評価」するとまでいわずとも，地域に根付いている共同施設としての寺社の社会的役割に注目し，寺社が地域において果たしている公共のフォーラムとしての機能を見直せば，寺社再建という一見すると宗教的な事業にも，世俗の意義を見出すことができないわけではない。

地域の共同施設としての寺社の社会的役割に着目すれば，その復旧は被災者救済の文脈でも捉えられる。被災者救済のために国家が公的支援を行うことは憲法上許容されている（工藤達朗『憲法学研究』〔尚学社，2009年〕110頁）。地域の共同施設の再建を図ることは，被災者救済のためにも必要であって，地域の共同施設の中で寺社だけがカテゴリカルに公的支援の対象から排除されるのは，寺社だけが公的支援の対象に据えられるのと同様，一般人の目から見て不自然に映るのではないか。確かに，寺社再建のための公的支援は「宗教に対する援助，助長，促進」と受け取られかねない側面もある。しかし，それは寺社に対する特別の援助を目的とするものではなく，震災復興の一環として，地域の共同施設の再建を目指すものに過ぎないし，寺社だけが殊更に支援されているわけではない以上，一般人の目から見て，寺社に「特別の便益を提供し援助していると評価されるおそれがあるとはいえない」（空知太神社事件差戻上告審判決〔最判平成24・2・16民集66巻2号673頁〕参照）。

もちろん，公金の支出は寺社の再建に必要不可欠な範囲に限定されなければならない。公的支援は最後の手段なのであって，まずは民間からの寄付の可能性が探究されなければならない。また，震災復興を表向きの理由にして，寺社に対して多額の公金が何度も助成されることがあるようだと，「宗教に対する援助，助長，促進」とみなさざるを得なくなるが，公金支出の適正性の確保は，事後審査に委ねることによっても十分に可能である。逆に公的支援が膨大な文書作成等の付随義務を寺社に課し，それを監視監督する役所に対して，日常的に寺社に干渉する口実を与え，結果的に寺社に対する国家介入の度合いを増大させるようだと，宗教に対する「圧迫，干渉等」の効果を生んでしまう。こうした観点からも国家と宗教のかかわり合いには制約が設けられなければならない。

津地鎮祭事件の最高裁判決によって定立されたといわれる目的効果基準は，よく知られているように，アメリカのレモン・テストに由来している。レモン・テストは，①問題となった国家行為が世俗的目的を持つものかどうか，②その行為の主要な効果が宗教を振興しまたは抑圧するものかどうか，③その行為が宗教との過度のかかわり合いを促すものかどうか，という３要件を個別に検討することによって，政教分離原則違反の有無を判断し，１つの要件でもクリアできなければ，当該国家行為を違憲とするものと理解されている（芦部・憲法 160 頁）。

目的効果基準はこのレモン・テストと似ているが，③の「過度のかかわり合い」を明示的に問わない点に違いが見られると解されてきた。しかしそれ以上に大きな違いは，レモン・テストが３要件の該当性判断を行うものであるのに対し，目的効果基準が目的・効果を重要な考慮要素とする総合考慮のアプローチであるという点にある。本文で述べたように，総合考慮のアプローチでは，目的・効果以外に「諸般の事情」を勘案し，諸要素間の具体的な比較を伴った総合考慮によって，国家と宗教とのかかわり合いが「相当とされる限度」を超えたか否かを決定する。これに対して要件の該当性判断では，要件を順番に並べ，最初の要件を満たす事実があるか否かを判断し，クリアできなければその時点で違憲とみなすが，クリアできれば，次の要件を満たす事実があるか否かの判断に移り，最後の要件がクリアできるまで論証を繰り返す。

３要件の該当性を順次かつ独立に判断するレモン・テストに対して，最高裁が採用する目的効果基準は，諸要素の重要性を相関的かつ全体的に評価しようとする。そこには総合考慮アプローチに特有の融通無碍さが感じられるものの，要点は，国家行為の目的・効果を重要な手がかりとみなし，国家と宗教のかかわり合いの「程度」を測ろうとするところにあると考えられる。

設問 27

暴力団排除条例の合憲性

Y県の暴力団排除条例（以下，「暴排条例」という）は，県内の事業者に対して「その行う事業に関し，暴力団の活動を助長し，又は暴力団の運営に資することとなることの情を知って，規制対象者又は規制対象者が指定した者に対して，利益供与をしてはならない」と定めている。「法令上の義務又は情を知らないでした契約に係る債務の履行としてする場合その他正当な理由がある場合」は，この限りではないとされているものの，当該規定に違反する行為があると認められた場合は，当該利益供与を防止するための措置をとるよう勧告すると定められ，さらに，正当な理由なくその勧告に従わないで事業者が利益供与を続けた場合は，その旨を公表すると定められている。

ホテル事業者Xの社長は，幼なじみのAからXの宴会場で貸切りパーティを行いたい旨の申込みを受け，二つ返事でそれを承諾した。ところが，正式の予約を受ける直前に警察から連絡があり，Aが開催するパーティは暴力団が団体として行う組長襲名披露パーティであり，そのようなパーティの開催にXが協力すれば，暴排条例上の「利益供与」に該当するので，決して予約を入れてはならないとの勧告を受けた。そのときはじめてAが暴力団対策法2条3号にいう指定暴力団の関係者であることが分かったが，①AがXの社長の幼なじみであること，②既にAの申込みを事実上受諾していること，③Aの予約を断れば，暴力団からの報復が危惧されること，④警察による保護の申し出は当てにならないことを考慮し，Xはあえて予約を受け付けた。しかし，このXの行為は勧告無視と判断され，ホテル名等の公表が行われた結果，Xの社会的信用は著しく傷つけられ，営業活動にも多大の悪影響が生じた。

そこでXは，Y県によるホテル名等の公表によって生じた損害の賠償を求めるとともに，Y県暴排条例の定める利益供与の禁止が違憲であると主張して，訴えを提起した。これに対してY県は利益供与禁止規定の合憲性を主張したいと考えている。もしY県から憲法上の問題に関してアドバイスを求められたら，どのように助言すればよいだろうか。

①生命・身体の権利
②契約の自由
③明確性の原則
④結社の自由と第三者の主張適格

参考文献

□石川健治「契約の自由」憲法の争点 146 頁
□長谷部恭男「漠然性の故に有効」『憲法の論理』（有斐閣，2017 年）122 頁
□駒村圭吾「第三者の権利の援用」『憲法訴訟の現代的転回』（日本評論社，2013 年）365 頁
□浜川清「暴力団排除条例の特色と法律問題」都市問題 103 巻 10 号（2012 年）38 頁
□渡邊雅之「暴力団排除条例の利益供与の禁止の基準」金融法務事情 1947 号（2012 年）6 頁

解説

1　問題の所在

暴排条例は，平成21年7月に佐賀県で施行されたのを皮切りに，平成23年10月に東京都と沖縄県で施行されたことにより，今や47都道府県すべてに備わっている。その目的は暴力団の排除にあるが，「暴力団が活動する土壌（環境）を改善させることによって，暴力団に流れていく栄養分（資金・人等）を遮断して，組織を衰退させていくことが条例の狙いである」（大田晃央「『東京都暴力団排除条例』の概要」法律のひろば65巻2号〔2012年〕13頁）とされる。暴力団との関係を断てない事業者は警察や公安委員会から勧告を受けたり，事業者名を公表されたりする他，場合によっては罰則まで科されることがある。つまり暴排条例は，これまでの対決構図だった「警察対暴力団」を「市民対暴力団」に切り替え，暴力団を社会的に孤立させ，資金やサービスの供給を断つものなのである（溝口敦『続・暴力団』〔新潮新書，2012年〕60頁，宮崎学『ヤクザに弁当売ったら犯罪か？』〔ちくま新書，2012年〕21頁参照）。

設問の利益供与禁止規定のモデルは東京都暴排条例24条3項である。当該規定は，利益供与を受ける暴力団を直接規制するのではなく，暴力団に利益供与した事業者を規制し，違反行為があれば，事業者に制裁を科すものである。暴力団対策として最も有効とされるのが資金源を断つことであり，暴力団に対する事業者の利益供与を禁止すれば，暴力団そのものも排除できると考えられているのである。しかし，事業者を暴力団対策の前面に押し出して対峙させるような仕方に問題はないのだろうか。暴力団からのアプローチを毅然として断ることは，事業者にとって，ときには危険も伴う。暴排条例の利益供与禁止規定は事業者に無理難題を強いるものではないか。そこには事業者の憲法上の権利侵害があるのではないかと疑われよう。

2　生命・身体の権利と契約の自由の問題

では，暴力団への利益供与の禁止は，事業者の何の権利を侵害するというのだろうか。生命・身体の権利（憲13条）であろうか。確かに，事業者が当該規制を遵守しようとすれば，自ら（経営者あるいは従業員）の生命・身体を危険にさらすことになりかねない。しかし，それは直接的には暴力団によってもたらされる危険である。条例遵守の姿勢が暴力団の反発を招くからといって，それを公権力による生命・身体の権利侵害と同視することはできないだろう。暴力団の報復を条例遵守の必然的な帰結と見ることは，それこそ暴力団の思うつぼである。公権力による生命・身体の保護義務（基本権保護義務）を語るのならともかく，ここで生命・身体への侵害を語るのは飛躍に過ぎよう。

他方，設問の事案では，当事者間で合意された契約内容に公権力が介入し，当該契約を違法とした上で事業者に制裁を科している。これは契約の自由への干渉といえる。契約の自由は憲法上に明文の規定を持たないが，解釈によって憲法上に根拠づけることができる。最高裁も三菱樹脂事件判決（最大判昭和48・12・12 民集 27 巻 11 号 1536 頁）において，憲法が「22 条，29 条等において，財産権の行使，営業その他広く経済活動の自由をも基本的人権として保障している」以上，「企業者は，かような経済活動の一環としてする契約締結の自由を有し」ていると述べている。ただし，契約は必ずしも経済活動の一環としてしか締結できないものではないため，契約の自由一般の法的根拠は，憲法 13 条に求めることになろう。「契約の自由を原則とする限り，公権力がその内容に干渉を加えることはできない」（大石・憲法講義Ⅱ 245 頁）。

確かに，暴力団を排除し公共の安全を確保するため，事業者に負担をかけるのは筋違いとの議論はあろう。「要求の拒絶や警察への被害申告などの積極的な暴力団排除措置をとらなかった場合，純然たる被害者的立場ではなく，むしろ暴力団に協力する者として反社会的勢力の側に位置づけられる」（松坂規生「暴力団排除活動の動向」法律のひろば 65 巻 2 号〔2012 年〕10 頁）ことには，戸惑いがあって当然である。しかし，公序良俗に反する契約が無効とされることがあるように，当事者間に合意がある場合でも，それを絶対視することはできない。暴力団排除のために事業者の契約の自由が制約され，暴力団への利益供与を内容とする契約が違法視され，かつ制裁として違反行為が公表されるとしても，目的の重要性と手段の最小限度性に鑑みれば，なお正当な目的を達成するための必要かつ合理的な制限といえるのではないか。それに設問の事案では，正式の予約が入る前に勧告があったのだから，暴排条例の趣旨を斟酌した上で，

Xは契約を思いとどまることができたはずである。AがXの社長の幼なじみであることは抗弁にならない。

3　明確性の原則の妥当性

問題は暴排条例が禁止する「利益供与」の内容がはっきりしないことである。そのため「弁護士や医者，電力会社や水道局が暴力団に利益供与するのはOKだが，ピザ屋や鮨屋が暴力団から注文を受け，多人数分を出前するのはダメだ，葬祭業者が暴力団の葬式を仕切るのはダメだ，印刷屋が暴力団の年賀状や名刺を刷るのはダメだとか，わけの分からない状態」になっているという（溝口・前掲73頁）。何が許されない利益供与に当たるのかが明確でなく，いちいち警察等の当局に尋ねなければならないとしたら，それは暴排条例の重大な欠陥といわざるを得ない。

「暴力団の活動を助長し，又は暴力団の運営に資することとなる」ような利益供与とは何なのか。事業者が暴力団と契約を結び，契約内容にしたがった給付を行うことが，すべて暴排条例にいう利益供与に当たるのだとすると，まさに「ヤクザに弁当売ったら犯罪か？」と問われかねない。この点，最高裁は徳島市公安条例事件判決（最大判昭和50・9・10刑集29巻8号489頁）において，「通常の判断能力を有する一般人の理解において，具体的場合に当該行為がその適用を受けるものかどうかの判断を可能ならしめるような基準が読みとれるかどうかによってこれを決定すべきである」と述べた。いわゆる「一般人の理解」基準である。ただし，この基準は「ある刑罰法規があいまい不明確のゆえに憲法31条に違反するものと認めるべきかどうか」を問う場面で打ち立てられたものである。それは罪刑法定主義に含まれる刑罰法規の事前告知の要請に由来する。設問の事案は刑罰法規が適用される事例ではない。当該利益供与は犯罪ではないし，利益供与に対する制裁も，勧告・公表であって刑事罰ではない。公表の制裁的効果を考慮すれば，その威嚇力は刑事罰に勝るとも劣らないとの反論もあろうが，公表と刑罰を同一視してしまうと，罪刑法定主義の内容が希薄化するおそれもあり，妥当ではない。

それに刑罰法規ですら限定解釈によって曖昧不明確性を除去することが認められている（君塚正臣「明確性の原則」戸松秀典＝野坂泰司編『憲法訴訟の現状分析』

〔有斐閣，2012年〕336頁)。当該利益供与禁止規定を限定解釈すれば，何が許されない利益供与か，明確にできるのではないか。その場合，法文にだけ着目するのではなく，行政の通知や先例も参考にされるべきである。当局もあらかじめ（事件後ではなく）豊富な類例を示しておくことが求められる。設問の利益供与禁止規定が，罪刑法定主義が問題になる憲法31条の場合でもなければ，萎縮的効果の忌避が要請される憲法21条の場合でもない以上，法文の明確性が厳格に問われる必要はない。

設問の事案は，暴力団が団体として行う組長襲名披露パーティのためにホテルが会場を提供するものであり，かつ，当初は暴力団関係者からの申込みとは知らなかったとされているが，当局の勧告がなされた後も（恐怖心が手伝ったとはいえ）あえて申込みを承諾している。それが暴排条例上許されない利益供与に当たることは，通常の判断能力を有する一般人なら十分に理解できただろう。だから仮に暴排条例の利益供与禁止規定が明確性を欠くものだったとしても，設問の事案に関する限り，Xがそのことを非難する立場にはないということができる。

4　第三者の権利侵害の主張可能性

本件の暴排条例は，暴力団を排除するため，暴力団に対する事業者の利益供与禁止規定を設けている。当該規定は暴力団の存立そのものを否定しようとしたと解されるのなら，暴排条例はまさに暴力団の存立の権利，すなわち結社の自由（憲21条1項）を侵害していると主張できるのではないか。果たして暴力団に，結社の自由として，自己の存立を維持する自由の主張ができるのだろうか。この点，学説の中には，暴排条例による暴力団への利益供与の禁止に関して，「結社の自由との関係で問題が生じることは避けられない」（渡辺康行ほか著『憲法Ⅰ　基本権』〔日本評論社，2016年〕278頁［工藤達朗執筆］）とする見方もある。

しかし仮にそのような主張ができるとしても，設問の事案では，暴力団本体ではなく，取引の相手方であるホテル事業者Xにそのような主張が許されるのかが，まず問われなければならない。というのも，従来，他者の憲法上の権利を他者に代わって主張する資格（主張適格）は，原則として認められないとされてきたからである。もちろん例外的に①他者が自らの権利を主張することに困難な事情がある場合，②他者と訴訟当事者の間に特別の関係がある場合，③萎縮的効果を忌避しなければならない表現の自由の制限が問題になる場合は，他者の権利の援用が許されるといわれている（佐藤・日本国憲法論632頁）。以上のような例外的場合に当たらなければ，他者の権利を援用することは一切できないとまでいえるかについては，なお検討を要するが，いずれにしても，国家賠償請求訴訟において，他者の憲法上の権利を自分が望むように援用し，自由に争点化してよいということになると，それは当事者間の具体的な権利義務に関する紛争を扱う司法権（憲76条1項）の制度趣旨にそぐわないと思われる。

では，設問の事案は上記のような例外的場合に当たるのだろうか。まず，この事案では確かに暴力団自身が自己の権利を主張することは難しい。Xが提起した民事訴訟に暴力団が訴訟参加することも考えがたい。しかしだからといって，それで差し当たり当の暴力団が困るわけでもない。暴力団が結社の自由侵害を主張したいのであれば，それを行うのに適切な機会を他に求めることもできる。それにXと暴力団の間には，社長とAが幼なじみという以上の関係はないので，あえてXに暴力団の結社の自由が侵害されていると主張してもらう必要も，主張させるべき事情もない。また，この事案で表現の自由侵害は問われていない。規制の萎縮的効果の考慮要求も，ここでは説得力を持たない。それゆえ，Xが暴力団の結社の自由を援用することは許されないというべきだろう。

暴排条例は，事業者を規制することによって暴力団の資金源を断ち，間接的に暴力団の弱体化を図ろうとするものである。たとえ事業者と暴力団の間に有償の契約があっても，その契約の履行が暴力団の活動を助長し，その運営に資すると評価できる場合は，暴力団に対する利益供与と位置づけ，「反社会的行為」とみなして事業者に制裁を科すのである。暴排条例は事業者を暴力団の矢面に立たせ，暴力団からの報復リスクを事業者に負わせるおそれがあるがゆえに，それが事業者に過度の負担を課す結果になるのではないかと疑われる余地があった。さらに事業者にとって，通常の取引過程において締結された契約の履行が，暴力団に対する利益供与とみなされるのは，受忍困難な経営リスクと解されてもやむを得ない面があった。暴排条例が違憲の疑義を回避するためには，事業者の権利に気配りした，立法上の保護対策・配慮措置が十分に備わっていることを要しよう。

たとえば，東京都の暴排条例の場合，都が都民等に情報提供を行うなどして支援する（9条）他，暴力団からの報復リスクを軽減するため，警察が「保護対象者の安全で平穏な生活を確保するために必要な措置を講ずる」（14条）こととしている。事業者の通常の取引行為が暴力団への利益供与とされ，制裁を受けるリスクに対しては，暴力団への利益供与になることを認識して（「情を知って」）取引した場合に限定して禁止の対象としており，かつ，契約締結後に「情を知って」しまった場合の「債務の履行」は違法視しないとしている（24条3項）。「情を知って」は「確定的な認識」でないといけないと解されている（犬塚浩ほか編著『暴力団排除条例と実務対応』〔青林書院，2014年〕73頁）。設問の事案のように，正式の予約を受ける前に警察から連絡があって，契約申込みの主体が暴力団であることを知ったにもかかわらず，契約を締結したのであれば，情を知って利益供与をしたとみなされよう。

設問 28

元従業員の競業避止義務

X社は製品廃棄物を買い取り，そこから貴金属を回収するリサイクル事業を展開していた。Yは，X社の従業員として，歯科医院等から排出される歯科用合金スクラップの買取業務に従事していたが，10年あまりX社に在職した後，退社して，自ら事業を行うことにし，歯科用合金スクラップの買取業を始めた。ただ，Yは入社の際，「在職中の会社の全取引に対して，退社後3年以内は会社と同一又は類似の業務は致しません。上記各条項に反し万一会社に迷惑をかけたときは，その損害を賠償致します」と記載された誓約書をX社に提出していた。また，X社の就業規則には競業避止条項が設けられており，そこには「社員は，退職後2年以内の期間において，会社と同等の事業に直接又は間接を問わず従事してはならない」旨の定めがあった。X社は，Yが競業避止義務に違反し，X社の顧客である歯科医院等から歯科用合金スクラップの買取りをしたと訴え，買取りの差止めと債務不履行に基づく損害賠償を求めている。

とはいえ，歯科用合金スクラップの買取業務には，特殊技能はもちろん，X社が開発した特別なノウハウが必要とされるわけでもなく，顧客の開拓は自らの営業努力によるとの自負が強かったYにとって，顧客の開拓・維持のため，X社から多大の支援を受けたという意識もなかった。また，YはX社の従業員に強い影響力を行使する役職に就いていたわけでもなければ（それゆえ，他の従業員を大量に引き抜いたわけでもなければ），X社から競業避止に見合った代償を得ていたわけでもなかった。にもかかわらず競業避止を義務づけられるのは，むしろX社によるYの職業選択の自由に対する不当な侵害であると考えている。この点について，Yからアドバイスを求められたとしたら，どのように助言すればよいだろうか。

①私人間効力論の意義
②私法の一般条項の役割
③法益間衡量

参考文献

□松本和彦「基本権の私人間効力」ジュリ 1424 号（2011 年）56 頁
□横地大輔「従業員等の競業避止義務等に関する諸論点について(上)(下)」判タ 1387 号 5 頁，1388 号 18 頁（2013 年）
□松嶋隆弘＝松井丈晴「判批」税務事例 41 巻 10 号（2009 年）70 頁
□小畑史子「退職した労働者の競業規制」ジュリ 1066 号（1995 年）119 頁
□川田琢之「競業避止義務」日本労働法学会編『講座 21 世紀の労働法 第 4 巻 労働契約』（有斐閣，2000 年）133 頁

解説

1　問題の所在

設問は福岡地判平成19・10・5判タ1269号197頁を参考に作成した。憲法22条1項が職業選択の自由を保障している以上，一般に，何人も歯科用合金スクラップの買取業を営む自由（＝狭義の職業選択の自由）を享受することができるといってよい。しかし，かつて勤務していた会社で歯科用合金スクラップの買取業務に従事していた人が，同社との取決め（誓約書と就業規則）により競業避止義務を負った場合は，退職後，自由に同業を営むことができなくなる。そのことが職業選択の自由の制限に当たるのではないかと問われた場合，この義務が国家によって課されたものであるなら，そこに狭義の職業選択の自由の制限があるといって差し支えないし，この義務づけが公共の福祉に照らして正当化できないものであれば，それは違憲無効といわなければならない。

ところが，競業避止義務が会社と元従業員の契約に基づくものであるなら，そもそも元従業員の職業選択の自由が制限されているとみなすこと自体が不適当とされる。職業選択の自由の保障は国家と私人の間でのみ妥当すると考えられてきたからである。しかし，憲法上の自由は私人間において何ら効力を持たないといいきる者も少ない。そこには私人間効力論という喧しく議論されてきた問題領域が横たわっている。

2　私人間効力論の意義

最高裁は三菱樹脂事件判決（最大判昭和48・12・12民集27巻11号1536頁）において，憲法14条及び19条は「同法第3章のその他の自由権的基本権の保障規定と同じく，国または公共団体の統治行動に対して個人の基本的な自由と平等を保障する目的に出たもので，もっぱら国または公共団体と個人との関係を規律するものであり，私人相互の関係を直接規律することを予定するものではない。このことは，基本的人権なる観念の成立および発展の歴史的沿革に徴し，かつ，憲法における基本権規定の形式，内容にかんがみても明らかである」と述べていた。これは基本権が私人間で直接効力を有すること（直接効力説）を否定する趣旨と解されている。

もちろん最高裁も，私人間において「各人の有する自由と平等の権利自体が具体的場合に相互に矛盾，対立する可能性」があることを認めている。しかし「その対立の調整は，近代自由社会においては，原則として私的自治に委ねられ，ただ，一方の他方に対する侵害の態様，程度が社会的に許容しうる一定の限界を超える場合にのみ，法がこれに介入しその間の調整をはかるという建前がとられている」とする。法の介入による調整の仕方についても言及しており，とりわけ「私的支配関係においては，個人の基本的な自由や平等に対する具体的な侵害またはそのおそれがあり，その態様，程度が社会的に許容しうる限度を超えるときは，これに対する立法措置によってその是正を図ることが可能であるし，また，場合によっては，私的自治に対する一般的制限規定である民法1条，90条や不法行為に関する諸規定等の適切な運用によって，一面で私的自治の原則を尊重しながら，他面で社会的許容性の限度を超える侵害に対し基本的な自由や平等の利益を保護し，その間の適切な調整を図る方途も存する」と述べている。

つまり最高裁は，私的支配関係における個人の基本的自由の侵害に対しては，まず立法措置による是正の可能性があることを指摘し，場合により，「私的自治に対する一般的制限規定」の適切な運用を通じて，私的自治の原則を尊重しながら「基本的な自由や平等の利益を保護し，その間の適切な調整を図る」よう示唆しているのである。設問で示した競業避止義務については，これに関わる特段の立法措置を見出すことができない。立法措置による調整が見込めない以上，私人間における基本的自由の問題は，結局，「私的自治に対する一般的制限規定」に依拠しつつ，私的自治の範囲と社会的許容性の限度を勘案しながら，法益間の調整を図るよう努めざるを得ない。

3　私法の一般条項の役割

「私的自治に対する一般的制限規定」，すなわち私法の一般条項は，開かれた構成要件であるがゆえに，私人相互の法益間の衝突を柔軟に受けとめ，細やかな調整を図るための場を提供しうる。この一般条項に基本権の価値を充塡し，価値衡量を行うことを通じて，本来，私人間に適用されない基本権の効力をそこに及ぼそうとするのが，いわゆる間接効力説であった（芦部信喜『憲法学Ⅱ 人権総論』〔有斐閣，1994年〕296頁)。私法の一般条項を通じて，私的自治の原則を尊重しながら「基本的な自由と平等の利益を保護し，その間の適切な調整を図る」ものとした三菱樹脂事件判決は，間接効力説を採用したものと理解されてきた。この理解が正しいか否かはここでは問わない（それを問い始めると，学説上の一大争点への取組みを強いられる)。ここでは「基本的な自由と平等の利益を保護し，その間の適切な調整を図る」との判示の中に，設問の事案でいえば，Yの職業選択の自由への配慮が含まれていて，かつ，X社とYの法益間の調整を図るべしとする趣旨が込められていることを確認するにとどめたい。

三菱樹脂事件判決の趣旨に従う限り，自由権的基本権は「私人相互の関係を直接規律することを予定するものではない」のだから，憲法22条1項によって保障されるYの職業選択の自由も，X社とYの間の競業避止特約（誓約書と就業規則の競業避止条項）を直接規律することはできない。しかし，同特約が法的に有効か否かは，私法の一般条項たる民法90条の公序良俗条項を引き合いに出すことによって回答できる。そしてその構成要件該当性は，実質的には，Yの職業選択の自由の法益を含めたX社とYの法益間衡量によって決せられる。もちろん，X社とYは自由な合意によって同特約を締結したのであり，その後，Yに心変わりがあったからといって，その特約から直ちに逃れられるものではない。しかし，法益間衡量の結果次第では，同特約は公序良俗に反するがゆえに無効であると評価されることもありうる。

最高裁はかつて競業避止契約の有効性が問われた事案（最判昭和44・10・7判時575号35頁）で，同一町内において，2年間，同一業種のパチンコ店を営業してはならないとした契約（競業禁止の補償金75万円あり）を公序良俗に反しないとした。その際，「このように，期間および区域を限定しかつ営業の種類を特定して競業を禁止する契約は，特段の事情の認められない本件においては，上告人の営業の自由を不当に制限するものではなく，公序良俗に違反するものではない」と判示している。これは両当事者の法益間衡量の結果，上告人の営業の自由の法益に不当な扱いがあったという事情は見あたらないので，同契約は公序良俗違反に当たらないとしたものである。もし競業避止期間が長期に及び，競業避止区域が大きく広がっていて，かつ営業の種類も特定されていないという場合なら（さらに補償金がなかったなら），その契約は公序良俗違反とされた可能性が高い。

4　法益間衡量のあり方

X 社と Y の競業避止特約が公序良俗条項に違反しないのかという問題も，両者の法益間衡量によって決せられる。この衡量を行う際，Y の職業選択の自由に留意するだけでなく，X 社の営業の自由にも配慮しなければならない。私人間においては，元従業員だけでなく，会社もまた基本権主体としての地位が認められるからである。特に X 社は，リサイクル事業を展開する，おそらくはそれほど規模も大きくない企業であって，いわゆる社会的権力とみなせるような存在ではないと思われる。X 社を国家と同視し，X 社の営業の自由を無視して，Y の職業選択の自由の制限にしか目を向けないのは妥当といえまい。

確かに，Y が X 社に採用される際，退職後の競業避止を約した誓約書を X 社に提出した（させられた？）のは事実である。Y がそうしたのは，X 社と Y が一般に交渉力格差が大きいとみなされる使用者・労働者という関係（その限りで，三菱樹脂事件判決にいう私的支配関係）にあったからであり，Y が自ら進んでそのような誓約書を提出したわけではないであろう。しかしそうであったとしても，Y が自律した一個の大人である以上，自己の意思に基づいて行動できたはずであり，当該誓約が X 社と Y の自由な合意を基礎に締結されたというのなら，両者間の競業避止特約も有効と推定せざるを得ない。この推定を覆すには，競業避止特約と関連する具体的な事情を精査し，両者の法益間衡量をきめ細やかに行う必要がある。

まず，Y の職業選択の自由への制約的効果が考慮されなければならない。退職後も X 社と競業できないとなると，Y は慣れ親しんだ分野での職業活動が禁じられたことになるので，自由な職業選択が著しく制約される。それは Y にとって最も重要な生計手段が封じられるに等しい。当該競業避止特約が「期間および区域を限定しかつ営業の種類を特定して競業を禁止する契約」であればともかく，2，3 年という期間は，元従業員の生計手段を封じる期間として相当長期であり，区域の限定もない上に，X 社と同等の事業がすべて禁止されている。職業選択の自由に対する侵害度は極めて大きいといえる。

確かに，元従業員が会社の他の従業員に対して多大の影響力を行使して，引き抜きなどを行ったり，または，会社のノウハウや営業秘密を利用し，会社が金銭的な負担を引き受け開拓・維持した顧客を奪ったりするなどの，会社への背信的行為を仕掛ける場合は，元従業員に競業避止を求める必要性があるかもしれない。しかし，Y は他の従業員に影響力を行使できる役職等に就いていたわけでもなく，大量引き抜きを行ったわけでもなかった。また，Y の業務の遂行には X 社が開発した特別なノウハウも特に必要なかった。会社の顧客を Y に奪われたくないという欲求だけでは，X 社の側に正当な使用者の利益があったとはいいがたいであろう。

もちろん，Y が X 社の従業員だった頃，何人もの顧客を開拓した際に，X 社のブランド力が全く寄与しなかったとはさすがにいえないとしても，そこで X 社に特別な出捐が見られない以上，Y の営業努力と X 社のブランド力のどちらが結果に寄与したのかと問うても，それは水掛け論に陥るだけである。結局，X 社は会社の顧客を元従業員に奪われたくないがゆえに，入社時の誓約書と就業規則だけを根拠に，これといった代償措置も講じていないのに，元従業員に競業避止を義務づけようとしたことになる。だとすると，X 社と Y の競業避止特約は公序良俗違反であり，Y に対して競業避止を義務づけることはできないというべきであろう。

設問の事案はＸ社とＹの間に競業避止特約がある場合であったが，そのような特約がない場合に，元従業員の競業行為が会社との関係で違法とされることはないのか。この点，元従業員の職業選択の自由を重視する立場から，「退職後の競業を制限するためには，その旨の特約が不可欠である」（西谷敏『労働法〔第２版〕』〔日本評論社，2013年〕191頁）といわれることがある。下級審判決の多くは，会社に対する元従業員の背信性が目に付く場合に限って，元従業員の不法行為，または雇用契約に付随する信義則上の競業避止義務違反を肯定しているようである。最高裁は，元従業員が会社の営業担当だった時代に築いた取引先との人間関係を利用して，退職後に競業行為を行い，売上高の大半を会社の顧客から得ていたという事案で，元従業員が「人的関係等を利用することを超えて，〔会社〕の営業秘密に係る情報を用いたり，〔会社〕の信用をおとしめたりするなどの不当な方法で営業活動を行ったことは認められない」と判示して，元従業員が実際に行った競業行為を不法行為とはみなさなかった（最判平成22・3・25民集64巻2号562頁）。

元従業員の職業選択の自由と会社の営業の自由は，単純に一方が他方に優越するという関係にはないというべきである。しかし，前者は狭義の職業選択の自由であり，後者は営業活動の自由である。従業員の会社在職中の競業行為は，これを禁じても従業員の自由に対する制約は大きくないのに比し，これを許すと会社の利益が損なわれるおそれが大きい。逆に従業員の会社退職後の競業行為は，これを禁じると元従業員の生活に響くおそれがあるのに対し，これを許しても会社の競争者が増えるだけのことである。競争は営業の自由と親和することを思うと，競争を阻害する元従業員の競業避止義務の正当性は多分に疑わしいのではないか。だとすると，特約もないのに同義務を認めるという場合は特段の事情が必要とされよう。

設問 29

文部科学省元局長の証人喚問

大学新設の許認可をめぐり行政内部で不公正な取扱いが行われたとの内部告発があったことをきっかけに，文部科学省は真相を確かめようとするマスコミからの連日の取材攻勢にあっていた。その報道のさなか，文部科学省高等教育局の元局長Xが某新聞の取材に応じ，当該大学の設置認可に関しては，自分の在職時においても同様の不公正な取扱いがあったと発言した。この発言が報じられるや否や，国会でも野党を中心に，ことの真偽を確認すべきであるとの意見が大勢を占めるに至り，紆余曲折の議論の末，衆議院において元局長Xを証人喚問することが決定された。

Xは2年前まで文部科学省に在職していたものの，現在は民間企業の役員を務めていて，教育行政からは身を退いている。そのため，以前の職場の問題に関して，急遽，衆議院で証人喚問されることになったことに戸惑いを感じていた。とりわけ，在職中に「職務上知ることのできた秘密」（国公100条1項）を開示せざるを得なくなった場合，秘密漏洩の罪で処罰される（国公109条12号）など，刑事責任を問われるおそれがあることや，自己のプライバシーに関することを衆人環視の中で供述するよう強要されかねないといったことを危惧している。ここでもしXから，衆議院における証人喚問に際して，自らの憲法上の権利を守るためにはどうしたらよいか，アドバイスを求められたとしたら，どのように助言すればよいだろうか。

①国政調査権の性格と限界
②公務員の守秘義務
③不利益供述拒否権
④プライバシーの権利

参考文献

□芦部信喜「議院の国政調査権」『憲法と議会政』（東京大学出版会，1971年）3頁
□高見勝利「国政調査権の『性質』」『芦部憲法学を読む』（有斐閣，2004年）159頁
□孝忠延夫「国政調査権の現状」ジュリ1177号（2000年）87頁
□原田一明『議会制度』（信山社，1997年）206頁

解説

1　問題の所在

憲法は，両議院の権能として，「国政に関する調査を行ひ，これに関して，証人の出頭及び証言並びに記録の提出を要求することができる」と定めている（憲62条）。これは国政調査権と呼ばれる衆参両議院の情報収集の権能をいうものである。法律の制定をはじめとして，国会が自らに与えられた役割を全うするためには，必要と思われる場合に，国政に関する情報を多方面から収集しうる権限が備わっていなければならない。憲法62条が両議院に国政調査権を付与したのは，その当然の理を確認したものである。そのことはまた，明治憲法下において議会による国政調査が認められていなかったことを教訓としている。国政調査の手段として，両議院は「証人の出頭及び証言並びに記録の提出」を要求できるとされているが，重要なことは，この権能が相手方の同意を要しない強制的な権能と解されていることである。したがって，証人喚問された者は原則として出頭を拒むことができない。議院証言法（議院における証人の宣誓及び証言等に関する法律）7条1項は正当な理由なき不出頭を処罰すると定めている。

他方で，証人喚問された者が議院において証言を強制される場合，その証言によって，自己に不利益な結果を惹起することもありうる。特に公務員は，「その職を退いた後といえども」，「職務上知ることのできた秘密を漏らしてはならない」（国公100条1項）とされ，守秘義務違反を犯した場合は処罰されると規定されているため（国公109条12号），証言に際しては慎重にならざるを得ない。こうした場合は，「自己に不利益な供述を強要されない」と定める憲法38条1項も援用できるのではないか。また，私生活上の秘密に関わることについても，証言強制はできないと考えられるのではないか。すなわち，両議院は国政調査のため証人の喚問を行い，証言を強制することができるとしても，その権限行使に際しては，一定の憲法上の限界が認められるのではないか。この限界を見極めるためには，国政調査権の機能を十分に理解した上で，公務員の守秘義務，不利益供述拒否権，プライバシーの権利との調整を図らなければならないのである。

2　国政調査権の性格

国政調査権については，それがいかなる性格の権能なのかをめぐって，かつて激しい議論があった。一方で，「国権の最高機関」たる国会にふさわしい，国権の統括のための独立権能であるとする見解（独立権能説）があり，他方で，立法権等の国会の権能を実効たらしめるための補助的権能であるとする見解（補助的権能説）があった。しかし，「国会を統括機関とみる考え方は正当ではないし，また，補助的権能説は，英米独仏の学説・判例を通じてひとしく認められている原則であるから，そのような沿革およびそれをわが国が継受した経緯を考慮すれば，諸外国と異なる解釈を行う積極的な理由がないかぎり，わが国でも同じに解するのが妥当である」（芦部・憲法318頁）とする理解が普及し，現在では補助的権能説が通説化している。

もっとも，国会の権能は広汎な事項に及んでいるので，補助的権能説によっても「国政に関連のない純粋に私的な事項を除き，国政調査権の及ぶ範囲は国政のほぼ全般にわたる」（芦部・憲法318頁）と解されており，あえて補助的権能と性格づける必要が乏しいのも事実である。補助的権能であることが強調された理由は，むしろ他の国家機関の権限や独立性を脅かす目的・方法での調査を禁じようとするためであったように思われる。たとえば，司法権（場合によっては検察権）への不当な介入を招きかねない調査（現に裁判進行中の事件を直接の対象とする調査や，既に確定した事件の裁判の当否を問題視する調査など）を禁じるために，国政調査が行われる領域を立法権等の国会の本来の権限行使に必要な範囲内に押さえ込もうとしているに過ぎない。逆にいえば，裁判所等の審理とは異なる目的で行われ，司法権等の独立を脅かす不当な介入に当たらない調査（いわゆる並行調査）であるのなら，それは直ちに否定されるべきではない。

さらにいえば，国政調査によって「補助」される国会の本来の権限行使として，何を想定するかについても，再考する必要がある。すなわち，内閣の対国会責任（憲66条3項）が重視される議院内閣制の下では，内閣に対する国会の統制権は，国会の本来の権限に当たるというべきだから，その統制を行うために調査が不可欠であるというのなら，両議院の国政調査権は国会の内閣統制権の行使を支える手段として，行使が認められてしかるべきである（大石・憲法講義Ⅰ 161頁，162頁）。立法権の「補助」というよりも，内閣統制権の「補助」とみなすのである（大石・憲法講義Ⅰ 162頁はむしろ「それ自体として，国会両議院の独立した権能とみるのが妥当」という）。

設問の事案では，行政内部（行政各部内）における不公正な行政運営が問題視されているのだから，第一次的には，内閣（あるいは内閣総理大臣）による行政各部の指揮監督（憲72条）を通じて行政の不公正さ（もしあるのであれば）を正すべきであろうが，それが不十分・不適切であると国会が判断するのであれば，国会は内閣の統制に乗り出すことが許されてしかるべきだし，そのために必要と思うのであれば，各議院において国政調査を行い，関係する「証人の出頭及び証言並びに記録の提出」を求めることができるといってよい。

3　国政調査権の限界――公務員の守秘義務

文部科学省の元局長Xは元国家公務員であるが，国家公務員法100条1項は退職者に対しても「職務上知ることのできた秘密を漏らしてはならない」と定めている。そのためXは，証人喚問の場で当該秘密を開示してしまうと，守秘義務違反で処罰されるおそれがある。しかし正当な理由なく証言を拒めば，それはそれで処罰理由になる（議院証言7条1項）。議院証言法はこのジレンマを解決する方法として，本人またはその所属する公務所から職務上の秘密に関連しているとの申立てがあった場合は，その公務所または監督庁の承認なしに証言を強制できないとする（議院証言5条1項）。この承認拒否には理由の疏明が必要である（同条2項）。それでも議院がその承認拒否の理由に納得できないというのなら，証言を強いると「国家の重大な利益に悪影響を及ぼす旨の内閣の声明を要求することができる」（同条3項）。

ここでいう「秘密」は，XやXがかつて所属していた公務所が当該事項を「秘密」であると主張するだけでは，「秘密」扱いとするに足りないものであろう。最高裁も，徴税トラの巻事件決定（最決昭和52・12・19刑集31巻7号1053頁）において，国家公務員法100条1項にいう「秘密」であるというためには「国家機関が単にある事項につき形式的に秘扱の指定をしただけでは足りず，右『秘密』とは，非公知の事項であって，実質的にもそれを秘密として保護するに値すると認められるものというと解すべき」と判示している。「秘密」とは，形式秘であると同時に，実質秘でもなければならないというのである。それゆえ，違法な行政運営に関する事項はもちろん，不公正な行政運営に関する事項も，実質秘として保護されるに値するものとは認めがたいため，開示されたとしても，そのことで処罰はできないと思われる。

4　国政調査権の限界——不利益供述拒否権

守秘義務違反が問われる場合以外にも，供述次第で，X に対して不利益な結果がもたらされる場面はありうる。自己に不利益になると考えられる証言は拒絶してもよいのか。そのような場面では，「何人も，自己に不利益な供述を強要されない」と定める憲法 38 条 1 項を援用し，不利益供述を拒否することができるのだろうか。

憲法 38 条 1 項の法文だけを見ると，自己に不利益な供述の強要が許されない以上，不利益な結果をもたらす証言の強制は拒否できそうである。しかし最高裁によれば，「その法意は，何人も自己が刑事上の責任を問われる虞ある事項について供述を強要されないことを保障したものと解すべきであることは，この制度発達の沿革に徴して明らかである」とされる（最大判昭和 32・2・20 刑集 11 巻 2 号 802 頁）。つまり拒否できるのは，本人の刑事責任が問われるおそれのある事項の不利益供述に過ぎず，あらゆる不利益供述が拒否できるわけではないというのである。他方，本人の刑事責任に関する不利益供述とされるものは，必ずしも刑事手続上での供述に限定されない（川崎民商事件・最大判昭和 47・11・22 刑集 26 巻 9 号 554 頁）。それゆえ，議院での証人喚問における証言にも憲法 38 条 1 項の保障は及ぶ。

憲法 38 条 1 項は英米法にいう自己負罪拒否特権に由来している。一般に，刑事手続における証言は強制してよいとしても，自己の刑事責任が問われるところで本人に不利益証言を強いるのは，本人にとって苛酷に過ぎると考えられるため，この場面に限って，証言を拒否する特権を認めたことが，自己負罪拒否特権の始まりである。しかし現在では，刑事手続の場面に限定せず，刑事責任が問われる場面では広く，不利益供述を拒否することが権利として認められる。議院証言法 4 条 1 項が「刑事訴追を受け，又は有罪判決を受けるおそれのあるとき」の証言を「拒むことができる」と規定するのも，憲法 38 条 1 項の趣旨を汲んでのことと解される。

X もまた自己の刑事責任が問われるおそれのある事項については証言を拒むことが許される。したがって，違法または不公正な行政運営に関する事項であれば，国家公務員法 100 条 1 項にいう「秘密」に該当しないと解されたとしても，自らが違法行政に関わっている限りにおいて，少なくともその刑事責任が問われかねない場面では証言を拒否してよいと解される。

5　国政調査権の限界――プライバシーの権利

最高裁は，京都府学連事件判決（最大判昭和 44・12・24 刑集 23 巻 12 号 1625 頁）において，「憲法 13 条……は，国民の私生活上の自由が，……保護されるべきことを規定している……。そして，個人の私生活上の自由の一つとして，何人も，その承諾なしに，みだりにその容ぼう・姿態……を撮影されない自由を有する」と判示した。ここでは「みだりにその容ぼう・姿態を撮影されない自由」があるとしか述べられていないが，この私生活上の自由をより個別化して，「みだりに自己の私生活に関わる事項の証言を強制されない自由」も憲法 13 条で保障されていると解することもできよう。この文脈では「何人もみだりに指紋の押なつを強制されない自由」を有するとした指紋押なつ事件最高裁判決（最判平成 7・12・15 刑集 49 巻 10 号 842 頁）も参考になる。

それゆえ，議院において証人喚問を受けた者も「調査目的と関連性のない，または不当に個人のプライバシーにわたる質問または資料の提出要求を拒否できると解される」（佐藤・日本国憲法論 467 頁）。当然のことながら，国政調査権も基本的人権の侵害はできないのであり，憲法 13 条に違反することもできない。また，議院証言法 7 条 1 項は「正当の理由」のない証言拒否を処罰すると定めているが，上記のような証言拒否の場合は「正当の理由」があるとみなされなければならない。X がそうした証言を強いられた場合も要求を拒否してよいだろう。

設問の事案のような証人喚問が，国会の内閣統制権を実効たらしめるための国政調査として，本当に有意義といえる成果をあげるのだろうかと問われると，多分に疑わしいと答えざるを得ない。こうした証人喚問は，ひどい場合は，証人を見せしめにした与野党の政治的パフォーマンスを披露するだけの「政治ショー」に終始するおそれもある。なぜならば，「日本の国会両議院では，国政調査が終了しても正式な報告書を作成することはなく，強制手続を用いてまで事実関係を調査しながら，議院として最終的にどういう事実を認定したかについても，明らかにはされない」（大石眞『議会法』〔有斐閣，2001 年〕119 頁）ため，国政情報の収集とその利用という国政調査の目的がしばしば忘れられ，内閣の統制という国会の本来の権限行使からも大きく外れてしまうことが多いからである。

内閣の政治的統制に主眼をおくのであれば，各議院による国政調査というやり方は必ずしも上策とはいえない。というのも，各議院が主体となる国政調査では，いわゆる「ねじれ現象」が生じている場合を除くと，どうしても与党主導にならざるを得ず，与党の立場上，内閣に批判的に振る舞うことはあまり期待できないからである。与党ではなく，むしろ野党に調査の主導権を認める少数派調査権の制度を導入した方が合目的的であると思われるが，実現に至っていない。この点で注目されるのは，衆議院で平成 10 年から導入されている「予備的調査」制度である（衆議院規則 56 条の 2・56 条の 3・86 条の 2）。これは委員会が行う審査・調査のための下調査として衆議院調査局長・法制局長に調査を命ずる制度である。40 名以上の衆議院議員の要請があれば，調査局長等に調査を行わせることができることから，少数派調査権に類似した機能を営むことが幾分期待できる。ただ，これはあくまでも予備的な調査に過ぎず，そこに強制力は付与されていないという意味で限界があることは否めない。

設問 30

両議院の会議の傍聴停止

静穏保持法（国会議事堂等周辺地域及び外国公館等周辺地域の静穏の保持に関する法律）5条1項は「何人も，国会議事堂等周辺地域及び外国公館等周辺地域において，当該地域の静穏を害するような方法で拡声器を使用してはならない」と規定し，違反行為に対しては制裁も定めている。同条について，国会が，拡声器のみならず静穏を害するメガホン等の使用も禁止するため，「拡声器」を「拡声器等」に改正し，禁止の範囲を拡大しようとしたとする。折しも国会議事堂の周辺地域では毎週金曜日に原発再稼働反対デモが行われており，その規模は週を経るごとに大きくなって，周辺地域も騒然とする一方であった。そのためデモ参加者たちは，法律改正の真の狙いが警察によるデモ抑圧の容易化にあるとみなし，改正反対の姿勢を示すようになっていた。

その中の1人であったXは，改正法案の国会審議と採決を傍聴するため，衆議院に対して本会議の一般傍聴を申し入れたところ，議院内部の秩序を維持する必要上，当該法案の採決時は一般傍聴停止の措置がとられることになったといわれ，本会議の傍聴申請を拒否されてしまった。しかし，秩序紊乱の具体的危険もないのに一方的に一般傍聴を停止することは，両議院の会議の公開を定めた憲法に反するのではないか，と考えたXは，衆議院の本会議を傍聴できなかったために被った精神的損害の賠償を求めて，国家賠償請求訴訟を提起したいと思っている。ここでもしXから憲法上の争点についてアドバイスを求められたとしたら，どのように助言すればよいだろうか。

①国会の公開の意義
②傍聴の自由の憲法上の根拠
③議院自律権の具体的現れ
④院内秩序規律権の根拠

参考文献

□山本悦夫『国民代表論』(尚学社，1997年) 192頁
□奥津茂樹「国会の情報公開」月刊ガバナンス2008年5月号114頁
□久保田正志「国会の情報公開の現状と今後の課題」ジュリ1177号 (2000年) 152頁
□晴山一穂「国会の情報公開」法時72巻2号 (2000年) 31頁
□山本秀彦「国会情報の公開」法時70巻6号 (1998年) 56頁

解説

1　問題の所在

憲法57条1項は「両議院の会議は，公開とする」と規定している。この「両議院の会議」の中に委員会と両院協議会の会議が含まれるか否かをめぐっては議論があり，含まれないと解するのが通説であるとされている。しかしその場合でも「両議院の会議」に本会議が含まれるとする点に異論は見られない。通説によれば，本会議の公開こそが憲法57条1項の目的であるとされる。ところが，一部の見解はここでいう「公開」を「傍聴禁止を含む公開」と読み替え，例外的に本会議が傍聴禁止とされるべき場合があると解している。憲法に明文規定のない理由を持ち出して，本会議の公開に留保を設けることは果たして許されるのだろうか。

実際，アメリカ同時多発テロ後の平成13年10月9日から平成21年11月6日まで，警備上の理由から，衆議院は一般傍聴券の交布を中止していた。物議を醸す法案の採決では，一般傍聴を停止する例もあるという。日米防衛協力指針を定めたいわゆるガイドライン関連法案の採決時も一般傍聴券は交布されなかった。しかし，このような慣行はいかなる憲法上の根拠に基づいて行われているのか，必ずしもはっきりしていない。設問が提起する憲法上の争点もそこにある。

2　立法過程の公開の意義

統治過程の情報公開について，憲法は57条以外に，82条1項において裁判所の「対審又は判決の公開」を定め，72条において「一般国務及び外交関係について」内閣総理大臣による国会への報告を定め，91条において「国の財政状況について」内閣による国会及び国民への報告を定めている。いずれも国家機関が保有する情報を国民に開示し，統治過程の透明性を確保するための規定と理解できる。

とりわけ立法過程の公開は，主権者である国民に「国権の最高機関であって，国の唯一の立法機関である」（憲41条）国会の情報を国民に周知しようとするもので，他の国家機関の情報公開では代替できない重要な意義が認められる。それは「第1に，討論の過程における国民世論とのフィードバックの機会を作ること，第2に，結論を生み出す過程を公開することによって結論に対する説得力を増加させ，他方的確かつ建設的な批判を可能とすること，第3に，以後の選挙に際しての判断材料を有権者に提供しそれは同時に有権者の意思を反映した行動を代表者に促す誘因となること，以上3つの意義を有する」（渋谷秀樹『憲法〔第3版〕』〔有斐閣，2017年〕522頁）と評されている。

立法過程の公開の中心に位置するのが両議院の会議の公開である。両議院の会議が公開されるということは，国会の審議を国民が自由に傍聴し（傍聴の自由），同時に報道機関が自由に報道し（報道の自由），かつ，会議の記録が一般に公表される（会議録の公開：憲57条2項）ことが，憲法によって保障されるということを意味するといわれる。そうだとすると，設問の事案においてXは，このうちの傍聴の自由が侵害されたと主張することになろう。

3　傍聴の自由と憲法57条1項

憲法57条1項と傍聴の自由の関係について判示した最高裁判決はない。しかし，憲法82条1項の裁判の公開との関係で傍聴の自由について判示した最高裁判決はある。いわゆる法廷メモ事件最高裁判決（最大判平成元・3・8民集43巻2号89頁）である。この判決において最高裁は，裁判の公開を「制度として保障されている」とした上で，「各人が裁判所に対して傍聴することを権利として要求できることまでを認めたものでない」と判示した。おそらく衆議院の側は，この判決を引き合いに出し，両議院の会議の公開も裁判の公開と同様に制度的保障に過ぎないと解して，各人が本会議を傍聴する権利までもが保障されているわけではないと反論するであろう。さらに，憲法57条が統治機構の章に位置していて，主観的権利の規定とはみなしがたいという理由も付け加えるかもしれない。

これに対しては，両議院の会議の公開の意義を裁判の公開の意義と同一視してもよいのか，と問い返すことができるだろう。裁判の公開は裁判の公正とそれに対する国民の信頼を確保しようとするものであった。そこでは対審及び判決が誰かに見られているということ自体に意味を見出すことができた。なぜならば，裁判官が他者の視線の圧力を感じて，裁判を公正に行うよう絶えず襟を正す効果を得るには，法廷に見知らぬ誰かがいて，その誰かが裁判を傍聴しているという状態が確保されていれば十分だと理解することもできたからである。

しかし，両議院の会議は誰かに見られているというだけでは十分でない。その審議状況を生で見聞したいという能動的な国民の直接傍聴が保障されることも必要だと解されるからである。能動的な国民による会議の傍聴を通じて，立法過程の情報が選挙民に直接伝達され，国政選挙での判断材料に供されるとともに，国政に対する国民の関心が高められるところにも，両議院の会議を公開する大きな意義があるというべきである。それゆえXの側からは，傍聴の自由の保障こそが憲法 57 条 1 項の眼目であると再反論されよう。

4　傍聴の自由と憲法 21 条 1 項

仮に憲法 57 条 1 項が権利保障の条項ではないとしても，主観的権利としての傍聴の自由が憲法上保障されていると主張することはできる。先の法廷メモ事件最高裁判決は次のような判示もしていた。「憲法 21 条 1 項の規定は，表現の自由を保障している。そうして，各人が自由にさまざまな意見，知識，情報に接し，これを摂取する機会をもつことは，その者が個人として自己の思想及び人格を形成，発展させ，社会生活の中にこれを反映させていく上において欠くことのできないものであり，民主主義社会における思想及び情報の自由な伝達，交流の確保という基本的原理を真に実効あるものたらしめるためにも必要であって，このような情報等に接し，これを摂取する自由は，右規定の趣旨，目的から，いわばその派生原理として当然に導かれるところである」。つまり，表現の自由の派生原理として，「さまざまな意見，知識，情報に接し，これを摂取する」自由が憲法 21 条 1 項から当然に導かれると判示していたのである。

ここから直ちに両議院の会議を傍聴する自由を導くことは無理かもしれない。導くことができたとしても，せいぜい抽象的権利でしかないだろう。しかし憲法 57 条 1 項が，少なくとも制度として，両議院の会議の公開を保障しているのであれば，その空間は公開の場として機能しているはずである。制度として保障された公開の場であるところの両議院の会議において，憲法 21 条 1 項が「さまざまな意見，知識，情報に接し，これを摂取する」自由を派生原理として保障しているのである。その法的帰結は，各人が国会情報を摂取するため，両議院の会議を傍聴する自由の保障へと行き着くのではないか。なお最高裁は，刑事確定訴訟記録法事件決定（最決平成2・2・16判時1340号145頁）において，権利を保障した憲法21条と制度的保障の憲法82条を掛け合わせたところで，「刑事確定訴訟記録の閲覧を権利として要求できることまでを認めたものでない」と判示したが，これは傍聴の自由を権利とみなす解釈を必ずしも否定するものではない。

5　傍聴の規制と議院自律権

傍聴の自由が憲法によって保障された権利であることを認めさせたとしても，傍聴の自由の制限可能性は残る。まず，憲法は57条1項但書において「出席議員の3分の2以上の多数で議決したときは，秘密会を開くことができる」と規定している。秘密会の議決があれば，一般の傍聴は当然に認められなくなる。これは憲法自身が傍聴の自由の制限を許容し，会議の非公開を承認した例である。非公開のための手続要件が特別多数の議決としか定められていないことから，「議院の決定をもって最終的なものと解さざるをえない」とされている（佐藤・日本国憲法論451頁）。

問題は，秘密会の議決以外に，議院が一般の傍聴を拒否することが憲法上許されるかである。憲法57条1項が両議院の会議を公開とし，非公開の場合として秘密会の議決があったときとしか定めていない以上，秘密会の議決もないのに，一般傍聴の拒絶が許される例外的な場合が他にあると安易に推論することは許されないだろう。もちろん，議場の収容能力を超える受入れは断念せざるを得ないので，その意味での場所的制約は確かにあるといわざるを得ない（浅野一郎＝河野久編『新・国会事典〔第3版〕』〔有斐閣，2014年〕100頁）。しかし設問の事案では，議院内部の秩序を維持する必要があるということが，法案の採決時の一般傍聴停止を正当化するとされている。議院内部の秩序維持は一般の傍聴を拒否する理由として本当に憲法上認められるのだろうか。

この点，両議院には内部秩序の維持を図る憲法上の権限（院内秩序規律権）があるといわれる（渋谷・前掲573頁）。これは議院自律権の一側面である。議院自律権の憲法上の根拠は，50条（議員逮捕許諾権及び釈放要求権），55条（議員資格争訟裁判権)，58条1項（役員選任権)，58条2項（規則制定権及び議員懲罰権）等に求められる。院内秩序規律権を直接認めた明文規定はないが，憲法58条2項が「内部の規律に関する規則」を定める権限を認めていることから，その前提を成すと考えることが許されよう。国会法が114条以下において議長の秩序保持権を定め，両議院の規則も「警察及び秩序」（衆規208条以下)，「紀律及び警察」（参規207条以下）の規定を置いている。

傍聴規制については議院規則が具体的な規定を定めている（衆規221条以下，参規220条以下)。たとえば，衆議院規則は「議長において取締上必要があると認めた者は，傍聴席に入ることができない」（衆規229条）とし，「議長において取締上必要があると認めたときは，傍聴人の員数を制限することができる」（衆規230条）とする。衆議院の側はこうした規定に依拠して一般傍聴を停止したのだろうが，ことが傍聴の自由の制限に及ぶにもかかわらず，抽象的な危険があるというだけの理由で一般的に傍聴を拒否するのは，たとえ衆議院に裁量があるといえども，権限の濫用に当たるのではないか。

もちろん，一般傍聴の停止は会議を完全に非公開とするものではない。報道の自由があり，かつ国会TVやインターネット中継による審議の見聞が確保されている限り，国会の情報自体は国民に広く伝達できるとみなせるから，一般傍聴の停止は会議の非公開を意味しないとの反論が可能である。しかし，それらが一般傍聴に代替できると考えるのも危険である。当局による中継はもちろん，報道機関による伝達ですら，操作可能性が否定できないからである。その意味で，報道やインターネット中継が生の傍聴に完全に取って代わると考えることはできない。

だとすれば，院内秩序を維持するため，秩序を乱す者の排除が正当化できたとしても，そのためには実際にそれを乱した者を退場処分・傍聴禁止にすれば十分であり，一般傍聴の停止にまで進むのは行き過ぎであるというべきではないか。

情報公開は会議の公開または文書の公開の形で行われる。憲法は裁判所については会議の公開のみを定める（憲 82 条）。行政については公開規定がない。本文に書いたように，国会への報告を定めるのみである。行政の情報は国会を通じて公表されるとの想定なのであろう（ただし平成 11 年の行政機関情報公開法により，行政文書が公開されるようになった）。他方，国会に関して，憲法 57 条は会議の公開を保障した上で，さらに会議録の公表も定めている。行政や裁判所と比較すると，少なくとも憲法条文上は，国会情報を広く公開しようとする意欲が感じられる。それにもかかわらず，国会情報が，行政情報や裁判情報と比較して，より広く公開されているという実感に乏しいのが現状であろう。

もちろん，国会についての報道は頻繁になされているし，本会議や委員会（特に予算委員会）はテレビ中継されている。インターネット中継もある。両議院の会議録は公刊されているので一般に入手できるし，両議院のウェブサイトや国会会議録検索システムを通じて容易に閲覧可能である。これで十分であるという人もいるだろう。

問題は情報が非公開とされるときの法的仕組みにある。本会議の一般傍聴が停止されるときも，議長の判断だけで手続が尽くされたことになっている上，不服が申し立てられても，それを取り扱うための法制度が存在していない。わずかに議院行政文書の不開示に対して，衆議院事務局情報公開苦情審査会への諮問が認められているに過ぎない。さらに，委員会の審査も国会法の明文規定でもって原則非公開とされている（国会 52 条 1 項）。だから，いくら事実上公開が認められているといっても，それはすべて両議院の「恩恵」でしかない。非公開の是非を論じる場が用意されていないのも，実際の制度が両議院の情報公開義務（あるいは国民の国会情報公開請求権）を起点にした設計になっていないためであろう。これらの点の改善が望まれるところである。

事項索引

あ

か

さ

ま

ら

判例索引

最高裁判所

高等裁判所

地方裁判所・簡易裁判所

著者紹介

松 本 和 彦（まつもと・かずひこ）
大阪大学大学院 高等司法研究科 教授

【主著】

憲法Ⅰ 基本権（共著，日本評論社，2016 年）
日独公法学の挑戦――グローバル化社会の公法
（編著，日本評論社，2014 年）
業務フロー図から読み解くビジネス環境法
（監修，レクシスネクシス・ジャパン，2012 年）
憲法事例演習教材（共著，有斐閣，2009 年）
基本権保障の憲法理論（大阪大学出版会，2001 年）

事例問題から考える憲法
Rethinking Constitutional Law through Cases

2018 年 5 月 15 日 初版第 1 刷発行
2025 年 3 月 20 日 初版第 4 刷発行

法学教室
LIBRARY

著 者 松 本 和 彦
発 行 者 江 草 貞 治
発 行 所 株式会社 有 斐 閣

郵便番号 101-0051
東京都千代田区神田神保町 2-17
https://www.yuhikaku.co.jp/

印刷・株式会社暁印刷／製本・大口製本印刷株式会社

ISBN 978-4-641-22702-6